U0941555

见证

Jian Zheng

庆祝改革开放40周年暨池州复建30周年人物访谈录

池州日报社 编

合肥工業大學出版社

编委会成员

主　编　查江华　左宗伟

副主编　潘治平　徐　翔

编　审　左　平　鲍　俊

编　委　余永平　周劲风　程　昭

前　　言

“历史，总是在一些特殊年份给人们以汲取智慧、继续前行的力量。”

2018 年，就是这样的特殊年份。

这一年，我们迎来了改革开放 40 周年，也迎来了池州复建 30 周年。

40 年改革发展，30 年艰苦创业，池州人民携手打造了一座跨越崛起的滨江新城，共同描绘了一幅绚丽多彩的历史画卷。

在这值得纪念的年份，我们组织记者寻访过往那些年的那些人那些事，编辑出版这本庆祝改革开放 40 周年暨池州复建 30 周年专辑，就是为了真实记录感人至深的旧时光，坚定踏上令人振奋的新征程，续写下一个 30 年、40 年的新篇章。

古人云，三十而立，四十而不惑。

立者，自立也。站在池州复建 30 年的门槛上，我们回首过去，山花烂漫来时路。

几度蹉跎，几度辗转，池州复建，百业待兴。从打好“九华牌”和“生态经济牌”到实施“五市战略”，从坚持“东向发展”到建设“三区一带”，从“争当绿水青山和金山银山有机统一的排头兵”到打造“三优池州”，勤劳智慧的池州人民在历届党委、政府的带领下，不甘落后、艰苦创业、负重拼搏、追赶跨越，新兴的池州市正快速崛起在皖江之滨。本书记录的一个个创业者，既是池州建设的参与者，也是池州发展的见证者。他们的汗水，凝结成催人奋进的“池州精神”；他们的经历，汇聚成荡气回肠的“池州故事”。在他们身上，我们感受到了自立自强的池州人民迸发出的磅礴力量。

不惑者，自信也。站在改革开放 40 年的门槛上，我们眺望未来，秋浦潮涌奔前程。

从城市到乡村，从园区到田头，池州每一天都在变，不变的是锐意改革和加快发展的信念。本书记录的一个个大事件，既是不同时期的重要节点，更是深化改革、扩大开放的最好注脚，串连成池州30年发展的厚重史册。历史的积淀，终将成为推动我们攻坚克难、从一个胜利走向另一个胜利的精神财富。以史为镜，我们更加坚信“发展才是硬道理”，更加坚定改革开放的信心和决心。

凡是过去，皆为序章。站在新起点，踏上新征程，我们正迈向一个崭新的时代，我们正在努力实现新时代的伟大梦想。

与党同心，与国同频。在习近平新时代中国特色社会主义思想引领下，池州人民必将以一往无前的进取精神和波澜壮阔的创新实践，在实现中华民族伟大复兴中国梦的进程中，续写出建设现代化绿色池州创新池州幸福池州的壮丽篇章。

让我们一起期待下一个30年，下一个40年！

目　　录

一、综　述

二、难忘岁月（老领导讲述）

三、砥砺奋进（重要发展节点和重大项目建设见证者访谈）

四、县域脊梁（各县区主要负责同志访谈）

五、兴业之路（市直各部门负责人访谈）

六、向上向善（各条战线上的代表人物访谈）

七、沧桑巨变（亲历池州发展的池州市民访谈）

一、综　述

稳农强工筑根基　活商兴游谋发展

——庆祝改革开放40周年暨池州复建30周年综述之一

□记者 胡李美

1988年8月，国务院批准安徽省调整皖西南行政规划，恢复池州地区建制，辖贵池市（撤销贵池县改建而成）、东至县、青阳县、石台县和九华山管理处。至2000年6月，池州撤地建市，池州作为“地区”存在了12年时间。如何抓住机遇，深化改革，稳农强工，加速活商兴游步伐、加快池州地区经济发展？这是摆在刚刚组建的池州地委、行署和150万池州人民面前的一个非常重要而又十分紧迫的任务。

稳农增收　富民兴区

池州复建之始，正好是十一届三中全会召开后的第10个秋天。连续多年粮食增产的喜悦，在凝成农民脸上温厚笑容的同时，也在各级领导干部的心里形成了一个硕大的感叹号：农民人均年收入只有403元！池州的农民不是缺粮而是缺钱。

“不会治山治水就不会治区。”建区之初，池州地委、行署引导全区广大农民念起“山水经”，从“山”路寻财，从“水”路求富，明确提出把发展乡镇企业作为振兴池州全区经济的突破口，大幅度调整农业产品结构和农村产业结构，加快开发性农业和出口创汇农业步伐。伴随着农业产业化和农村经济结构调整的进程，全区乡镇企业形成了“铺天盖地”之势，出现了大发展、大提高的强劲势头。

12年里，全区围绕“兴区富民奔小康”，多渠道投入资金进行林、茶、桑、水的重点开发：以占全省2.5%的人口，提前完成占全省16%的消灭宜林荒山的任务；改造低产茶园11万亩，新增桑园面积12万亩；扩大和改造大面积水面，使得水产品总产量相比1978年增加了30倍。随着区域优势的发挥，一批“资源型”“市场型”“创汇型”等具有特色的规模农业相继形成。以东至茶树良种基地为例，在地区复建之前，仅有270亩茶园，十几年间引进61个国家级、省级茶树良种，建成母本园、示范园、换种改植园2622亩，成为全国拥有良种最多、繁育能力最强、规模最大的良种示范基地之一。贵池、东至、青阳商品粮基地，东至优质棉、速生林基地，石台笋竹两用林基地，“两山一坑”名优茶基地，青阳桑茧绸、全国优质麻基地，贵池市和东至县“全省渔业致富工程重点县”以及以山兴村、以水兴镇、以茶兴乡等典型层出不穷。

区域农业和特色农业的兴起，为农副产品的深加工和资源增效增益，让农产品走向全国和国际市场打下坚实基础。在全区兴办的2300多个农副产品加工企业中，拥有年销售收入在500万元以上的农产品深度加工的企业有30多家。东至的“棉—纺—织—服装”、青阳的“茧—丝—绸—服装”、石台的“竹木深加工”、贵池的“以矿业为突破口带动农业资源全面开发”，形成了以加工增值、产业联动，把资源转化为商品优势，以规模开发、集约经营，让产业优势变为经济优势，向资源优势尤其是农业资源优势要效益的格局，尤其是1996年11月26日，池州被国家正式批准为中国第一个生态经济示范区后，一批获全国农业博览会金奖和国际金奖、银奖的农副产品不仅行销省际边贸市场，甚至广泛延伸到京、沪、苏、浙和海外，成为国内和国际市场的热门货。1996年全区农副产品国内交易额达6.4亿元，出口供货值近2亿元。1997年，农民人均纯收入从复区时的403元增加到2081元，池州农民的“钱袋子”实实在在鼓了起来。

深化改革　强工兴企

1991年，池州地委、行署结合制定和实施“八五”计划和十年规划，确定了“稳农强工，活商兴游，重教兴科，兴区富民”的总体发展思路，吹响了全区以优势产业为龙头，增强工业实力，提高经济外向度，努力向工业强区迈进的号角。

加快池州工业发展的动力来自改革。最初从扩大经营自主权入手，探索企业改革的有效形式。建立现代企业制度为目标的国企改革，是以股份制改革试点为突破口的，起始于80年代中期，1992年，池州国企改革的浪潮再次兴起，试点面由小到大。到1993年，在组建的40户股份制企业中，区内企事业单位、乡镇合股兴办的超过80%，还出现一些与外省市企事业单位合股兴办的企业。

1994年初，全区选择东至纺织厂、池州汽运公司（杰达集团）、池州家用机床总厂、九华山东崖宾馆、金凤铜业有限公司，参加省百户大中型企业股份制改造规范化试点。这5户企业的成功改造，标志着全区股份制试点上了一个新台阶。全区按照中央提出的“抓大放小”战略思路，采取“坚持壮大一批、出售改制一批、兼并划转一批、破产一批、外资嫁接一批、挂靠联合一批、承包租赁一批、‘退二进三’一批、剥离分立一批”的改革形式，对80户企业进行了改革。1996年以后，全面推行股份合作制。1997年，全区已拥有162户股份合作制企业。

改革使池州工业经济取得了长足发展，全区基本形成了建材、机械仪表、冶金、纺织、化工、轻工6大优势产业。复建12年，重工业累计总产值是前30年总和的5倍多，轻纺工业固定资产投入相当于前35年的总和，总体实力增强2倍。在改革过程中，地委、行署对工业结构调整提出四句话：产业结构调整要抓支柱，产品结构调整要抓名牌，组织结构调整要抓集团，资产结构调整要抓存量。进入“九五”，组织实施“扶优、创牌、造舰”的发展战略，加速了全区工业化进程，冶金成为全区经济的支柱产业。池州铅锌冶炼厂成功进行现代企业制度改革，由一个年产铅锌总量仅为500吨的小厂发展成为主要从事重有色金属冶炼的国有独资集团公司、全国铅锌铜综合冶炼最大的地方国有企业。

在重点扶持冶金、纺织、电力等一批领头企业的同时，全区还扶持了一批骨干企业和重点出口创汇企业，轻纺工业成了全区创汇第一大行业。尤其是池州港1992年被批准为国家二类对外开放口岸后，外贸运量迅速增长，1997年外贸直运量达27.54万吨，居全省沿江5个口岸之首。贵池毛巾厂的“香花”牌螺旋缎档毛浴巾、池州家用机床、东至齿轮等一批在国内外享有盛誉的名牌产品，进一步扩大了市场覆盖面。从“名不见经传”到全国500强乡镇企业的石台煤气仪表总厂生产的“石松”牌煤气仪表，不仅在广州、大庆等地和华中、西北地区占有很大市场，而且进入俄罗斯、乌克兰等国际市场。

外开内联　活商兴游

1992 年，池州地委、行署确立了“立足现有基础，发挥两大优势（九华山和长江），实行外开内联，带动全区发展”的开放开发思路。以建设世界级旅游风景区为目标，开发九华山、开放九华山，做好“九华文章”、打响“九华牌”的硬战拉开大幕。

地处池州东南的九华山是国务院首批审定公布的国家重点风景名胜区之一。过去，“内资不多”“外资不来”，人们“望山兴叹”。随着改革开放的深入发展，地委、行署遵照时任全国政协主席李瑞环在池州视察工作时关于“要做好佛教文章，抓紧开发建设九华山”的指示和省委、省政府关于开发建设皖南旅游区的总体部署，确立了“佛教文化繁荣，旅游产业兴旺，池州经济振兴”三位一体的思路和极具前瞻性的“以青山清水为本，走绿色现代化之路”的奋斗目标。按照这一思路，累计投入 1 亿多元资金对九华山进行全方位建设，大力开展推销宣传，大大增强了九华山的吸引力和辐射力。

九华山的开发开放，带动了池州境内山、水、洞旅游景点的综合开发。地区复建后的12 年里，全区接待国内游客1100 万人次、境外旅客10 万人次，旅游收入近 10 亿元。

旅游“搭台”，经贸“唱戏”，开放中的池州相继同韩国、日本、泰国、新加坡以及港澳台地区的香客信徒和富商巨贾建立起联谊关系，多渠道多方面地开展友好交往，九华山的旅游资源也在一步步变成更大的商品优势、更广的区域优势、更强的经济优势。九华佛茶、九华黄精、九华折扇、九华伞具、九华丝绸、九华浴巾、九华冷饮、九华山啤酒、九华山旅游产品系列，走出池州，走向国内和国际，九华山成为世界认识池州的窗口、池州走向世界的门户。

从“治山治水”“稳农强工，活商兴游”“打九华牌，走皖江路”到 1996 年列入“全国生态经济示范区”、1997 年列为《中国 21 世纪议程》地方试点区，发展中的池州，思路一次比一次清晰；从“争‘双百’，奔小康”“达小康，地改市”到实现经济、社会可持续发展，开放中的池州，战略目标一次比一次明确；从“改善和提高经济发展的基础条件”“以发展乡镇企业为突破口”到“建立世界级风景旅游区、农业富区、工业强区”，走向繁荣的池州，决策一次比一次成熟。在池州地区改建为省辖市的2000年，全区财政收入完成4.58亿元，较地区复建时的6830万元增长了近6倍；实现工业增加值16亿元，较地区复建时的2.44亿元增长了近7倍。

撤地建市描新图　追赶跨越奔小康

——庆祝改革开放40周年暨池州复建30周年综述之二

□ 记者 石泽丰

2000年6月25日，对于池州人民来说，是一个期待已久的日子，是一个载入史册的日子。在这一天，经国务院批准，池州撤地建市，从此，在新的发展机遇面前，池州人踏上了新的征程。

自池州建市之日到党的十八大，这12年间，池州步入了快速发展时期，这一时期，全市上下不甘落后，自我加压，确立了追赶跨越的奋斗目标，把加速工业化作为经济发展的中心任务，以大开放为主战略，以工业化提升城镇化、旅游产业化和农业现代化，全方位地开放招商，园区建设如火如荼，城市发展日新月异，旅游经济快速发展，基础设施逐步完善，社会事业全面进步，人民生活水平显著提高，开始步入全面建成小康社会的新阶段。

转型发展绘就工业蓝图

曾几何时，池州是一个相对闭塞、经济后发的传统农业地区。要实现赶超跨越，池州从“稳农强工、活商兴游、重科兴教、兴区富民”，到“生态立市、工业强市、旅游兴市、商贸活市、文化名市”，发展战略不断拓展；从打好“生态牌”“九华牌”“长江牌”到“以工业化为核心，以大开放为主战略，以招商引资为抓手，以工业园区为平台”，工作思路不断延伸。这12年，池州抓主抓重抓工业，取得了可喜的成就。

2000年进行的“发展非公有制经济”和“国有企业改制”两大讨论，打破了因循守旧、封闭保守、不敢思变的陈旧观念，使人们的思想从旧的条条框框中解放出来，经济发展呈现出多元化。进入“十一五”，新一届市委、市政府以实施“583”工程建设为主线；2006年初的市二次党代会上，市委确立了“工业强市”的发展战略，从此，新一届市委、市政府确立了以工业化为核心，以大开放为主战略，依托园区办工业的发展思路，园区建设进展迅速，全市园区基础设施建设力度不断加大。也就是从那年开始，池州市委、市政府连续两年开展“园区建设年”活动，推进园区建设大会战，园区建设和经济发展均取得了突破性进展。据统计，2006年全市园区完成基础设施建设投入5.9亿元，相当于2003—2005年3年投入总和的3倍；2007年，完成基础设施投入突破10亿元，新增建成区面积10平方千米，累计拉开框架面积25平方千米。与此同时，为促进全市园区经济健康快速发展，我市先后出台了《池州市加快工业经济发展若干政策》等多份扶持政策文件，各县区、开发区根据自身实际，也制定了相关的财税、土地、收费优惠政策，极大地调动了园区发展的积极性，有效地促进了园区经济沿着又好又快的发展轨道稳步前进。

到2007年，我市经国家发改委实核、省政府批准的省级开发区有3个，分别是池州经济技术开发区、贵池工业园区、东至香隅化工产业园区。2008年的“推进工业化，实现新跨越”大讨论，进一步增强了工业意识、项目意识、发展意识，突出了工业的主导地位，在全市上下形成了以工业化为核心引领发展的共识，推进工业化真正成为全市人民的自觉行动。2010年，为加快皖江城市带承接产业转移示范区建设，安徽省首次突破行政区划制约，建立了两个产业承接集中区——江北和江南产业集中区。时年6月28日，江南产业集中区管委会在池州市正式挂牌，为池州的工业发展插上了翅膀。它与全市各大园区一起，成为全市经济发展的增长极、承接东部沿海地区产业梯度转移基地、发展产业集聚和产业集群的重要平台、发展开放型经济的重要载体。2012年，在全面落实加快工业转型发展的若干意见，努力做大经济总量，优化经济结构的发展路径下，当年新增规模工业企业就达81户，规模工业增加值115亿元，引进落户项目53个，总投资390亿元。与此同时，电子信息“首位产业”取得重大进展，自主创新能力明显提升。当年，高新技术产业增加值40亿元、增长23%以上，战略性新兴产业产值50亿元、增长16%以上，专利申请、授权量分别增长45%、60%。2012年，池州承接产业转移集中示范园区获省政府批准，东至、青阳经济开发区进入省第一批扩区启动序列。

此外，我市立足省级开发区和工业集中区，在培育特色主导产业、加快产业集聚、打造千亿产业集群为目标，规划布局了九个百亿元产业园区。

全面开放引资招商结硕果

2002年开展的“推进招商引资工作”大讨论，进一步解放了思想，池州敞开胸怀，迎接辐射，形成了全方位、多层次、宽领域的对外开放格局；2006年开展的“创新创业、兴我池州”大讨论，进一步破除了小富即安、小进即满的“小农”意识，激发了全市人民的创业热情。

从此，开放招商成为池州发展的一条主线，连续五年开展了“招商引资年”活动，实行“一岗双责”招商，小分队招商、驻点招商，舍得拿出最好资源，以资源换产业，以项目配资源，引进了中国化电、安徽海螺、铜陵有色、安徽省投资集团、徽商集团、皖能集团、江苏雨润集团、浙江太平鸟集团、金美亚集团、比利时禄瓦思等国内外知名企业前来池州投资兴业，建成了池州海螺、九化发电、禄思伟等标志性工业大项目。

2002年，上世纪立项的池州火力发电厂2×60万KW机组建成发电。建市后，池州市委、市政府强力推进“1118”工业发展计划（即到2010年，建成年销售收入100亿元的企业1户，超10亿元的10户，超亿元的100户，规模以上的工业企业800户），池州工业由小到大，由零散分布到集中布局，由单一资源初级加工到形成七大支柱产业体系，逐步走上了又好又快的发展轨道。通过强力推动，2005年全市引进资金43.9亿元。

2012年，全市招商到位资金达到了303亿元，新引进亿元以上项目107个，投产项目180个；25个央企合作项目完成投资49.6亿元，106个知名民企合作项目完成投资170亿元，14个皖粤经贸合作项目完成投资30亿元。光大银行池州支行、贵池民生村镇银行等11家金融机构开业运营，成功发行城投公司二期9亿元债券，九华股份进入上市发审程序，颐和新能源即将完成辅导期。新增信贷投放75亿元。随着对外开放不断扩大，当年，我市还荣获“全国外贸百强城市”称号。进出口总额3.6亿美元、同比增长40%，实际利用外资2.3亿美元、同比增长28%。池州水运口岸扩大对外开放获国务院批准。同时，广泛开展对外经贸文化交流活动，并荣获“国际友好城市交流合作奖”。改革开放的全面推开，不断增强了池州发展的活力。

立足资源做活旅游兴市

走旅游兴市之路，建设旅游强市，是实现池州崛起的重大战略举措。2000年6月，安徽省委、省政府发布《关于加快“两山一湖”旅游经济发展的若干意见》后，我市积极响应，2002年10月聘请同济大学编制《池州市旅游发展总体规划》，并于2004年初通过评审并经市政府批准实施。各县区《旅游发展总体规划》及《九华山风景区旅游总体规划（修改稿）》也先后完成并实施，各重点景区的开发规划先后通过评审。2004年3月正式启动了创建“中国优秀旅游城市”申报工程。2005年8月，市委、市政府出台了《关于推进旅游经济跨越式发展的决定》。2006年顺利通过国家验收，成功跨入“中国优秀旅游城市”行列。2006年初，中共池州市第二次代表大会召开，市委主报告中提出了“旅游兴市”的战略。2007年4月，市委、市政府又出台了《关于加快建设旅游强市的决定》，制定了《池州市“十一五”旅游产业振兴规划》和《2007年旅游发展行动计划》，塑造“生态池州、佛国九华”的旅游主体形象，推进旅游国际化进程。

2012年9月29日，九华山大愿文化园试运营，大愿文化园是我市打造九华山世界一流旅游胜地和国际著名佛教圣地的标志性工程。试运营前3天就接待了游客18万人次。当年，中秋、国庆两节相连，长达8天的假日期间，池州各景区车水马龙、人潮涌动，各宾馆酒店高朋满座、欢声笑语。9月30日至10月7日，全市共接待国内外游客170.968万人次，同比增长39.22%；实现旅游收入162378.09万元，同比增长45.12%。其中，九华山风景区接待31.8万人次，同比增长19.32%；门票收入3117.42万元，同比增长31.73%。

同时，城区旅游与乡村农家乐旅游迅猛发展。平天湖休闲度假区、杏花村、齐山—秋浦仙境景区、大王洞景区、牯牛降、升金湖、秋浦河等原生态景区吸引众多游人慕名而来，休闲娱乐。此外，自驾游每年递增。2012年，全市接待国内外游客2700万人次，实现旅游收入270亿元，同比分别增长30%、40%。杏花村文化旅游区总体规划、旅游策划编制基本完成，8平方公里起步区基础设施和农耕文化园等项目启动建设，逸景营地度假村项目正式签约。

做实做强基础惠民生

民生是根本。池州始终坚持将新增财力主要向民生领域倾斜，认真组织实施省33项民生工程，办好9件惠民实事，强化民生工程资金和质量监管，完善运行管理长效机制，确保发挥持久效益。

2000年底，全市国、省道公路总里程达707.2千米，以贵池为中心，以国道为主骨架，以省道为基础池州干线公路网络初步形成。2003年11月18日，备受社会各界关注的九华山“佛光大道”五九线全线贯通，作为全省公路建设的示范工程被大力推广。2000年至2007年间，先后竣工主要港口工程有池州港口港区一期工程，池州海螺专用码头一、二期工程，池州九华发电公司专用码头，安徽华泰化学工业有限公司化工码头等。

2004年12月28日，池州迎来了历史性时刻，铁道部和安徽省在我市九华山站隆重举行开工典礼。铜九铁路开工以来，路地双方合作，创造了令人惊叹的“铜九速度”，打造了一个个“铜九精品”。2006年12月28日，货运列车拉响了池州的第一声汽笛，标志着池州市不通铁路成为历史。2007年10月7日，长162.5千米的铜九铁路安徽段式开通。高速公路更是突飞猛进，沿江高速池州段、安景高速池州段、铜汤高速池州段在内的数条高速相继开工建成通车。到2012年，九华山机场完成建设任务，宁安城际池州段线下工程基本完成，九华河大桥、秋浦河大桥及东岸接线工程全面完工，望东长江公路大桥、东至—九江高速公路开工建设，池州长江公路大桥前期工作取得实质性进展。

2012年，全市兑现各项惠农政策补贴资金5.1亿元，政策性农业保险承保面积247万亩，粮食总产65.8万吨。启动实施农业产业化“411”转型倍增计划。启动实施农村环境整治“451”工程，全面开展美好乡村建设，投入资金2.4亿元，整治村庄158个。病险水库除险加固、中小河流治理、农田水利基本建设等各类水利工程完成投资5.2亿元。升级改造县乡公路140公里，城乡公交线路开通延伸31条。农村电网改造1597公里。实施地质灾害避让搬迁工程15个，完成农村土地整治13.5万亩，建设高标准农田16万亩。县乡村三级农村土地流转服务机构基本建立。

值得一提的是，2009年，池州抓住因2007年“7.10”洪灾和2008年雪灾倒塌的五保户房屋重建的契机，正式制定了“夕阳红”计划，即以加快敬老院建设为重点，大幅提高集中供养比例，不断改善五保老人的生活质量。随着“夕阳红”计划的实施到位，2009年至2011年，全市总投资1.8亿余元，新建、改扩建74所敬老院，农村敬老院床位数9100余张，可供90%的五保对象入住，全市集中供养率由2008年年底的20%提高到2011年底的70%。通过3年“夕阳红”计划的实施，全市敬老院床位数与五保人数之比居全省首列，五保供养水平得到显著提升，取得了良好的社会效益。

砥砺奋进开新局　逐梦扬帆再启航

——庆祝改革开放40周年暨池州复建30周年综述之三

□ 记者 陆寒芳

2012年11月8日，党的十八大在北京胜利召开。池州迎来了新的发展机遇，但也同样面临着新的挑战。宏观经济下行压力大，生态环境问题日益突出……池州经济发展从前几年的快速增长，到近几年经济增速放缓，在经历产业转型阵痛中如何求得新生——推动经济高质量发展?

回首党的十八大以来，在省委、省政府的坚强领导下，池州市委、市政府带领全市人民，主动适应新常态，践行新发展理念，负重爬坡，奋力转型，综合实力迈上新台阶，特色主导产业方兴未艾，基础设施建设取得新突破，改革创新硕果累累，生态文明建设守护绿水青山、创造金山银山，群众的满足感、获得感不断提升……5年来的砥砺奋进，5年来的攻坚克难，全市经济社会保持了平稳健康较快发展，开创了建设现代化绿色池州、创新池州、幸福池州的新局面。

综合实力迈上新台阶

2015年生产总值跨上500亿元台阶，2017年增加到660亿元，5年来，全市地区生产总值连跨两个百亿元台阶，4个园区产值突破百亿，产值超亿元企业达到185家、增长2.5倍，其中产值超10亿元企业达到10家，2家企业进入全省制造业百强和民营企业百强。

2016年，全市财政收入突破百亿大关。三次产业结构由2013年的14.6∶48.8∶36.6调整到2017年的11.1∶45.5∶43.4。经济增长动力由工业主导逐步向工业和服务业双轮驱动转变。

2015 年 3 月 26 日的上午 9 时 30 分，伴随着响亮的锣声，安徽九华山旅游发展股份有限公司在上海证券交易所上市交易，实现了池州企业主板上市“零”的突破。到 2017 年，全市上市挂牌企业（含辅导备案）已有 34 家，上市挂牌后备企业超过 50 家。

特色主导产业方兴未艾

在通过加大招商引资，进一步壮大和提升现代装备制造、现代化工、金属非金属材料、绿色有机农产品加工四大传统产业的规模和质量的同时，电子信息产业、旅游产业、大健康产业等三大特色主导产业在高起点规划引领下，大力推进，取得突破性发展，为全市经济发展培育新动能。

我市 2012 年将电子信息产业作为首位产业进行培育，并成功引进安芯电子。在安芯电子为龙头企业的牵动下，集聚了芯旭半导体、安美半导体、钜芯半导体、华钛半导体、中建材 ITO 等一大批电子信息产业的上下游企业，几年间，我市电子信息产业从无到有，并初步形成了小尺寸晶圆制造、封装测试产能、化合物半导体芯片设计研发等产业链条，半导体产业基地 2016 年列入省第二批战略性新兴产业集聚发展基地。

杏花村文化旅游区等一批景区景点项目相继建成开放，全市新增 10 家 4A 级旅游景区。2016 年，我市被列入首批“国家全域旅游示范区”整市创建名录，旅游产业由点及面，迎来了“二次创业”。在全省率先编制实施全域旅游产业发展规划，全力推进旅游业体制创新、业态融合、产品升级，旅游产业从“一元向多元”发展、从“一枝独秀”向“满园春色”转变。2017 年共接待国内外游客 5766 万人次，旅游总收入达 615. 1 亿元。

绿水青山就是金山银山。2016 年，我市因势而谋、应势而动、顺势而为，从“山、水、土、气”生态本底优势出发，高举大健康旗帜，明晰“路线图”“任务书”和“时间表”，将大健康产业作为重点产业加以培育。两年多来，全市大健康产业渐入佳境，步步莲花。九华山健康文化园成为国家首批健康旅游示范基地，东至县中医院成为全省首家医养结合养老服务试点医院，4 个特色小镇入选省第一批特色小镇和特色小镇（试验）名单。

基础设施建设取得重大突破

2013 年 7 月 29 日，九华山机场正式通航启用。到 2017 年底，通航城市有北京、上海、成都、广州、深圳、厦门、泉州等 12 个，2017 年游客吞吐量突破 47.51 万人次。此后，宁安高铁、东九高速、望东长江公路大桥、池州港新旅游码头等重大基础设施相继建成运营，池州长江公路大桥 2014 年正式开工建设，池州跨入“游轮时代”“航空时代”“高铁时代”，便捷的交通网络为池州经济社会发展奠定坚实的基础。

2015 年 4 月 2 日，我市从全国 130 多个城市脱颖而出，入选全国首批海绵城市建设试点城市名单，建设全面展开，逐步解决了城市内涝和城市黑臭水体等问题，城市防洪标准超过 50 年一遇，排涝标准提高到 30 年一遇，让城市焕发“内在美”。中心城市建成区面积由 38 平方公里增加到 48 平方公里。市博物馆、图书馆、科技馆、文化馆先后建成开放，填补了市级公共文化场馆的空白。常住人口城镇化率由 46% 提高到 52.5% 。

改革创新成果丰硕

2014 年，我市启动主城区污水处理及市政排水设施政府购买服务项目，将主城区已建污水处理厂、排水管道、污水泵站等资产整体打捆，并根据城市发展需要负责投资新建污水处理厂排水管道等项目，以公开招标方式，选择设施建设、运营维护、管理服务合作伙伴。该项目成为国内首个由财政部和住建部共同推出的 PPP 示范项目，被业内誉为我国公用事业改革“池州模式”，在全国推广。

东至县自 2016 年 6 月份正式启动“劝耕贷”试点以来，在不断探索创新中形成了具有皖南特色、东至特点、可复制的农业信贷担保示范模式，这一模式已成为安徽省操作标准，在全省乃至全国推广。

在其他方面，各项改革创新成果累累。2014 年，我市整市列入皖南国际文化旅游示范区核心区，成为第二批国家旅游业改革创新先行区。旅游综合执法体制、农村承包地确权登记颁证、国有林场、不动产登记、公共资源电子交易平台试点等改革走在全省前列。全国唯一国家森林生态标志产品电商交易平台上线运营。池州 3 次上榜全国外贸百强城市，4 个保税仓库建成运营。

生态文明建设稳步推进

生态环境是池州最大的优势和特色，也是立市之本、发展之基。2017 年，我市坚持问题导向、系统治理、协同发力，在全市范围内深入开展铁腕治矿、科技治超、从严治岸、重拳治砂、精准治污、全面治脏的“六治行动”，全力强化“山、水、土、气”等特色生态优势，并取得了明显成效。截至 2017 年底，整顿关闭矿山 94 家，建成绿色矿山 19 家，沿江沿河非法码头、砂场全部拆除，长江河道采砂管理进入长江先进行列。主城区全面禁放烟花爆竹，黄标车及时全部淘汰，生活垃圾、园区污水处理设施实现全覆盖，禁养区内畜禽养殖场如期“清零”，超限超载率稳控在 1% 以下。

全市建立了市县乡村四级“河长制”体系，“林长制”全面推行，圆满完成千万亩森林增长工程，青阳县被列为国家重点生态功能区，九华山列入国家地质公园并成为世界地质公园候选地。此外，成功创建全省首家国家森林城市、第二家中国人居环境奖城市、第三家国家节水型城市，完成全国低碳城市试点，三县全部通过国家生态县验收。重要江河湖泊水质达标率 100%，单位生产总值能耗下降 3.5%，节能减排任务全面完成。绿水青山就是金山银山的社会共识进一步形成。

人民生活水平持续改善

全市覆盖城乡居民的社会保障体系基本建立，义务教育基本均衡提前 5 年实现县域全覆盖，文化、卫生等社会事业全面进步。城镇新增就业 13.27 万人，城乡居民收入分别达 28362 元、13464 元，年均增长 9.3%、11%，居民人均存款 4.12 万元、居全省第 6，人民群众获得感、幸福感、安全感明显增强。脱贫攻坚取得决定性进展，42个贫困村出列，7.4万贫困人口稳定脱贫，贫困发生率由2014年的7.8%下降到2.7%。

2013年以来，我市认真落实全面从严治党要求，扎实开展党的群众路线教育实践活动、“三严三实”专题教育、“两学一做”学习教育、“讲看齐、见行动”学习讨论和“讲政治、重规矩、作表率”专题警示教育，全面加强政府自身建设。认真落实中央八项规定精神和省委规定要求，建立重大决策和重要工作落实问责制度，坚决整治和查处侵害群众利益不正之风和腐败问题，营造了风清气正、干事创业的良好政治生态。

2017年10月18日，党的十九大胜利召开。站在新的历史起点上，我市实现全面建成小康社会、建设现代化“三优池州”的战略目标更加坚定，转型路径更加清晰、发展更加蹄急步稳。池州也正以强劲的发展势头和崭新的精神面貌努力实现新时代新气象新作为！

二、难忘岁月

（老领导讲述）

解放思想聚合力　艰苦创业打基础

——访原池州地委副书记、行署专员陈业夫

□记者 钟　斌

“池州自然环境得天独厚，在我心中它就是一个美丽的大花园，它是安徽省最美的地级市。”4 月 20 日，当记者说明采访来由时，今年 76 岁的陈业夫表示，虽然我离开了池州 18 年，但我依然很留恋和怀念那里。

作为原池州地委副书记、行署专员，陈业夫在池州工作期间，与地委、行署领导班子一起，以解放思想为先导，不断更新观念，清除阻碍发展的思想障碍，科学把握区情，艰苦创业、励精图治，打好长江牌、生态牌、九华牌，池州在经济发展、城市建设、旅游开发等方面取得了前所未有的成绩，为池州今天的发展打下坚实的基础。

经济发展渐入佳境

池州历史悠久，文化灿烂，但由于历史原因，当时历经两撤三建，错过了不少发展机遇。与沿海发达地区相比，不少人观念上仍残留着保守、封闭、小富即安等守旧思想。陈业夫与地委、行署领导班子看在眼里、急在心里，觉得如果不拆除池州人思想“旧藩篱”，很难实现池州新发展。

于是，1998 年 10 月 30 日，地委、行署在全区上下开展了“我为池州添光彩大讨论”；1999 年 3 月至 6 月，开展“解放思想，更新观念”大讨论；2000 年 8 月至 12 月，开展“解放思想，优化环境大讨论”。通过一系列的大讨论，在全区党员干部中形成了加快发展的广泛共识。

与此同时，地委、行署组建考察团，率县市主要负责人赴苏浙地区考察学习外地先进经验；出台加快发展个体私营经济的决定，确定把个体私营经

济作为池州经济发展突破口和经济增长点；制定出台加快国有企业改革的决定，规定除国家专营外，其余企业通过改革、改组、改造，一律放开搞活；成立池州地区专家咨询委员会，下设农业、工交、城乡建设、社会发展、生态经济、旅游经济等专业组，同时聘请来自北京、合肥的专家和学者为科技经济顾问，为加快池州改革发展当好顾问和参谋。

在一系列措施引导与促进下，全区个体私营经济发展迅猛。在1999年个私经济对财政贡献率较上年提高10个百分点的基础上，2000年一季度个体工商户和私营企业累计户数同比增长12.2%和34%，注册资金增长39.4%，上缴税收增长26.2%。

国有企业脱困与发展出现转机。截至2000年一季度，全区相继成立了有色、杰达、金九华、物资等四大国有控股公司，对竞争性不强的国有中小企业通过股、转、租、破等多种形式，让国有资本从企业中退出。全区87户规模以上工业企业实现工业产值27340万元，同比增长15.9%，其中东至纺织厂一季度盈利118万元，甩掉连续5年亏损的帽子。

外向型经济稳步发展。2000年一季度，全区自营出口完成435万元美元，同比增长39.4%；池州有色集团等一批重点出口企业产品出口业绩大幅增长，石台煤气仪表厂走出国门到吉尔吉斯办厂获批；已审批外资项目两家，引进外资174万美元，已签约正在履行手续的尚有307万美元。

城市建设如火如荼

从温州商贸城的营业到台州大市场的动工，从杏花村的复建到姚依林铜像的落成，从房地产项目的开发到城市交通环境的改善……

在陈业夫担任行署专员期间，地委、行署通过对外招商引资，加大城市建设力度，贵池城东、南、西三翼处处是建筑工地，城市功能不断完善，实现了城市面貌一年一个样，三年大变样。

1999年11月3日，大型商品批发市场——温州商贸城开城营业，吸引大批江苏和浙江客商来池投资兴业。最让人称道的是，项目从正式签约投资到建成开业，前后不到10个月，其速度之快、效益之高前所未有。

1999年5月15日，贵池市政府与安徽宇华房地产就引资改造开发南大门项目举行签约仪式，掀开了池州改造开发南大门的序幕。

1999 年 8 月，台州大市场建设项目正式签约落户。项目占地 18.27 亩，总投资 1500 万元，建筑面积 2 万平方米。作为呼应温州商贸城的大型批发市场，它的兴建进一步激活了池州商贸流通业。

1999 年 10 月中旬，旅欧华侨詹晓荣与贵池市政府商谈复建杏花村、开发西大门项目。

2000 年 5 月 19 日，杏花村复建工程破土动工，正式拉开杏花村复建的帷幕。公司以复建杏花村为己任，进行杏花村旅游和杏花村品牌建设，最终建成的杏花村旅游区荣膺国家 4A 景区。

与此同时，池州的交通网络得到进一步完善。1998 年 12 月 29 日，全长 97.2 公里的沿江公路池州段正式通车，标志着沿江公路全线贯通。它不仅能增强皖江地区间交流与经济协作，带动沿线乡镇经济发展，也为皖江地区实现与浦东、长江三角洲地区的一体化发展，参与跨地区产业结构与战略调整提供了枢纽性通道。

旅游开发高瞻远瞩

池州是皖南旅游区的重要组成部分，自然资源丰富，人文底蕴深厚，生态环境优美。1996 年 12 月被国家批准为中国第一个生态经济示范区，1997 年被国务院列为《中国 21 世纪议程》地方试点。陈业夫在池州工作期间，地委、行署从战略全局出发，主打“九华牌”和“生态牌”，重新审视旅游业在全区跨世纪发展格局中的重要位置，编制了全区旅游业“九五”计划和 2010 年愿景目标。

2000 年 6 月，地委、行署提出全区旅游业发展“十五”计划和远景目标：即围绕一个中心（以发展九华山旅游为中心），突出两大特色（佛教文化和生态环境），开发三条环线（九华山街区、中闵园区、天台区为内环；山前区、转身洞区、九子岩附件以及庙前、朱备、柯村、南阳湾为中环；贵池、石台、东至等地景点为外环），构建四大板块（九华山、贵池齐山——秋浦仙境，石台牯牛降及溶洞群，东至升金湖、大历山），着眼国际、国内市场，积极推进旅游产业化、国际化进程。争取到“十五”期末，年接待国内游客

320 万人次，境外游客达 4 万人次以上，旅游总收入 9. 2 亿元，占国内生产总值的 7. 4% 。到 2010 年，年接待游客 644 万人次，境外游客 6 万人次以上，旅游总收入 18. 5 亿元，占国内生产总值的 10% ，使旅游业真正成为我区的支柱产业。

围绕以上目标，当时还明确了五条具体措施。科学规划，全面实施九华山“二次开发、二次创业”，将九华山管理机构及部分企事业单位下迁到柯村，明确九华山世界级旅游目的地的目标。打好基础，进一步加快九华山旅游基础设施建设，重点抓好九华山地藏菩萨露天大铜像工程建设，着力培育旅游业管理、宣传促销和导游人才队伍，全面提升从业人员综合素质。强化促销，坚持国际国内两个市场，积极拓展九华山旅游业的市场空间。理顺体制，撤销九华山风景区管理处，设立九华山管委会，组建“安徽省九华山旅游发展股份有限公司”，并积极争取上市，真正形成大九华、大旅游、大产业的发展格局。加强管理，建设九华山博物馆和佛学院，积极争取九华山列入世界自然与文化遗产名录，全面提升九华山文明创建水平和旅游品位。

大愿文化园景区建成对外开放，九华山旅游发展股份在上海证券交易所上市，池州入选中国优秀旅游城市、首批国家全域旅游示范区、皖南国际文化旅游示范区核心区……如今，当年描绘的蓝图早已变成了现实。截至 2017 年底，全市共接待国内外游客 5765. 92 万人次，接待入境游客突破 100 万人次，实现旅游总收入 615. 15 亿元。旅游业对 GDP 和地方财政的综合贡献均超过了 15% ，旅游业已成为池州名副其实的支柱产业。

“池州发展太快了，现在电厂投产了，大水利建成了，火车开通了，机场通航了，财政收入突破 100 亿元……”陈业夫对池州今天取得的成就啧啧称奇：“池州干部责任心强、守规矩、肯吃苦，只有池州干部群众齐心协力，共同奋斗，继续发挥自有资源和生态环境优势，池州的明天将会越来越好，池州人民将会越来越幸福。”

一以贯之谋发展　夯实根基促赶超

——访池州市人民政府原市长谢德新

□ 记者 潘世鹏

梦想点燃激情，发展铸就辉煌。置身波澜壮阔的改革开放大潮中，30 年来，实现池州繁荣富强和人民群众富裕是我市一以贯之、矢志不渝的方向。历届地委、行署，市委、市政府带领全市人民沿着这条主线，一路负重追赶，一路创新创业，以艰苦奋斗、进位争先的“池州精神”，开辟了一条跨越发展之路、富民强市之路，书写了一份沉甸甸的“池州答卷”。

“我在池州整整工作了 8 个年头，人生最年富力强的时候就是在池州度过。池州优美的自然生态环境和热情好客的人民，在我内心深处刻下了深深的烙印。”近日，市政府原市长谢德新在接受本报记者专访时这样感慨。

在池州任职 8 年，离开池州 12 年，谢德新把池州当成了自己的“第二故乡”。池州是在一穷二白的基础上过来的，从白手起家到今天的日新月异，走过的每一步都不容易。

励精图治干事创业

谢德新跟池州有渊源。在来池州任职之前，谢德新曾来过池州两次。1988 年跟随团中央一位领导来安庆调研时就到了贵池，当时贵池还属安庆地区。1997 年一次出差来池州，感觉这里风景很好。1998 年，在团中央已任部门负责人的谢德新满腔热情想去基层做点事情，向组织提出下去任职的请求。当时组织原意是安排谢德新到沿海发达地区锻炼，谢德新婉言谢绝，希望回到土生土长的安徽老家。当年 4 月安排到安徽池州，省里一位领导告诉谢德新，“池州好，池州是个大花园。”当时，乘坐车辆一过青通河到达池州境内，扑鼻而来的都是清香，风景秀丽的景象验证了省领导对池州的评价。

谢德新说，我来到池州后的第一印象就是贵池城小、人口少，房屋陈旧，仅有几幢低矮的楼房，是个十足的落后地区。送行而来的团中央部门领导当时就安慰我说，“以后会变化的。”同时，贵池人的朴实善良也让我感觉到温暖。当时杏花村宾馆附近有个老奶奶在那摆摊卖手工做的布鞋，一次散步到那我就问布鞋多少钱，老奶奶说随便给，我给了老人10块钱她嫌多无论如何不收，最后我还是执意给了她5块钱。当时就让我感受到了池州的民风淳朴。

我到池州后的第一个考验就是防汛抗洪。4月份到池州，结果5月份就发大水。1998年长江发生了自1954年以来的又一次全流域性大洪水。受上游来水和潮汛共同影响，长江流量迅速增加，长江池州段水位全线超过警戒水位，汛情十分严重。当时长江大堤九江段出现危急状况，需从附近省份紧急运送物资，但我市殷汇镇路段被洪水淹没，道路无法通行。险情就是命令，为了确保救灾物资运输通畅，必须迅速抢通道路。当时我分管交通，就第一时间赶到殷汇和干部群众合力抢通道路，连续几天奋战在灾区，晚上实在撑不住了就在附近的老乡家睡一会，最后终于把道路抢通。

1999年夏季，池州再次发生严重洪涝灾害。长江水位达到新中国成立以来的第三个高水位，池州境内58.8万亩农田受淹，特重灾人口达34万。贵池区牛头山镇黄湓圩湖堤溃破，黄湓村成为一片泽国，村民家园被毁，住进安扎在江堤上的救灾帐篷里。7月26日，时任国务院总理朱镕基来到池州视察灾情，总理看到灾情后表情凝重，感慨出了“民穷财尽”。很快，中央作出治理大江大河重大决策，国务院出台了以治理江河流域、根治水患和灾后重建为目标的“封山育林，退耕还林；平垸行洪，退田还湖；以工代赈，移民建镇；加固干堤，疏浚河湖”的32字方针政策，仅池州长江段便拨款十几个亿。有了国家的拨款建设资金，这对当时积贫积弱、连受洪灾重创的池州来说影响是巨大的。

大机遇千载难逢，大发展时不我待。在国家资金支持下，池州以人为本，迅速吹响灾后重建“集结号”。以前每逢长江水位高，池州段就内涝严重，靠民工肩挑背扛加固江堤。在国家灾后重建工程的支持下，池州市把江堤全部用石头、水泥硬化，改善了基础设施条件，对地势低洼地段的房屋全部搬迁重建，老百姓的生活条件也得到改善。得益于移民建镇工程的实施，很多地势低洼地段的农户都喜迁新居，圩区当时盖起了一排排新房，成为当时一道独特的风景线。在工程建设中，为了加快工期，市里把调度会一直开到了村，确保灾后重建任务顺利完成，池州的建设经验在全省大会上受到点名表扬。

白手起家大干快干

我在池州任职的八年时间，见证了当时池州干部群众白手起家奋力拼搏的发展历程。从北京刚来池州工作时，经历的巨大落差让我更加清楚发展的差距和池州基础条件的薄弱，所以心里对加快发展的目标十分明确。2003 年，我接手市长时，池州市本级财政收入才 1 亿多元。

我在池州的八年时间同样也是幸运的，赶上了池州赶超发展的阶段。当时安徽由于经济基础条件差，加上连年水灾影响，发展速度明显落后于东部地区。在安徽奋力崛起的历史进程中，作为沿江地区的省辖地级市，发展不足是池州市面临的首要问题。为了以跨越式发展加快追赶步伐，池州市加大了对外开放的力度，牢牢把握主动权，继续把招商引资作为加快发展、富民强市的“一号工程”紧抓不放，突出抓好园区招商，坚持抓大项目，以速度增总量，向规模要效益，努力保持了后发快进优势，记得连续几年经济总量和财政收入的增幅都在全省前列。

在前任打下的基础上加速推进项目建设，实现了很多大项目建成投产的喜人局面，从根本上改变了“吃饭财政吃不饱”的现状，大家渐渐增强了发展的信心。2003 年底，全市就有各种类型的工业企业近万户，其中年销售收入 500 万元以上的规模企业就达到 100 户。这些骨干企业的带动引领，促进了池州工业经济的长足发展。一大批大项目集中开工建设，比如，池州海螺公司日产 8000 吨水泥熟料生产线项目经过 14 个月建设实现试生产，池州九华发电公司一期工程、九华山大愿文化园景区、清溪河故道环境综合整治工程开工建设，铜九铁路池州段开工启动，安庆长江大桥上马……

为营造加快发展的浓厚氛围，树立勤政廉政政府形象，当时市政府专门开展建设为民政府活动，进一步推进政府职能、工作方法和工作作风的转变。我当时对承担上传下达职能的市政府办公室提出了“把规矩立好，把效率提高，把风气搞好”的明确要求。发展理念上体现以人民为中心，启动了廉租房建设工程，在财力还尚薄弱的情况下，建设了大病救助基金、贫困大学生救助基金等。建立“信访接待日”制度，探索建立信访听证评议制度。信访听证评议制度最大的特色就是让市政府跳出“裁判者”的角色，转而由市政府在社会各界中聘请有一定代表性和参政能力、具有社会正义感和在群众中有一定威望的信访评议员，组成群众性信访评议团，对信访案件进行听证评议，督促当事各方把问题解决好。这项信访评议工作当时在全国是首创，其独创性和良好的收效还受到中央电视台“焦点访谈”栏目和《人民日报》的专题报道。

2006 年我调离池州时，不仅所有工程款全部结清，市财政账户还积余 2 个多亿。

5 年 3 亿还我清溪水

清溪河是池州一条古老的母亲河，历史上清溪河连内陆、通长江，是一条生生不息流动的水脉，流淌着池州不老的诗魂，积淀着丰富的历史底蕴，孕育着池州人民深深的情感。沿河两岸小桥流水、鸟语花香，宛如一幅充满诗意的画卷。

上世纪 90 年代因城市开发建设，清溪河在湖心路、南门环岛、秋浦东路、百牙路、清风路五处被隔断，活水变成死水。又因河道地势较低，城市生活污水的排放和市民直接向河道倾倒垃圾，加剧了河道的污染。2003 年 12 月，整治工程正式破土动工，历经 3 年的艰苦努力，清溪河生态环境建设工程全部结束，如今的清溪河已成为市区最亮丽的生态景观走廊。

我来池州工作的第二年就注意到了清溪河，感觉池州城内有这样一条自然的河流，真是大自然的恩赐，可惜是死水河“龙须沟”。我相信历届政府都有治理清溪河的愿望，问题是，池州多年来一直是吃饭财政，心有余而力不足。

我到市政府上任后的第一个月，就提出要治理清溪河，之所以提这件事，主要是基于几个方面的考虑：一是市一届人大把清溪河整治作为一号议案提出来，这说明人大代表在关注这件事，作为政府，应当重视人大代表反映的心声。二是清溪河这条“龙须沟”，已经严重影响了池州这座历史文化名城的形象和环境，必须提上市政府的议事日程。三是本届政府要做的事，必须从群众最关心、关注和必须解决的急事难事入手。对于市区老百姓来讲，清溪河环境综合整治就是当时老百姓最期待解决的问题。

“三年三段三个亿”，当时在财政那么紧张的情况下敢于提出花3个亿元来综合整治清溪河，我们是下了大决心的。我们希望通过综合整治，不仅让清溪河畅通，还能解决清溪河的排污问题，把清溪河变成城市的一道亮丽名片。

如何推动清溪河综合整治工程，政府当时主要做好两件事，一是保障工程资金，二是保证工程质量。首先，工程资金如何筹措？靠财政投入是不可能的，因为池州一直是吃饭财政，2003年市本级的财政总收入也就在1.5～1.6亿元左右，这些钱要保证公务员的吃饭穿衣问题和机关单位正常工作运转。清溪河综合整治需要3个亿以上，如果按2003年的财政基数来计算的话，市本级不吃不喝、什么事不干，也要花两年半的财政收入。市政府在资金来源上做了很多工作，一方面积极争取国家、省项目资金，另一方面争取国债资金和国家开发银行贷款支持。为了确保清溪河整治工程质量，政府严格规范投资项目资金使用。城市投资公司负责融资，城建、水利部门负责建设，进行相互监督，同时严格执行招投标制、工程监理制、资金预算的监管和审计制度，从制度上保证所有的项目资金每一分都花在工程建设上。市里主动邀请市人大代表、政协委员到清溪河视察，对工程质量进行监督，多措并举实现工程建设质量经得起历史检验。

访谈结束时，谢德新满怀深情地说，能在池州这样一座环境优美的城市有过主政经历是件十分幸福的事。池州是座很美很精致的城市，美就美在她的自然清纯。池州的美是天生丽质，而不是珠光宝气，自然生态环境是池州永远的品牌，希望这块金字招牌越擦越亮！

不忘初心跟党走　履职尽责为民生

——访市政协原主席巩志钧

□ 记者 盛文鹏

"始终以习近平新时代中国特色社会主义思想为指引，时刻不忘初心，矢志永远奋斗。"近日，政协池州市第一届委员会主席巩志钧非常高兴地接受了记者的采访。

巩志钧是土生土长的贵池人，1941 年 1 月出生，中共党员。青年时代参军，在部队工作长达 28 年。后来响应国家精简政策，从师政委的岗位上转业到地方工作，先后担任安庆地区驻池州办事处主任、书记，安庆地委组织部部长，池州地委组织部部长，池州地委副书记，池州市委副书记。2001 年 1 月，当选政协池州市第一届委员会主席。

回忆在部队和池州工作的经历，巩志钧显得非常平静。

巩志钧说，1988 年池州地区复建，揭开了池州发展的新篇章，但当时条件非常艰苦。刚过江，没住的地方，得自己找；没有食堂，得自己解决。那时还没有实行双休日，因工作需要有时连单休日都保证不了。办公室没有空调，办公条件差。时任地委书记谢永康一心扑在工作上，很少回家，生病的时候就趴在火炉上看文件，忘我的工作，这些老同志对池州的奉献是很大的，他们过江的"初心"，就是要把池州发展好、建设好。

池州地区复建，缺啥？缺的很多，最缺的应该是干部。巩志钧回忆担任池州地委组织部长期间主抓的几项工作时说："一是建立各级机构。当时省里只给了 500 个干部指标（一般地市在 1000 人至 2000 人左右）。根据工作需要，从安庆地区和安庆市抽调了 300 个干部，从江南几个县选调了 200 个干部。二是提高干部素质。安庆过江干部，除领导干部外，大多来自乡镇和小学教师。三是加强思想政治工作，教育大家树立'吃大苦、耐大劳'的精神，要求全区干部向组织干部看齐，组织干部要当好干部排头兵。"

当时池州交通不发达，只有“两道”：一条是318国道，一条是长江黄金水道。经济基础差，几乎没有像样的工厂，财政收入很少。通信也非常落后，有时打个电话到安庆，1个小时也打不通。

“政协池州市第一届委员会的筹备和组建，我是见证人。”巩志钧说，2000年6月25日，国务院批准撤销池州地区，设立省辖池州市。撤地设市后，按照《中国人民政治协商会议章程》的规定，撤销了政协池州地区工作委员会，成立了政协池州市委员会。政协池州市第一届委员会第一次会议是2001年1月4日召开的，196名市政协委员参加会议，省委指导组和市委市人大市政府领导到会祝贺。这不仅仅是池州人民政治生活中的一件大事，更是池州发展史上的一件盛事。能够亲身经历，并为之做了一些工作，感到十分幸运。在没有政协工作基础和经验的情况下，我们不断摸索，把主要精力放在搭架子、立规矩，开好局、起好步上，重点抓了三个方面的工作：一是建章立制；二是履行职能；三是自身建设。

市政协成立伊始，特别注重建章立制工作。2001年11月19日，中共池州市委召开地改市后的首次全市政协工作会议，贯彻全省政协工作会议精神。会后，市委、市政府分别出台《关于进一步加强人民政协工作的意见》和《关于重视和支持人民政协工作的决定》。这次会议对各级党委进一步加强和改善对政协工作的领导，各级政府进一步加强对政协工作的支持，对各级政协履行职能的规范化、制度化建设起到有力的促进作用。2003年，又在总结过去工作经验的基础上，经过大量的调查研究，广泛征求方方面面的意见，市政协主席会议和常委会议的充分讨论，制定了《政协池州市委员会关于政治协商、民主监督、参政议政的规定》，并报请中共池州市委印发执行。这项重要《规定》从我市政协工作实际出发，明确细致地规范了政协履行职能的内容形式、方法步骤，是市政协开展工作的基本准则和依据，为全市政协工作不断发展提供了制度保证。根据形势和任务的需要，我们大胆探索、大胆实践、大胆创新，在一届市政协开展工作的头两年中，结合池州实际，建立健全了20余项规章制度，增强工作的规范性，努力做到在履行职能中选好角度、发挥优势，找准位置、恪尽职守。我们还组织了“加强人民政协的民主监督”“充分发挥人民政协参政议政作用”“提高提案工作质量”等研讨活动，注重从理论的高度分析问题，总结经验，不断为政协工作的创新发展提供坚实基础和不竭动力。

“立足池州实际，把促进生态经济发展作为一届政协履行职能的主线。”巩志钧说，生态经济建设是个系统工作，内容十分广泛，市政协每年选择一个重点，召开专题常委会议进行研究，向市委、市政府提出《建议案》或调研报告。2001 年，引导委员广泛关注全面了解生态经济示范区建设的难点和热点问题，在此基础上，2002 年研究无公害农产品开发问题，2003 年研究矿产资源开发与生态保护问题。调研中，发挥政协工作的整体优势，充分掌握第一手资料和信息，广泛发动委员出点子、想对策，使调研尽可能扎实深入，论证尽可能有理有据，听取各方面意见尽可能全面具体，从而使提出的意见和建议尽可能具有科学性和说服力。就我市生态经济建设中一些关键问题，相继向市委、市政府提出了建议和意见，促进了生态文明建设中一些重要问题的解决，受到社会各界的充分肯定。

实践证明，连续围绕一个主题开展卓有成效的调查研究，拓展了政协参政议政的广度和深度。同时，加强提案和反映社情民意工作，实行并完善市委、市政府、市政协三家办公室联合交办提案制度，鼓励支持市政协委员和参加单位运用提案和社情民意形式，反映人民群众普遍关心的热点难点问题，以努力维护群众的切身利益，促进政协更好更有效地履行职能。此外，我们非常重视政协宣传工作，大力优化政协工作环境，推进政协工作健康发展，有效扩大政协社会影响。特别是市政协关注研究的一些热点问题，如对矿产资源开发与生态保护、血吸虫病防治、清溪河治理等问题的建议和意见，通过新闻媒体的宣传报道，在社会上引起了强烈反响。

在巩志钧看来，打铁还需自身硬，为尽快提高履职能力和水平，必须强化政协自身建设。市政协组建后，就紧锣密鼓地制定了全体会议、常委会、主席会议规则，专委会通则，视察工作条例，提案工作条例等一系列规章，确保市政协的各项履职活动有制度遵循，推进工作的规范化、制度化、程序化。建立健全党组中心组学习制度，大力推进学习型、研究型组织建设，使政协工作更好地把握规律性、富于创造性。结合机关工作实际，每年年初的市政协常委会议、主席会议对政协机关的思想建设、作风建设、组织建设和制度建设提出新的要求，推动机关在参与政务上努力做到超前、深入；在管理事务上努力做到规范、细致；在搞好服务上，努力做到热情、主动。在市委的高度重视下，市政协机关干部队伍建设不断得到加强，人员得到充实，机关活力不断增强。根据池州撤地建市后机构增加但总编制不增加、市直人员编制严重不足、市政协机关编制偏紧偏少的情况下，统筹考虑机关机构设置，在设置办公室、调研室的同时，大胆创新，设立专委会综合办公室，负责协调服务 8 个专委会的工作，既符合精简机构人员的要求，也为机关干部发挥作用提供更大空间，又较好地协助刚从市直部门转岗的专委会负责同志尽快熟悉工作情况，进入角色、履职尽责。

专访中，巩志钧表达了对政协工作的热爱。他说，人民政协事业是薪火相传、接力奋斗、永续发展的事业。担任市政协主席是他十分难忘、不可多得的一段时光。他深切地感受到，政协是一个大舞台，可以畅所欲言，凝聚共识；政协是一所大学校，可以博采众长，共同提高；政协是一个大家庭，可以理解包容，同舟共济。政协工作要同各方面人士打交道，艺术性强、人情味浓，很有意义，很有价值，不仅广交了朋友，也丰富了人生阅历。

“总是时光太匆匆。担任市政协主席的短短几年一晃就过去了，还有许多事没有来得及做，欣慰的是我市政协工作一届更比一届好，一任更比一任强。”对这些年来市政协工作取得的成绩，巩志钧感到由衷高兴。虽然退休多年，巩志钧仍然心系池州发展，情牵政协工作。他说，好山好水是池州优势和资本，上项目要符合池州的“初心”，做决策要进行科学论证。有些事情不能过急，要尽可能考虑成熟一点。他坚信，在习近平新时代中国特色社会主义思想指引下，在中共池州市委的坚强领导下，古老的池州将越来越美丽，人民生活将越来越美好，人民政协一定会有更大的作为，政协事业一定会有更大的发展。

创新形式显实效　履职为民促发展

——访市政协原主席程铭义

□ 记者 唐国安

“弹指一挥间，改革开放40年了，池州复建也30年了。政协池州市委员会自2001年成立以来，历届市政协充分发挥政治协商、民主监督、参政议政职能，围绕中心，服务大局，从深层次考虑问题，找准课题进行调研和视察，为市委市政府建言献策发挥了积极作用，取得了辉煌的成就。”近日，市政协原主席程铭义在接受本报专访时深有感慨。

程铭义毕业于清华大学土木建筑系，长期在池州担任领导工作。2004年2月，当选市政协主席。

“到政协之后，对经济社会发展工作只是参与方式、角色不同，但目标是共同、明确的。”采访中，程铭义深情回顾了担任二届市政协主席期间，紧密团结市政协领导班子成员，带领全市广大政协委员，紧紧围绕市委、市政府总体部署谋划工作、履行职责，为推进全市经济社会又好又快发展和人民政协事业进步，所走过的风雨历程。

“无论是涉及经济社会发展的‘大事’，还是与百姓密切相关的‘小情’，市政协及广大政协委员都十分关注，积极向市委、市政府建睿智之言、献务实之策。”程铭义说，二届市政协先后创新开展了“资政会”“政协委员论坛”“政协工作池州行”“市政府、市政协联席会议”“界别民情民智座谈会”“专题学习报告会”“人民政协新年茶话会”等一系列工作，为政协履职拓展了新形式、搭建了新平台。“坚持在继承中创新，在开拓中前进，不断激发工作活力，推动人民政协事业创新发展，形成了自己的工作特色，树立了良好形象。”程铭义说，二届市政协工作创新亮点纷呈，制度创新扎实推进，着力强化自身建设，积极营造良好环境。

谈及二届市政协工作，程铭义说，最大亮点就是始终坚持围绕中心服务

大局，全力推进池州科学发展。为此，二届市政协从四个方面统筹兼顾，出力使劲，

“一方面围绕全局性重大问题资政建言，这也是二届市政协工作的一个重要特色。”程铭义说，6年间，二届市政协先后围绕“平安池州建设”“新农村建设”“节能减排”“承接产业转移示范区建设”“加强和创新社会管理”等全局性重大问题，深入调研论证，科学资政建言。历次资政会形成的建议案，都受到市委、市政府的高度重视，其中大量具有较强针对性和可操作性的建议，转化为党委、政府的决策思路和工作部署。“特别是2006年，市政协首次以‘推进平安池州建设’为主题召开资政会，有关部门对会议形成的建议案认真办理落实，切实推进了平安池州建设，受到社会各界的广泛好评。”程铭义说。

第二个方面，就是重点工作主动开展专题协商。先后围绕“发展园区经济”“推动旅游经济发展”“推动公共交通服务体系建设”“推进民生工程”“推进和谐社区建设”“推动文化产业发展”等重点工作，深入调查研究，召开专题常委会议；围绕“走新型工业化道路”“积极应对全球金融危机”等主题，举办“政协委员论坛”，组织委员开展调研、撰写论文、交流发言，积极建言献策。市委、市政府对市政协专题常委会议形成的调研报告以及委员发言高度重视、认真办理，切实推动了政协履职成果的转化落实。

第三个方面，就是围绕相关工作积极开展履职活动。6年间，围绕“十二五”规划修编、示范区建设、重点项目建设、城市规划建设等相关工作，主动开展协商活动，多次听取有关部门情况通报，提出大量有价值的协商意见。围绕水系贯通工程、安居保障工程、蔬菜基地建设、城市地下管网建设、农村公路建设和危桥加固改造等工作，组织相关界别委员开展视察，召开座谈会，集思广益、建言献策。围绕公安、检察、审判等工作开展视察调研，委派40多名市政协委员担任各类监督员、评议员，积极参加市直机关单位作风评议、公开选拔招考，案件审判监督以及有关听证等工作，积极开展民主监督，促进了相关部门进一步改进工作，提升效能。各专委会开展调研视察活动110多次，形成《关于蔬菜基地建设的调研报告》《关于天然气推广使用情况的调研报告》《关于粮食安全问题的调研报告》等各类调研报告、交流材料100余份，切实推动了相关工作。

“此外，在开展履职活动的同时积极投身经济社会建设主战场，这也是二

届市政协工作的特色之一。”程铭义说，按照既献智又出力的要求，市政协领导同志带头联系重点项目和帮扶企业，积极参与全市重大招商活动，多次率队外出招商，主动联系省政协港澳界委员来池考察投资项目，先后联系引进百汇综合市场、远航牛头山港等重点企业来池州扎根兴业。

“在充分发挥人才荟萃、智力密集优势，始终坚持情系群众关注民生，努力促进社会和谐方面，取得的成绩也可圈可点。”程铭义说，二届市政协坚持以人为本、履职为民，关注民生、反映民意，积极协助党委、政府做了大量察民情、解民忧、惠民生的工作。

程铭义说，二届市政协提案工作更加关注民生，共收到提案1045件，经审查立案970件，其中大多数提案事关民生，反映了群众关注的热点难点问题。我们将提案工作作为履职为民的重要抓手，实行市委、市政府领导阅批重点提案，市政协领导、专委会领衔督办重点提案制度，积极开展提案办理回头看、委员民主评议提案办理等活动，切实增强了提案工作实效，提案办理答复率100%。

“委员们反映的农村公路建设、饮用水安全、农业面源污染以及食品药品安全、校园安全等群众关心的问题，经有关部门办理后得到相应解决。”程铭义介绍，二届市政协在社情民意上及时反映群众诉求。共编发社情民意信息167期，有关领导先后对70多条社情民意作出重要批示，有30多条社情民意被省政协采用，所提建议进入省领导及省有关部门的决策视野，社情民意信息工作多次受省政协办公厅表彰。

我们的委员们在大会发言上也切实体现为民建言。二届市政协共举行大会发言5次，147位委员在政协全会上进行了口头或书面发言。委员们针对农村生态环境保护、农田水利基本建设、城乡教育均衡发展、被征地农民就业与保障、社会养老保障体系建设优化经济发展环境等问题，建诤言、献良策。市委、市政府主要领导对其中60多篇大会发言作出重要批示，要求有关部门认真办理落实，推动了一大批事关民生的问题更快更好地得到解决。

二届市政协在基层群众中积极宣传党委、政府的方针政策和决策部署，在城市建设、园区开发、环境保护等方面做了大量释疑解惑、化解矛盾、促进和谐的工作。在市委组织开展的“四民”活动和“五级书记带头大走访”活动中，市政协领导班子成员和机关同志经常深入农村、社区、企业、学校和困难群众家中，开展走访、接访活动80多批次，走访联系群众500余户，帮助基层解决实际问题50余件，落实各类资金120余万元。同时，市政协积极引导委员参加抗洪救灾、爱心捐助等活动，组织相关界别委员开展送医送药、送文化、送科技下乡等活动，多形式、多渠道、多领域地开展群众工作。“人民政协为人民。聚焦民生热点，反映群众诉求，充分彰显了二届市政协的民生情怀和促进社会和谐的高度使命感和责任感。”程铭义说。

“池州市政协成立至今已经18年，发展快、变化大，办了很多大事、实事取得了很好的成绩。”采访结束时，程铭义感慨万端地说，虽然离开市政协工作岗位多年了，但时常关注人民政协事业发展进步的新变化新气象。由衷希望池州市政协工作在党的十九大精神指引下，为促进五大发展建设绿色池州、创新池州、幸福池州作出新的更大贡献。

画出最大同心圆　谱写更美新华章

——访池州市人大常委会原党组书记、常务副主任朱永能

□ 记者 余永平

30 年前，沐浴着改革开放的春风，池州地区迎来了复建。池州复建 30 年尤其建市 18 年来，历届地委、行署，市委、市政府在省委、省政府的领导下，高举中国特色社会主义伟大旗帜，坚持以邓小平理论、“三个代表”重要思想、科学发展观和习近平新时代中国特色社会主义新思想为指导，团结带领全市人民克难攻坚、艰苦创业，在长江之滨建起了一座新兴城市，经济建设、政治建设、文化建设、社会建设、生态文明建设和党的建设都取得了令人瞩目的成就，谱写了一曲自强不息、顽强奋斗的壮丽凯歌，古老的秋浦大地正焕发出勃勃生机和无限活力。

5 月 11 日下午，在位于美丽的百荷公园步行街池州市关心下一代工作委员会办公室里，已退下来多年的池州市人大常委会原党组书记、常务副主任朱永能和记者谈起池州发展变化，思路清晰，铿锵有力；回忆亲自参与池州重要发展节点，滔滔不绝，如数家珍。

1989 年 12 月，经省委安排，朱永能从安庆市宿松县县长调动至池州地区贵池市担任市长，到现在都记忆犹新：整个池州主城区只有 11 平方公里，人口大约六七万人，两条主干道（长江路、秋浦路），一个十字路口，一个红绿灯，见不着高楼，就是一个小县城。到了晚上，用当时社会上老百姓的话说，拿一根竹竿子到大街上一扫，都打不到一个人。当时给他印象最深刻的就是经常停电停水，日产 5000 吨自来水就直接从大轮码头趸船取水。只有一个冒烟的工厂（铅锌冶炼厂），清溪河是条臭水沟，百荷园是个养鱼塘。

作为生活、学习、工作一直在池州（除在宿松担任 3 年县长）的老池州人，特别是从 1994 年起进入池州地委领导班子的朱永能，对池州的历史再熟悉不过了，新中国成立后历经三建两撤，命途多舛，尤为叹息，行政区划的

反复调整使池州建不逢时、撤失机遇，失去很多的发展机遇，带来的后果就是基础设施薄弱，经济落后，财政非常困难。

朱永能给池州复建30年划分成两个阶段，一是从1988年到2000年，地区复建后的艰苦奋斗夯实基础期。这一时期，地委、行署从打基础、管长远的工作做起，从“治山治水”入手，努力改变池州落后的面貌，大力发展乡镇企业，积极推进工业、交通等重大基础设施项目前期工作，扩大开放，突破惟农业的思维定势，改变了以农业为主的单一经济结构，形成了工业、旅游、生态经济齐头并进、共同发展的格局，经济社会发展步伐加快，人民生活开始了由温饱向小康迈进。二是从2000年撤地建市以来，地改市后的快速发展期。这一时期，市委、市政府和全市人民不甘落后、自我加压，确立了追赶跨越的奋斗目标，把加速工业化作为经济发展的中心任务，以大开放为主战略，以工业化提升城镇化、旅游产业化和农业现代化，全方位地开放招商，鼓励个体私营经济发展，园区建设如火如荼，城市发展日新月异，旅游经济飞速发展，基础设施逐步完善，社会事业全面进步，人民生活水平显著提高，开始步入全面建设小康社会的新阶段。

1994年进入池州地委班子起，一直在池州领导班子里待了15年，朱永能先后担任地委委员、纪委书记，地委、市委副书记，人大常委会党组书记、常务副主任，回顾池州走过来发展历程，每次重大决策和决定他都能亲自参与，感受颇深，感慨良多。遥想复建之初，一声令下，200多人拎着皮包从安庆过江，挤在被戏称“白宫”逼仄的地方办公，一穷二白、白手起家，年轻的池州从那里迈开了第一步。感受最深的就是每每到发展关键阶段，地委、市委就开展一次解放思想大讨论，1999年、2000年进行的“发展非公有制经济”和“国有企业改制”两次解放思想大讨论，打破了因循守旧、封闭保守、不敢思变的陈旧观念，使人们的思想从旧的条条框框中解放出来，经济发展呈现出多元化；2002年开展的“推进招商引资工作”大讨论，进一步打开了山门，解放了思想，敞开了胸怀，迎接辐射，形成了全方位、多层次、宽领域的对外开放格局；2006年开展的“创新创业、兴我池州”大讨论，进一步破除了小富即安、小进即满的“小农”意识，激发了全市人民的创业热情；2008年的“推进工业化，实现新跨越”大讨论，进一步增强了工业意识、项目意识、发展意识，突出了工业的主导地位，在全市上下形成了以工业化为核心引领发展的共识，推进工业化真正成为全市人民的自觉行动。每一次思想大解放都是一次旧的思维定势的大突破，都是一次生产力的大解放、发展的大提速。发展关键在人，人之关键在于思想和观点，当年流行一句话，叫只要思想不滑坡，办法总比困难多。

和所有市民感受一样，朱永能说，30年来城市长高了、变大了、变美了，最明显的就是基础设施、交通条件改善，从手无寸“铁”到铁路、高速、高铁、飞机，“铁公机”水陆空一应俱全，同时九华发电、池州海螺、电子信息等一大批加工或制造业大项目先后落户，经济建设真正实现了质的飞跃，城市面貌更是翻天覆地。作为一个老池州人现在常常分不清城市道路有几纵几横，朱永能说起变化，激动得忍不住站了起来，他认为这要归结历届领导班子坚持一张蓝图绘到底，没有朝令夕改，朝秦暮楚，坚持自己的发展特色。

念兹在兹，现在，朱永能每天穿过清溪河公园和百荷公园来到市关工委办公室办公，每天都在感受着城市的点滴变化，同时因为工作关系和兄弟市也有着经常性的横向交流，也随时体会到他们的发展进步。朱永能坦言，奋力争当绿水青山与金山银山有机统一排头兵，把绿水青山真正变成金山银山，关键是要怎么样在转化上下功夫，实现富市强市，还是要靠高质量发展工业制造业。池州目前仍然是奋力爬坡的阶段，别人用十分力的同时，我们要用十二分力气，全市上下都要有十足的精气神，唯有这样才能真正实现弯道超车，才能给人民、历史、未来一个满意的交代。

“要谋求新的发展，必须解放思想。”朱永能说，建市之初的那场解放思想大讨论鼓舞了池州人的创业精神，解放思想是一切改革发展的灵魂和动力，池州“成年”之后再起跳也要从这里开始，唯有如此，才能再造一个激情燃烧、干事创业的火红年代。

依法履职护发展　民主法治书新篇

——访市人大常委会原主任陈士宽

□记者秦　峰

2000年6月，国务院批准设立地级池州市。2001年1月，池州市第一届人民代表大会第一次会议胜利召开，选举产生了首届人民代表大会常务委员会，这开启了我市民主法治建设的崭新篇章。今年是改革开放40周年，池州复建30周年，同时也是池州人大常委会设立18周年。陈士宽告诉记者，18年来，池州人大工作在探索中前进、在实践中创新，为推动地方民主法治建设、维护社会稳定及促进地方经济发展、构建和谐社会等方面作出了重要贡献。

创新行使重大事项决定权

作为地方国家权力机关，池州市人大常委会主动作为，创新思路，依法履职，着重抓好每届会议的“一号议案”，演绎了一段段“创新行使职权，推进民主法治”的佳话，用人大工作的智慧和担当承担起美丽池州健康快速发展的“加速器”。特别是在全省创新行使重大事项决定权，让“大会决定”诞生一个“城市氧吧”，让代表、市民拍手叫绝。

池州湿地森林公园，一直以来被房地产开发商奉为“风水宝地、黄金地块”。该地块西邻主城区，东临平天湖，南通火车站，北达长江港，面积约4.63平方公里，土地平整，生态优良，而且拆迁成本极低。如果将此地块用于房地产开发，在当时至少能带来300多亿元土地出让金。这对一个“家底”相对薄弱的小城市来说，无疑是一个极具诱惑力的“大蛋糕”。这片土地是卖还是不卖？要生态环境还是要眼前利益？是看重当前还是放眼长远？时任池州市的决策者陷入了“两难”的境地……

针对这两种声音，2010年年底，市人大常委会相关机构会同市政府有关部门，就如何更好地利用这块土地，使其价值最大化，进行了深入广泛的调研。调研组走访了大量代表和群众，召开了多场不同层次的座谈会，权衡了多种情况的利弊得失，最终得出结论：此地块靠平天湖太近，如果开发房地产，极可能会对平天湖水系造成污染，同时也不利于城市防洪安全。因此认为为了池州长远发展，该地块不应该用于房地产开发。应根据地块的特点，因地制宜建设湿地森林公园，这样不仅使城区与湖面之间形成一块绿化地带，使城市通过森林公园逐渐过渡到大面积的湖面水景，同时也形成了一条环湖生态廊道，为城市增添一个“森林氧吧”。让该地块不仅兼具城市景观协调、生态调节等多项功能，关键是为市民增添了一处优良的休闲场所，更重要的是为后来的池州人预留了可贵的发展空间和宝贵的生态资源。

有数据，有分析，有建议，有措施，这份报告很快得到了时任池州市决策者的重视和采纳。为了将美好的设想尽快变成现实并固化下来，池州市人大常委会果断决定将这份调研成果形成议案交付市人民代表大会表决，这在池州人大历史上还是头一次，在全省也是创新之举。

2011年3月，在池州市二届人大六次会议上，这份“关于建设主城区湿地森林公园的议案”如期被列入大会议程，代表们踊跃发言，纷纷为这件议案“叫好点赞”、建言献策。最终，与会代表经过认真审议和表决，一致通过了《关于建设主城区湿地森林公园的决定》。

决定公布之后，市人大常委会并没有“到此为止”，而是层层跟进抓落实，时时处处往前推。如今，池州人的“生态梦”更加清晰、更加明朗。自2014年9月获得“国家第二批低碳城市试点”的称号后，“国家绿色生态示范城区”“国家森林城市”“中国人居环境奖”等花落池州，2015年又成为首批国家级海绵城市建设试点城市。

实际上，在代表一致通过了《关于建设主城区湿地森林公园的决定》的时候，当时某知名房地产开发商已经取得了这里1000多亩土地的开发权，可是市人大还是顶住了这个的压力，最终让《规划》成功出台。陈士宽告诉记者，池州良好的生态环境是最为宝贵的财富，也是池州的优势和竞争力所在，其价值无法用金钱来衡量。池州是中国第一个生态经济示范区，是国家园林城市，“生态立市”是首位发展战略。为此，当年3月份，市委、市政府专门出台《关于加快推进生态文明建设的决定》，明确提出到建设国家级生态市。将房地产开发商觊觎的黄金地块拿出来建设湿地森林公园，是生态文明建设的大手笔。

“首法”出炉，池州法治建设翻开新篇章

2016年1月9日，对于我市的法治建设进程来说，应该是一个载入史册的日子。因为这一天是我市首部地方性法规诞生的日子。当天上午，池州市三届人大五次会议表决通过了《池州市人民代表大会及其常务委员会立法程序规定》。池州“首法”由此诞生了。

从党的十八届四中全会提出要依法赋予设区的市地方立法权、十二届全国人大三次会议修改立法法赋予设区的市地方立法权到池州市被安徽省人大常委会首批授予地方立法权，从选举产生池州市人大法制委员会到正式批复设立池州市人大常委会法工委，从初次起草规定草案到规定获表决通过，可谓是一步一个脚印、一个脚印一个台阶。

2014年党的十八届四中全会之后，池州市人大常委会凭着多年来对法治建设的执着和热情，迅速展开了地方立法相关准备工作。当年12月，市人大常委会就派出了考察调研小组，专程赴省人大常委会和合肥、淮南两市学习考察地方立法工作，并出具了详细的学习考察报告。紧接着，在2015年年初召开的市三届人大四次会议上，选举产生了市人大法制委员会，为我市后来被省人大常委会作为第一批授予地方立法权的城市奠定了良好的工作基础。

2015年，十二届全国人大三次会议通过修改立法法的决定赋予设区的市地方立法权后，市人大法制委员会多次召开会议，认真学习和研究立法工作，深入领会中央、省委关于法治建设的最新精神。随着安徽省十二届人大常委会第十九次会议正式作出决定：包括池州在内的6个设区的城市开始行使地方立法权，可以对城乡建设与管理、环境保护、历史文化保护等方面的事项制定地方性法规，池州的法治建设翻开了新的篇章。

为了让立法工作得到科学规范地开展，池州市人大法制委员会建议要将程序和规定挺在立法工作的前面。于是，池州“首法”便应运而生了，它将在较长时期内为我市立法工作提供根本遵循和指导蓝本。

用“统筹兼顾，精益求精”8个字来概括池州“首法”的特点最为贴切。“由于是程序法，又是我市首部地方性法规，因此，我们起草前专程赴全国人大常委会和省人大常委会学习培训，而后根据立法法、地方组织法和《安徽省人大常委会立法条例》等法律法规，并结合我市实际起草了初稿，之后广泛征求意见，多次召开座谈会，先后经过三次‘会审’表决才形成了现在的正式文本。”陈士宽告诉记者。

据了解，规定共28条，内容既涵盖了编制立法规划和年度立法计划的程序、法规案的提出和处理程序、法规草案的审议和表决程序，还包括了法规通过后的处理程序、法规解释草案审议和表决程序等。不仅如此，在每道程序中针对不同情况设计了相应的子程序，每道子程序中又针对不同情况提出了相应的要求。比如，法规案既可以由市人大常委会、市政府、市人大各专门委员会、一个代表团或10名以上的代表联名向市人民代表大会提出，也可以由市政府、市人大各专门委员会、5名以上常委会组成人员联名向市人大常委会提出。其中，向市人民代表大会提出法规案又细分为大会期间和闭会期间两种情况。对于大会期间列入大会议程的法规案进一步分为继续审议和审议终止两种情况，审议终止又细分为交付表决前提案人要求撤回和审议中发现重大问题需要进一步研究两种情况。这些具体情况不同，处理方式当然也有所不同，对此，《规定》都作出了详细的要求和说明。

在2016年1月初举行的我市三届人大五次会议期间，许多代表都为《规定》和人大立法工作点赞支持，并表达了对人大工作和立法效果的期待。

市人大常委会负责人在市三届人大五次会议上的常委会工作报告中郑重指出：“今年市人大常委会将组织开展城市管理、犬类管理和主城区烟花爆竹燃放管理等方面的立法相关工作。认真开展立法前期调研、立法协商，建立法规起草解读、立法论证咨询和意见采纳情况反馈等机制，深入推进科学立法、民主立法。”

助推“海绵城市”，为城市建设“加速”

“城市遭遇暴雨，出现严重内涝，城里‘看海’，这在全国的城市中并不鲜见。可是，我市这几年没有出现过一处内涝，见证了人大、政府的职责到位。现在池州试点建设‘海绵城市’，更是最大的德政工程民生工程。”这是2015年8月26日，市三届人大常委会第二十三次会议分组审议中，常委会组成人员对《池州市人民政府关于2015年市本级政府性投资项目调整计划的报告》这一关乎民生福祉的计划表示一致支持。

“下水道是城市的良心”。一座城市有无内涝，折射出一座城市的文明程度和市民生活质量，考验着城市的宜居水平。

池州，作为一个建市较晚的后发地区，在建市之初的很长一段时间存在“重地上轻地下”的城市发展观念，以至于以前每到汛期，主城区都会陷入内涝之困。

面对城区可“看海”、小区可“捕鱼”的窘境，群众有怨言，人大代表有反映，纠正“重面子轻里子”的市政建设成为市人大关注的重点。2012年4月，市人大常委会组织部分市人大代表专题视察主城区汛前防汛工作，代表们对城市内涝问题纷纷发表意见建议，市三届人大五次主任会议专程向市人民政府转交了《关于部分市人大代表视察池州主城区汛前防汛工作的报告》。市政府对此高度重视，逐一排查，认真治理，花大力气解决了城市内涝这一老大难问题，让城区下水道从此经受得了强降雨的考验。谈起我市多年来在治理城市内涝方面的举措，很多代表感触颇深，“2012年以前，主城区城市内涝问题确实十分突出，在市人大常委会的督促和市政府的重视解决下，这些问题最终得到了根本性改变，宜居城市变得名副其实。”

地下建设“里子”做好了，城市才真正有“面子”。正是因为历届市人大、市政府在加强城市基础设施建设方面的积极作为，池州市的宜居城市建设走在了全国前列。2015年4月，我市参加“国家首批海绵城市建设试点城市”竞争性评审答辩，最终在全国22个参加答辩的城市中排名第三，进入国家海绵城市建设试点城市行列。

按照规划，从2015年起，我市计划选取中心城区核心区域18.5平方公里的范围作为海绵城市建设示范区先行先试，3年共安排海绵城市试点项目117个，总投资211.62亿元，其中低影响开发投资38.92亿元。

民生工程大于天。鉴于建设国家海绵城市现实需要，我市需增加实施一批海绵城市建设项目。当年8月，市政府向市人大常委会提交了《关于2015年市本级政府性投资项目调整计划的报告》。接到报告后，市人大常委会高度重视，常委会组成人员认真审议这份报告，并结合池州实际提出了很多意见和建议。

虽然池城不会再上演“看海”闹剧，但城市基础设施建设却一直在路上。围绕城市建设，市人大常委会连续四年持续关注发力，目的就是为了城市更宜居，群众生活更舒心。

斗转星移，岁月如梭。18年来，池州市人大常委会在中共池州市委的领导下，紧紧围绕经济建设中心和改革发展稳定大局，认真履行宪法和法律赋予的神圣职责，人大工作在实践探索中得到发展、进步、提高。市人大常委会成功组织召开了每一届人代会，依法召开人大常委会会议，讨论决定本行政区域内的重大事项并作出相应的决议决定，听取和审议了包括经济社会发展计划，财政预算执行情况和法律法规贯彻执行情况等内容的各类工作报告；对多部法律法规实施情况开展了执法检查；依法任免了一大批地方国家机关工作人员。一项项创新举措、一桩桩监督事项、一个个决议决定，对池州市各行各业、各个部门和全市人民群众产生了重大影响，为坚持和完善人民代表大会制度，推进社会主义民主法治建设，为深化改革，促进池州经济、政治、文化、社会全面发展发挥了重要作用。

凝心聚力绘蓝图　建言献策创“三优”

——访池州市政协原主席方志恒

□ 记者 石泽丰

“池州复建30年，从一个百业待兴的小城，到现在正朝着生态环境优美的绿色池州、产业结构优化的创新池州、群众生活优越的幸福池州的目标奋进，日新月异的变化，偶遇友人闲聚，聊起池州的变迁，令人思绪万千，感慨不已。”5月23日，市政协原主席方志恒在接受记者专访时，回忆起那一段段经历，仍如数家珍。他说：“我是池州复建30年完整的见证人之一，30年过去了，池州发展迈出的每一步，我都历历在目。”

百业待兴蓄势待发

在方志恒看来，池州复建30年可划分为两个阶段，一个阶段是池州撤地建市的前12年，另一阶段是池州撤地建市后的18年。他说：“前12年，对于池州来说，是一个百业待兴的12年，是一个艰苦创业的12年，是一个固本强基的12年，是一个战天斗地的12年，同时也是一个蓄势待发的12年。”

回忆起前12年的点点滴滴，他觉得1988年复建的池州，底子太薄。“1988年，池州复建时，除了本地的一些干部外，大多是从安庆过江的，他们拎着包，到池州创业，为池州发展做出了很大的牺牲。”方志恒一边回忆一边说：“那时，池州地区的干部生活、工作条件非常艰苦，住的地方很简陋，冬天也没有任何取暖设施，地委行署领导只好围着锅炉看文件，他们一人一间小住房，科局长就是两个人一间。各行各业百业待兴，当时，工业也没有什么基础，1988年建区时只有8家工业企业，商业、物资也只有几家公司，地区所在地贵池市当时主城区的道路就只有一条长江路、一条秋浦路，翠百路只有半截，秋浦路到现在的市第十一中学就没有了，后面断掉了，路又窄。财政收入全地区只有6800多万元，勉强维持地直机关的运转，根本没有钱办任何事。”

那期间，方志恒曾任原贵池市市长，作为池州地区复建后的三县一市之一的贵池市，财政收入与东至、青阳、石台相比，略好一点。“贵池市当时有1.7亿元的财政收入，占到全池州地区的45%左右。即便如此，干部们忙于把城市的架构建立起来，完善起来，把人员队伍带起来，做一些打基础的工作，并对池州发展提出许多切实可行的目标，比如大水泥、大电厂、大九华、大旅游、大交通等发展目标。”

底子本来就薄的池州，在上世纪90年代，不断遭受到洪水的袭击。方志恒说：“上世纪90年代，洪水不断，1996年、1998年和1999年，尽是如此，洪水来临，要抗洪救灾。一场大水过后，要生产自救，绿化荒山，江河湖堤的修复，搞农田基本建设。”

在他的记忆中，池州撤地建市前12年中，在财政极度困难的情况下，交通建设方面还做了不少大事，比如修通了两条公路，一条是贵大公路，也就是现在的贵池到大渡口的公路，还有一条是贵池到铜陵的沿江公路。他认为，那12年间，地区一班人做了许多打基础的工作。”

“12年间，有一个非常了不起的事情，到现在池州人还引以为豪，就是池州地委行署在上世纪90年代初，就提出了走生态建设的道路，提出了‘以青山清水为本，走绿色现代化之路’的奋斗目标，同时积极申报国家级的生态经济示范区。围绕发展生态经济，怎么规划农田，怎么绿化荒山，城乡建设编制生态规划，做了许多细致的工作，终于在1996年12月26日，被国家批准为中国第一个生态经济示范区。现在回想起来，当时的地委行署一班人，有如此的超前意识和前瞻思维，真的了不起，可以说是一个很大的亮点。”方志恒如是感慨。

快速发展疾蹄奋进

池州建市后的18年，方志恒认为是池州解放思想、转变观念、改革开放、招商引资、以大项目为抓手、以改变城乡面貌为目标、以提高城乡居民收入为根本的18年，是池州加快发展、改天换地的18年。他说："池州大开城门，铺地毯、捧鲜花，迎接外商。搞大项目，加快大发展，这是建市后5年发展战略的重大转变。城乡面貌变化是在2006年以后，改造了包括池阳、城北、胜利、孔井、齐山、南湖、红光等在内的7个城中村，老百姓住进了楼房，城区框架拉起来了，城乡面貌发生了巨大的变化，财政收入、工业，特别是机场、港口、高铁等大交通建设，池州人过去想都不敢想，现在都实现了，还建有铜九铁路、长江大桥、村村通水泥路，应该说，这个变化是巨大的。"

"在池州加快发展，疾蹄奋进之时，2010年，在市政协二届五次会议上，我当选市政协主席，前后在这个岗位上工作了近6年。"方志恒坦露，"我很热爱政协工作，因为我深深地知道政协工作的性质、任务和政协工作的基本规则。人民政协是具有中国特色的制度安排，是社会主义协商民主的重要渠道和专门协商机构。我到这个位置，感到任务很重，于是要求自己，一定要在市委领导下把这个平台发挥好，引导所有参加政协的党派、团体，一心一意跟着中国共产党，不断围绕池州经济建设和社会发展大局，来建言献策、协商参政，充分发挥广大政协委员的主体作用，坚持把加快池州发展作为市政协协商议政的重点课题。"

围绕中心建言献策

到政协以后，方志恒始终坚持党性原则，根据政协章程要求创造性地抓好政协工作。

他说："我把政协工作与党委政府的中心工作紧密联系起来，经常不定期召开联席会议、主席会议、专题常委会暨资政会，认真听取有关部门的工作情况通报。就重大决策、重点工作协商建言。比如为顺应全市人民对复建杏花村的热切期盼，我们紧扣市委、市政府建设杏花村文化旅游区的决策部署，在深入调研基础上，召开'加快杏花村建设步伐、推进主城区旅游发展'专题常委会，提出了树立'大杏花村'理念、加快主城区旅游资源整合步伐、促进文化与旅游深度融合、打造特色旅游产品等建议，为党委政府科学、民主决策提供了重要参考，为推进池州经济建设提供了智力支持和有益路径。"

方志恒始终把加强联系作为对口协商议政的重要形式，完善了政协专门委员会与市党政部门对口协商联系制度，切实做到了党委、政府的工作推进到哪里，政协的工作就跟进到哪里，力量就汇聚到哪里。不断推进专委会与党政部门对口协商的规范化和常态化，得到了市委、市政府的充分肯定。

他认为，在新形势下，政协工作思路要新，措施要实。他说："我们结合三严三实教育和群众路线教育等活动，把机关作风建设作为市政协机关的首要政治任务，同时，树立政协工作机关的新风范、新要求。三届市政协的首次常委会上，就审议通过了《关于加强常委会自身建设的意见》，成为全面加强政协常委会自身建设的重要依据。在强化机关人员素质改进机关工作作风中，我们坚持把发挥委员主体作用放在突出位置，积极搭建委员之间、委员与政协机关之间、委员与党政部门之间多种形式的交流平台，为委员积极、主动、有效履职创造良好条件。探索建立专委会每年组织开展一次调研、组织一次界别视察、组织一次外出考察、督办一件重点提案'四个一'工作机制。让广大政协委员在服务池州经济建设和社会发展中不断展示出时代风采，为建设绿色池州、创新池州和幸福池州各自在不同的工作岗位上不断做出新的贡献。"

访谈结束时，方志恒深情地说："我非常热爱池州的山山水水和勤劳智慧的池州人民，池州是我为之付出毕生精力的一方热土，衷心祝愿池州的明天更美好！"

三、砥砺奋进

（重要发展节点和重大项目建设见证者访谈）

海螺集团的“池州速度”

——访池州市发展和计划委员会原主任张达人

□ 记者 余永平

“不容易啊，太不容易哦，作为池州市第一任海螺办公室主任，从开始接洽到签订协议直至建成投产我自始至终全程参与，个中酸甜苦辣已深深植入我的脑海里，可以说终生难忘……”近日，记者就采访池州海螺发展历史敲开池州市发展和计划委员会原主任张达人家门时，这位年过七旬老人正在早餐，得知来意后他一把推开碗筷，迅速地打开记忆闸门，情绪高昂地进入“池州海螺时光”。

我是池州地改市后调任市发展和计划委员会工作的，大概在 2000 年 3 月。当时是池州市发展最困难的时期，企业普遍亏损，一个大型工业企业也没有，财政入不敷出，交通闭塞……上任之初，我带着同事去省发展和计划委员会主任办公室，想争取点项目，没想到这位主任很“不给面子”，甚至都没有叫我俩坐下，三言两语就给我们打发走，这件事狠狠地刺激了我，也极大地激发了市发展和计划委员会一班人不蒸馒头争口气、奋发有为上项目的坚强决心，张达人用一个故事就说明当时池州在省里的地位。

建市之初，百业待兴，市委市政府提出“生态立市、工业强市、旅游兴市、商贸活市”发展战略，我们发计委上下就围绕发展战略研究怎么实现工业强市，工业强市核心要有工业项目作支撑啊，一方面向上积极争取不放松，继续加大跑省跑部力度，另一方面开展深入调研，我们提出要上大项目必须发挥区位、资源优势，还要注重引资引技相结合。

机会是留给有准备的人，这句话用在引进海螺这件事还真贴切。张达人一边说，一边搬出有一米多高的有些泛黄工作日记，2000 年 4 月下旬，周末回青阳时，遇到一个叫孙定的熟人，闲聊时告诉我，他哥哥所在的安徽海螺集团这几天正在枞阳考察选址大型水泥厂，我就联想到利用贵池区丰富的石灰石资源，能否引入海螺的项目？我立即电话向常务副市长汇报，市里很重视，市长沈卫国随即向郭文叁董事长发出邀请，郭文叁答应“五一”节后派人考察。记得是5月4日，海螺集团副总余彪一行考察了我们推荐的牛头山两个厂址，介绍了当地得天独厚的资源条件，石灰石储量大，品位高，还拥有丰富的黏土、砂岩和铁矿资源，又临长江黄金水道，水运十分便利，双方就在池州建设千万吨级的大型水泥基地很快取得共识。随后，海螺集团组织了石灰石、黏土、砂岩和铁矿资源的勘察及可研报告的编制，8月签订了投资、用地、用电、港口、三通一平等一系列合同、协议。

2000年11月正式成立池州海螺公司。合同约定，一期工程建设两条4500t/d水泥熟料生产线。第一条生产线于2001年2月动工，2002年7月份投产，这是我国首条低投资、国产化的新型干法示范生产线，被《中国水泥史》誉为“中国水泥技术发展史上采用国产设备建设预分解窑新型干法厂的又一个里程碑”。第二条生产线于2001年9月份破土动工，2002年10月份建成投产。二期工程建设8000t/d生产线，该线于2002年6月份破土动工，2003年8月份建成投产，该生产线的建成投产为我国水泥生产技术走向国际领先水平和产业结构调整做出了突出贡献。在此基础上，自2006年开始，又开展了三期工程建设4条4500t/d水泥熟料生产线，至2012年4月第四条生产线建成投产，池州海螺熟料总产能达到1320万吨，成为海螺集团公司特大型熟料生产基地之一。

按照水泥行业的传统观点，3条生产线建设周期至少要3至5年，但池州海螺只用了30个月就将3条线全部建成，平均每条线的建设周期仅为10个月，曾被中国水泥界称为“海螺速度”。更重要的是，日产4500吨水泥熟料生产线是中国第一条具有完全知识产权的国产化示范线，其核心系统——烧成系统的工艺技术指标达到了国际先进水平；日产8000吨的水泥熟料生产线不仅在当时国内规模最大，而且为其后日产10000吨水泥熟料生产线提供了技术准备。可以说，没有池州海螺日产8000吨水泥熟料生产线，就没有海螺集团其后在铜陵、枞阳等生产基地的4条日产10000吨水泥熟料生产线。

池州海螺不断做大做强，对我市经济发展起到了明显的支撑和拉动作用，成为我市经济迈上发展快车道的“助推器”。2003年，池州海螺二期竣工投产当年，一、二期项目实现工业增加值4.5亿元，占全市工业增加值的22.6%，对池州工业增长贡献率为60.1%；上缴税收8500万元，占全市财政收入的13.4%。有人形象地称，“池州海螺让池州经济乘上了‘直升机’”。池州海螺对地方的贡献还体现在繁荣周边经济，带动相关产业发展。牛头山镇依托大企业优势，适时提出打“海螺牌”，将池州海螺当成对外招商的一张名片，广泛宣传，积极推介，先后引进双赢矿业、瑞晟金矿、湘安矿业、黄山铁矿等多家外来投资企业；市、区重点项目中石油油库、贵航100万吨特钢等一些上亿、十几亿的大项目也先后落户该镇。

“2017年，池州海螺全年生产熟料1409多万吨，实现销售收入306218多万元，全年实现税额52760多万元，缴纳税款41081多万元。”尽管已经退休十几年，但张达人依然关注着池州海螺的发展进步。“项目批建中也遇到了不少困难，项目审批由省计委领导带领我们向国家计委汇报，国家计委工业司给予了大力的指导协助，特别是贵池区关停小水泥以配合上大压小的产业政策等；征地迁村——牛头山镇姥山村近千户的搬迁；启动资金——五通一平的资金……海螺项目的成功归功于市委市政府的决心和魄力，归功于贵池区牛头山镇和征迁村民的大局观和奉献精神，我作为第一任海螺办的工作人员也为池州海螺今天高质量有效益的发展感到由衷地欣慰和喜悦。”

池州海螺的发展壮大，推动了全市上下观念的更新，广大干群尝到了谋大项目、抓大项目的甜头，坚定了谋大项目、上大项目、求大发展的决心。在市委、市政府的坚强领导下，随着“工业强市”战略的深入实施，招商引资力度的不断加大，一个个大项目先后顺利落户建设，一个崭新池州已经崛起在皖江南岸。

十年谋一电

——访原池州大电厂筹备处负责人梅从根

□ 记者 周劲风

坐落在贵池区梅龙街道的池州九华发电有限公司是一家现代化电力企业，池州人习惯称之为“大电厂”。它是池州历史上第一个具有标杆意义的大型工业项目，承载着池州从农业化向工业化转变的梦想和期盼。然而，很多人不知道的是，为了争取这个项目，池州人用了整整 10 年时间。从开花到结果，池州电厂的筹建历程曾经让池州人畅想过、惆怅过、欢乐过……

“回望筹建历程，我的感受是：十年风雨路、十年艰辛史。”日前，记者专访了原池州大电厂筹备处负责人梅从根，听他谈谈地区复建之初，池州人推进工业化发展的艰辛和执着。

发端于小三线小火电

1984 年底，原上海小三线企业开始和地方办理移交手续。1985 年底，三二五电厂正式移交原贵池县，县委任命曾负责小三线交接工作的梅从根为三二五电厂厂长。上任之初，梅从根在恢复生产经营的同时，也在思考一个问题：三二五电厂仅有两台 2.5 万千瓦发电机组，这样规模的小企业经不住市场的大浪淘沙，它的未来在哪里？梅从根大胆地提出了一个设想，跳出山沟沟，异地扩建两台 12.5 万千瓦发电机组。

为推进项目前期工作，三二五电厂成立了两台 125 机组筹建小组，并且向原贵池县主要领导和相关部门作了汇报。项目虽然鼓舞人心，但对当时的贵池县来说，家穷底薄，要地方自筹 5 亿至 6 亿元扩建两台 12.5 万千瓦发电机组，无异于天方夜谭。1988 年，池州地区复建，电厂扩建项目似乎看到了曙光。当时地区领导季昆森、季昌清等在听取电厂项目的汇报后，表示该项目对推进池州工业发展意义重大，地委、行署将积极支持三二五电厂异地扩建项目。

1992 年 3 月，全省集资办电会议在安庆召开。当时全国电力供应紧张，安徽计划集资办电。出席会议的地区供电局副局长高永升得知安庆、阜阳等市都在积极争取电厂项目的消息后，立即打电话给分管工业的原地区行署副专员季昌清。接完电话，季昌清立即通知梅从根和池州地区经委主任侯文仪赶往安庆。等他们赶到安庆时，已是晚上 7 点左右。他们找到刚刚散会的副省长龙念、省计委主任张平，一边吃饭，一边汇报，得到了原则同意。

龙念说："2 台 12.5 万千瓦发电机组，规模小了。要上，就要上 2 台 30 万千瓦发电机组。"回池后，地委、行署马不停蹄召开专题会议，并于 1992 年 4 月 8 日成立了"池州地区 230 扩建工程领导小组"，下设池州大电厂筹备处。

千辛万苦的筹备工作

"不容易啊，一个大项目从规划选址到最后开工建设，要经过预初可、初可、可研等 160 多道筹备程序，牵涉从中央到地方各个层面、各个系统、各个部门，任何一个环节和审查关口出了问题，都会影响项目的进展甚至于颠覆项目。"谈及大电厂筹建工作，梅从根感慨万千。

1992 年 8 月 11 日，省计委正式批复同意池州大电厂项目开展前期工作，由此拉开了长达十年的艰难的筹备工作。按照电力建设项目的筹建程序，项目预初可、初步可行性研究、可行性研究，还是项目任务书等，涉及的每一级的论证所需要的支持性文件的广度和深度都不一样，要跑省、国家相关部门和国务院。为此，市领导和筹备处的同志们不辞辛苦，跑国务院以及电力、煤炭、交通、铁路、水利、环保、金融等各个系统各个部门，争取各部门的实质性支持。有时，上午人在合肥，下午又在上海，第二天又赶到北京，几乎没有时间休息。梅从根清楚地记得，有一天晚上7点，筹备处接到合肥一位同志的电话，说皖能电力原已口头答应出资30%投资额，因公司主要领导即将变动而面临变数，说明天一上班就宣布新班子。事不宜迟，放下电话，筹备处的同志不敢耽搁，立马驱车从安庆渡江凌晨2点多赶到合肥。天一亮他们就到了皖能电力，在公司负责人办公室门口候着，等公司负责人一到，马上加紧汇报对接，终于拿到了皖能电力出资意向书。

1994年9月5日，国家计委终于下文批复池州电厂4台30万千瓦火力发电机组项目立项，标志着池州大电厂项目已正式列入国家计划，筹备工作迈出了重要的一步。正当筹备处按照电厂筹建程序一步一步向前推进时，1997年，亚洲金融危机爆发，受其冲击，许多企业停产、破产，全国用电量直线回落。市场骤变、投资低迷让已有投资意向的股东举棋不定，个别股东甚至作出了撤资决定。在股东和股权长期扑朔迷离、筹建前景十分低迷的情形下，社会舆论上也出现了杂音甚至是质疑，池州地委、行署时任领导和筹备处的同志们顶着各种压力，坚持“班子不散、联系不断、步子不停”，心无旁骛推进项目筹备工作。

池州办电厂，更为困难的是“两头在外”：一是安徽生产的煤炭仅够省内消化，每年180万煤炭要依靠外省供应；二是2台30万千瓦火力发电机组发的电，池州本地仅能消耗三成，七成的电需要输出；三是大电厂预算35亿元，相当于当时池州十多年的财政收入，建设资金从哪里来（当时仅有皖能口头承诺的30%出资额）。围绕着这三条“拦路虎”，筹备处同志在地区领导、省相关部门支持下，不畏艰难，东奔西走，终于一一破解。

坚持就是力量，执着成就梦想。1998年新年第一天，在北京候批项目的梅从根和吕宗键（时任池州行署驻京联络处主任）一起来到国务院秘书二局。经秘书局工作的安徽籍领导联系，向主办人作了汇报，得到他的大力支持。此后，他们每天去国务院一次或电话联系。在国务院总理和几位副总理一一圈阅同意后，1月15日下午，国家计委正式签发了《印发国家计委关于审批安徽池州电厂一期工程可行性报告的请示的通知》。1月16日，拿到批文后，梅从根百感交集，立刻在北京打电话到池州报喜。消息传回，关心池州这个项目的人，无不奔走相告，共同欢庆！那几日的北京连降大雪，天寒地冻，回程的班机无法起飞，但梅从根始终无法抑制内心的激动和兴奋，一个人在机场度过了一个终生难忘的夜晚！

池州永远记住他们

“池州大电厂项目之所以能成功，得益于池州历届党委、政府坚持不懈的努力，得益于池州籍老领导和广大干群的积极支持。当年池州干部集资，领导带头的一幕幕历历在目”，梅从根感慨地说，多年以后，当我们回忆起为争取池州大电厂项目工作时，大家对大电厂的理解、支持和配合，一定是历史印记中生动的一页。

办大电厂，人民群众最期盼。1992 年 9 月 8 日，原贵池市江口乡大兴村热闹非凡，四面八方的村民围拢而来，每个人的脸上洋溢着兴奋和喜悦。当天，安徽省电力设计院总工张永年、项目设总肖能意一行 9 名专家来池州勘察选址，提出前江口、莲花、江口、大兴 4 个比选厂址。当年到现在的九华发电厂址江口，几乎没有条像样的路，选址的专家们只能择道步行，有些同志的鞋就被这片泥泞土地留作了永远的纪念；当年 5 月 8 日，华东电管局专家在考察大兴等四个比选厂址时，傍晚下起了大雨，车陷泥泞，当地村民看见后自发上前，争相推车，其情景令在场的专家深受感动，深情地说“这里是要建大电厂”。最终，经过华东电管局审查确定了现在的厂址。

办大电厂，池州籍老领导最关心。1993 年 3 月全国人大八届一次会议后，姚依林同志不再担任党和国家领导职务，实现了多年来“回家乡看看”的夙愿，5 月 13 日，姚依林同志偕夫人洪寿子来池州视察，先后视察了贵池城区、齐山、九华山等地。考察中，姚依林还一再询问家乡有什么要求，当他听行署领导季昆森汇报，池州准备筹建大电厂、修建铜九铁路、扩建池州港等重大项目时，非常高兴，欣然挥墨，题下“艰苦创业，振兴池州”8 个大字，勉励家乡人民奋发图强，建设美好池州、美好家园。在姚依林、陈锦华等池州籍老领导的关心下，大电厂、铜九铁路、池州港扩建等重大项目先后立项建设，对推动池州经济社会发展发挥了重要作用。

风雨过后见彩虹，十年磨砺见刀锋。2003 年初，在国家发改委和省政府的统筹协调下，池州九华发电公司第一次股东会于 4 月 25 日召开，会议确定了池州电厂一期工程建设和二期发展等一系列重大问题。2003 年 6 月 20 日，国家发改委下发特急通知，下达池州电厂一期开工令；7 月 18 日，“安徽池州九华发电有限公司”正式注册成立；11 月 18 日，池州九华发电有限公司一期工程开工典礼在施工现场隆重举行，时任安徽省委副书记张平宣布一期工程正式开工。火热的工地上，建设者们以智慧和汗水，创造了 17 个月第一台机组发电的奇迹。

10 年，漫长而短暂；10 年，短暂而又漫长。其间，池州人从艰辛中感受着快乐，从成功中分享着喜悦，从平凡中体验着感动。在十多年漫长而又艰难的筹建岁月里，池州大电厂始终得到从中央到地方、社会各界的大力支持和帮助，本文虽然没有说出他们的名字，但池州九华发电有限公司今天展现出的勃勃生机，会让他们感到欣慰，池州人会永远记住他们，感恩他们!

服务建设甘奉献　大道如歌展风采

——访贵池区原沿江高速公路工程指挥部办公室副主任胡树国

□记者 秦　峰

寒来暑往近三载，一朝路成终梦圆。

2003年，是池州高速公路建设真正意义上的开局之年，这一年的12月27日，沿江高速池州段正式开工。

2006年12月25日，这条耗资22亿元的高速公路正式建成通车，这不仅实现了池州高速公路“零”的突破，而且为我市通往长三角和汉渝经济圈打开了一条重要通道。

时间与速度博弈，激情与汗水共舞。为了人民的期盼，时代的责任，历史的重托，池州沿江高速建设相关部门及沿线6个乡镇的干部群众，将目标立在前方，将责任扛在肩上，将使命刻在心中，以天堑变坦途，大道筑峥嵘的豪迈气势，披荆斩棘，栉风沐雨，不遗余力，在丰饶秀美的池州大地上，开山筑路，一路向前！

沿江高速池州段是我省“十五”重点建设项目，全长约48公里，东起池州毛竹园，经双桥、殷家汇、牛头山，西至大渡口与安庆长江大桥相接，在秋浦河、黄湓闸、新河闸等地修建特大桥7座，建设互通立交2个、分离立交11处。贵池区沿江高速公路工程指挥部办公室副主任胡树国告诉记者，这项工程由省高速公路总公司负责招投标，地方负责协助征地拆迁。为了保持与沿线乡镇街道和施工单位的密切联系，及时掌握工程建设进度，努力把各种矛盾解决在萌芽状态，贵池区于2004年11月份开展了地方协调工作突击月活动，区指挥部每一位工作人员都处于临战状态，深入施工一线，认真摸排施工矛盾隐患。在突击月活动期间，区指挥部共接到9个标段反映的19个问题，主要涉及征地拆迁、标线移位、取土场落实、山塘道路占用、遗留问题处理等方面，然后再根据问题的性质和缓急科学分类，确定了落实时限和责任人，地方政府能够及时解决的，在规定时限内解决，地方政府没有权限解决的，及时向有关方面沟通协调，必要时向省高指汇报，形成解决好问题的合力。

沿江高速公路贵池段涉及到5个乡镇20个行政村，路基工程分为12个标段同时开工，可谓是战线长、标段多、工作量大。作为贵池区沿江高速公路工程建设指挥部办公室副主任，胡树国带领办公室一班人，克服人手少、任务重的困难，努力做好各项服务，哪个标段出现问题，只要获悉，他们就会及时赶赴那里帮助协调、解决。全线12个标段经常出现他们的身影，都曾洒下他们辛苦的汗水。

西线一标段自2004年初发布开工令以来，部分群众对高速公路建设采取不配合的态度，多次阻挠施工，致该标段工程进展缓慢，严重影响了施工计划，针对这一情况，工程建设指挥部多次会同里山街道办事处及区直有关部门，召开专题会议，认真研究寻找解决问题的办法，并多次冒着高温酷暑到现场办公，对群众进行宣传教育，耐心解答群众提出的各种疑问，帮助群众解除后顾之忧。对于少数不听劝阻、无理取闹的采取治安处罚，由于工作到位，措施得力，终于解决了一标段施工始终受阻的老大难问题，为沿线工程的顺利施工打下了坚实的基础。

三标段在涓桥镇境内有一段100多米长的路基需要基础强夯，可强夯过程中的巨大震动给沿线村民的住房造成不同程度的损坏，也给村民安全带来一定的影响，村民怨气较大。由于当时临近过春节，村民们要求施工单位过完正月十五再组织施工，而施工单位为抢抓工程进度，不安排节日休假，照常施工，由此而引发了群众和施工单位之间的矛盾，腊月二十四下午3点钟，胡树国和时任涓桥镇分管副镇长鲍推舟一道赶往现场了解情况，与村负责人和该标段负责同志一起深入到受损村民家中，做耐心细致的说服工作，取得了群众的理解和配合，并作出承诺：只要强夯一天，我就在你家蹲一天，与你们共同分担惊吓之苦。腊月二十五日一大早，胡树国就和鲍推舟赶到该户家中，整整蹲守了一天，傍晚该户主深受感动，主动说："胡书记，明天你们就不要来了！腊月天把你拖在这里实在过意不去。"胡树国却说："没事，只要有情况，就是年三十晚上我也会来。"同时，该标段施工单位高度重视村民反映的问题，制定了详细的安全预案和有效施工措施，在最短的时间内结束强夯工序。

十二标段施工区内水面鱼塘较多，由于连续阴雨，黄溢河施工段围堰被淹，电机等机械设备浸泡水中，作业无法开展。2004 年的正月初二，该标段项目部请求指挥部帮忙解决。胡树国与牛头山镇分管副镇长立即放弃了春节休息，赶往施工地点，与村组干部和水面承包户协调放水事宜，查看放水线路，科学制定放水方案，经过 6 天的努力，在正月初七终将这一问题顺利解决。八标段所在的长林河段，因施工破坏了原有水系，积水淹没了大片菜地，正月初八得知情况后，胡树国又立即赶到现场查看解决，安排人员疏通和开挖，组织邻近乡镇抓紧排水，使灾害减小到最低程度，稳定了群众情绪。牛头山镇万兴村庆祝组在土地调整过程中，因感觉调整方案不公，一章姓农户竟然撕毁土地丈量底册。他的妻子为阻挠土地调整，手拿农药站在土地分配现场，扬言谁分土地，她就死给谁看。牛头山镇胡可芳书记、汪习祥镇长在得知情况后，立马赶赴现场，了解这位农户有极端行为的原因。原来，章姓农户被调整公路征用土地属低洼田，过去分配时是以一亩抵六分分配，现在高速丈量的是实际面积，而村民组要将实际面积的资金拿到集体分配，在其他田块分配六分田给章姓农户，他认为这是明显不公平。类似情况的面积还有 5 亩，而村民组绝大多数农户支持村民组的分配方案。在这个紧急时刻，两位镇负责人当即拍板，由镇里拿出差价部分资金，共 1.9 万元，分配给类似情况的群众。于是，一场可能酿成恶性事件的风波就这样平息下去了。

高速公路建设涉及的面广，牵扯的人和事多，利害冲突普遍，种种矛盾纷呈不断。涓桥镇一肩挑着群众利益，一肩挑着国家利益，积极稳妥地处理调整建设中的各种纷繁芜杂的事务，既维护群众利益，又最大限度地保证了高速公路工程建设的进度。高速建设施工，给当地群众生产生活带来影响是不可避免的，矛盾冲突也会时常发生。三友村一村民因农田用水与一施工人员发生争论最后发展成打架事件，该村民被打伤。当地百姓数百人，尤其是伤者亲属情绪十分激动，有人还动手砸坏了运输车玻璃，工程建设被迫停止。接到紧急电话后，涓桥镇村负责人和标段负责人火速赶到现场，一边安排救治受伤村民，一边安抚群众情绪，有效控制了事态的发展。随后，镇政府又牵头挨家挨户做工作，一次、两次，三次……真诚的话语感动了当地群众，感动了伤者的亲属，最后让事态得以平息，矛盾得以化解。为了防止再发生类似事件，镇政府未雨绸缪，事先谋划。涓桥村境内有一条水渠，承担着大畈内 100 多亩水田的灌溉，由于高速公路建设的影响，原有的水系受到破坏，有30亩水田得不到灌溉。对此，镇政府出面协调，施工单位拿出6000元重新做了一道堤坝，抬高水位50厘米，解决了灌溉问题。针对用工问题引发出来的矛盾，镇村两级不回避，一方面尊重工程建设质量的要求，不搞地方保护；另一方面，也积极主动地与标段领导联系，为当地群众拓展用工渠道。联合村曾发生当地司机因运输问题集中堵路事件，镇负责人出面协调，经过6个多小时的协商，双方达成用工协议，握手言和。

同舟化作共济，共济方能致远。我市高速建设相关部门坚持互谅互帮互敬，共同营造良好施工环境。八标段施工单位是某部官兵，他们注重维护部队形象，牢记鱼水之情，在施工资金比较紧张的情况下，还拿出4000元资金支持长林、观山村建设小学校舍。此外，他们还经常安排战士到镇卫生院、敬老院打扫卫生，为老人们送去蔬菜、猪肉和零花钱，努力为地方公益事业作贡献。十一标段施工单位利用设备多的优势，多次安排吊机等设备帮助当地政府安装路灯。同时，我市各相关部门还坚持以人为本，加强与施工单位的沟通和了解，贵池指挥部得知二标段一负责人因病在合肥住院治疗，胡树国立即与该标段所在的镇、村负责同志赶往合肥看望，增进了驻地与施工单位的友情和团结。

铜九铁路：结束地无“寸铁”历史

——专访原站前区管委会副调研员杨笑春

□ 记者 陆寒芳

又是一年国庆黄金周，池州火车站内人来人往。来来去去的火车，已是池州人生活中常见的风景。具有地方特色的池州火车站，成为南来北往旅客对池州的第一印象，也常常出现在或离家或回乡池州人的朋友圈。

池州曾是安徽省唯一一个不通火车的省辖市。直到铜（陵）九（江）铁路的开通才结束了这个历史。

作为沿江铁路的铜九铁路全长 250.936 公里，位于安徽省南部、江西省北部，地处铜陵至九江间，是我国铁路规划的“八纵八横”中沿江铁路上海至重庆中的组成部分。铜九铁路安徽段全长 162.5 公里，其中池州段 139 公里，途经池州境内的青阳、贵池和东至 3 县区 16 个乡镇。

铜九铁路的修建，不仅是池州交通建设史上的一件大事，也是池州经济社会发展史上的一件盛事，更是当时 150 多万池州人期盼已久、梦寐以求的一件大喜事。它的开通对于池州融入“长三角”，实施东向发展，加快追赶跨越，都起到了强劲推动作用。

然而这条铁路却是历经七届池州党委政府的执着争取，多位知名人士的热心呼吁及沿线千万名池州百姓不计个人得失的全力支持而建起来的。

日前，记者采访了原站前区管委会副调研员杨笑春，了解铜九铁路开通背后的艰辛与不易。

13 年奔走　终成铜九铁路

“铜九铁路的谋划是源于当时国务院提出的构建长江综合运输大通道规划。”杨笑春打开话匣。

池州复建不久，当时的地委、行署领导就决定与铜陵市、九江市共同联手开展沿江铁路铜陵至九江段的前期工作。1992 年 8 月 28 日成立铁筹处。那一年，杨笑春欣然接受了组织安排，离开一家老小，过江到池州任铁筹处专职副主任。

然而让杨笑春没想到的是，原本以为 3 年内就能上马的铜九铁路，却一筹就筹了 13 年。那些年里，杨笑春每年大半的时间都待在北京等地，常常是穿着凉鞋进京，穿着棉鞋回池州。

铜九铁路项目因各种原因忽冷忽热、忽上忽下、反反复复。13 年过去了，杨笑春已到了知天命的年纪，也成了大家口中的“杨铁”。彼时，池州党委政府已换了一届又一届，铁道部的工作人员也换了一批又一批。但不变的是年年为铜九铁路奔走的池州人。“虽然跑了十几年，但是，池州想要修铜九铁路的决心一直未曾改变。即使在当时全市财政非常困难的情况下，党委政府主要领导都明确表态，什么都可以缺点少点，但是铜九铁路前期筹备工作经费一分钱不能少。”杨笑春感慨道。

这中间也曾有质疑的声音：池州修铁路没有必要，池州修铁路是“好大喜功”……“池州为什么就不能有铁路？池州要想发展怎么能没有铁路啊！”回忆到这里，已退休多年的杨笑春仍愤愤不平。

池州物产资源丰富，尤其是旅游、矿产、农业资源优势明显。但长期以来，由于交通的滞后，严重影响了池州的资源优势向经济优势转化。

千古百业兴，先行在交通。铜九铁路项目对于池州的重要性不言而喻。正是有这样的清醒认识，池州党委政府一以贯之，13 年来一直紧抓铜九铁路项目不松懈。

“虽然过去这么多年，但我始终忘不了，有市主要领导 5 年间先后不下 20 次率队跑省跑部，寻求中央和省里各有关部门领导对池州重大项目的支持，有一次为拜访铁道部长竟深夜守候在部长家门口长达 3 个多小时；有市主要领导在铜九铁路可研评审会上 4 次冲上讲台抢麦克风发言，深深打动了铁道部的会议主持人；为了节省项目经费开支，有市主要领导在北京专挑小招待所住下，每天在地下室只吃 7 元钱一份的快餐；更有一位市领导在中央党校学习尚未到池州履职，听说池州有个铜九铁路项目，便急着要求我们陪他去拜访铁道部和国家发改委。”

机会总是会留给有准备的人。铜九铁路项目的转机出现在 2004 年下半年。当时，国务院鼓励投资兴建基础设施，交通项目首当其冲。“那时候，哪个项目成熟，就先批哪个项目。我们跑了那么多年，准备了那么多年，铜九铁路项目无疑是最成熟的。”

正因未曾放弃，才有了具备较成熟条件的铜九铁路项目，也让它从铁道部桌上的众多项目中脱颖而出。“要知道，就在 2004 年春节后，铁道部还曾有人对池州一位市领导说过铜九铁路今年没戏。”杨笑春回忆道。

“得知铜九铁路项目终于要开工建设，我们立马带着协议书，5 天内连跑了 7 个城市。”2004 年 6 月初，“一部两省”正式签署合作建设铜九铁路协议书；2004 年 7 月下旬，国家发改委正式批复铜九铁路可行性研究报告。

2004 年 12 月 28 日这天，铜九铁路项目终于在 150 多万池州人翘首以盼中正式全面开工建设。

众志成城　两年建成通车

2004 年 12 月 27 日晚，在铜九铁路项目全面开工的前夜，池州市召开了铜九铁路征迁动员大会，要求全市上下全力支持和参与铜九铁路池州段的建设。

回到池州后，一次，杨笑春在公交车上无意间听到有池州老百姓说：要是修铜九铁路需要捐款，我一定要捐款，尽一份力。他告诉记者，国家发改委的一位老司长，至今在回忆她 1994 年第一次来铜九线踏勘现场时所见到的沿线群众敲锣打鼓、鸣放鞭炮的热烈情景，仍激动不已。“池州人民对铜九铁路的渴望可想而知。”

池州人期盼着铁路能铺进池州，火车能开进池州，梦想有一天在家门口就能坐上火车去往全国各地，更希望铜九铁路能打开池州的大门，让更多的人来到池州、认识池州、了解池州。

在随后的修建中，沿线的百姓更是用自己的实际行动支持了铜九铁路的顺利建设。

据杨笑春回忆，当时东至汪坡一刚刚建成的移民新村，当老百姓听说国家需要建铁路，在党员干部带头下，大家一边流着泪水，一边举起铁锤，将才住了一个月的新房拆除；贵池永明村的农民为了施工单位抓工期，忍痛割掉再过半个月就能收获的庄稼，保证了工程用地的及时提供；青阳县农民眼看着鱼塘中的鱼要丰收，丝毫没有怨言，放水为施工队开路……工程建设过程中，池州政府各部门实行跟踪服务，随时与施工队保持联系，以确保把问题解决在萌芽状态。

“正是有了全市广大干群的和衷共济、攻坚克难和无私奉献，才有了今天的铜九铁路。”

2005 年 6 月铜九铁路项目征迁工作启动，在短短 6 个月里，铜九铁路池州段就奇迹般地完成了 8718 亩铁路征地和 156340 平方米的房屋拆迁，完成总投资 7.8 亿元，比原计划投资 3.8 亿元翻了一番。

据了解，当时，在安徽省同时开工的三条铁路中，铜九线是最快的，而在铜九铁路建设中，池州段的工程又是最顺利的。“池州人把铜九铁路项目的建设当成自己的事来做!”

2006 年 9 月 20 日，铜九铁路铁轨铺架穿过蛤蟆岭隧道，正式进入青阳县，标志着池州正式告别无一寸铁路的历史；2006 年 11 月 22 日，位于池州站外的白沙铺铁路特大桥架设完成，标志着铜九铁路铺架进入池州火车站，这比上海铁路局铜九线工程建设指挥部下达的节点工期，提前了 3 天。

2006 年 12 月 28 日上午 9 时 58 分，上海铁路局与池州市联合举行了池州至铜陵货物列车首发仪式，铜九铁路池州段建成通车，比原工期计划提前了一年多，在当时，其建设速度在中国铁路建设史上从未有过。

当嘹亮的火车鸣笛声在池州上空响起时，火车站现场顿时锣鼓喧天，数千名群众欢呼雀跃，几代人的“铁路梦”终于圆了！贵池区里山街道的村民像过年一样自发燃放起鞭炮，大家高兴地说：火车一响，黄金万两，我们农民的致富路更宽了!

2008 年 9 月 1 日下午 2 时 10 分，池州至上海的客运首发列车在一片欢呼声中缓缓驶出池州火车站，从此池州人实现了在家门口就能乘火车的梦想。

如今，池州不仅有铜九铁路，2015 年随着宁安城际铁路的开通，池州又迈入高铁时代，池黄铁路预计也将在今年年底开工建设。据数据显示，2017 年池州火车站总发送旅客 211.43 万人次，总到达旅客 212.33 万人次，日均输送旅客约 6000 人次。

一条条铁路大大拉近了池州与周边地市及“长三角”的时空距离，增强了池州人的获得感，也突显了池州的区位优势，为池州经济社会发展插上腾飞的翅膀。

九华山机场：池州人
“蓝天梦”起航的地方

——访市政府原副秘书长、原机场筹建处主任王良朝

□ 记者 汪玉芳

在英国牛津大学读书的女儿要回家了，王良朝很高兴，当天他早早就开车来到了九华山机场。

从伦敦到北京，地图显示直线距离是 9000 多公里；从北京到池州，距离是 1228 公里。

飞机——实现了两个国家、两座城市之间的“穿越”。

从机场筹备到建设再到通航，这里曾经是王良朝一天要跑好几趟的地方，这里的一草一木，他都了如指掌。

当年他是建设者，如今他是受益者。

2013 年 7 月 29 日，这是个被载入池州史册的日子，池州九华山机场建成通航。

5 年来，北京、上海、厦门、广州……一条又一条航线相继开通。

池州市民惊呼：世界变小了。

5 年的光景里，多少池州人和他一样，充满期待地坐在机场的候机厅。

这里开启了多少幸福的旅程，见证了多少幸福的相聚，架起了多少友谊的桥梁，承载了多少创业的梦想！

5 年里，九华山机场旅客吞吐量实现了一个又一个突破，从 10 万、20 万、22 万……2017 年机场年旅客吞吐量首次突破 47 万人次大关，在安徽地区同类机场中增速第一。

5 年的时间，九华山机场从一只稚嫩的雏鹰，成长为展翅翱翔的雄鹰。

如今，改扩建工程已拉开序幕。鉴于机场跑道已不能满足国内主流机型飞行需要，航站楼面积已达到设计饱和状态，根据市政府与安徽民航机场集

团达成的池州九华山机场扩建项目合作意向，扩建总投资约5.5亿元，将跑道由2400m延长到2800m，停机位由5个增加到12个；新建14000㎡航站楼、老航站楼改造2300㎡，增加3座登机桥，配套建设通信导航等设施。

改扩建后，九华山机场将满足2030年旅客吞吐量190万人次规划需求。一个崭新的九华山机场，即将呈现在池州人面前。

当时的市政府副秘书长、机场筹建处主任王良朝说，飞机的起飞意味着城市的起飞，机场通航让池州的胸怀变得更宽阔，视野变得更高远，空间变得更广博。他说，机场的建成大大提升了池州的“含金量”。其意义不仅在机场本身，更重要的是为池州对外开放打开了一个“窗口”，对促进我省“两山一湖”旅游综合发展将起到巨大的推动作用。池州重要的区位优势也随着机场的启用大大提升。沿江地区东边有南京国际机场，西边有武汉国际机场，唯独中间少了一个大型机场，有着良好空域条件的池州九华山机场在政府的大力争取下，被中国民航局批准预留为国际大型机场，今后池州将在沿江综合运输大通道发挥重要作用。

池州地处皖南山区，长期以来交通滞后已成为制约发展的瓶颈。很长一段时间，池州是安徽地市中唯一没有高速公路和铁路的城市，构建立体化的交通，是池州人民的迫切心愿。

2008年9月，当第一列客运列车在池州大地上鸣笛飞奔时，几代池州人的“火车梦想”终于实现了，这让池州人的“蓝天梦”变得更加清晰和迫切。

王良朝说，其实“蓝天梦”早已在市委、市政府的谋划中。2003年市委、市政府就提出筹建机场的计划，并在当年6月成立了机场筹建处。筹建处成立之初，质疑之声不断：“池州有没有必要建机场?”“池州这么小的地方，有能力建机场吗?”

最大的质疑声是：对财政并不宽裕的池州来说，资金是绕不过的难题。“但是市委、市政府主要领导的立场十分坚定，市政府办公会议和市委常委会都一次性通过决定，不论财政多么紧张，都会全力确保机场建设资金。”掷地有声的承诺，也让身为机场筹建处负责人王良朝在后来遇到任何质疑时都有了底气。

按照常规程序，一座机场在建设前的申报、立项、规划、选址、批复等全部程序筹备到位，一般需要6至8年的时间，这也是筹建机场最难的地方。有些城市甚至跑了多年项目最终还是流产，而池州九华山机场只用了6年时间。

“筹建工作涉及到中央军委、国务院、国家发改委、中国民航局、民航华东地区管理局等上百个部门和单位，我们还在全国各地召开了近 30 场专家评审会、论证会。”王良朝说，任何一个环节的耽搁都会导致整个工作停滞不前。

6 年里，池州在 19 个部级单位、250 个相关单位的支持下，克服一个个困难，将一个个“不可能”变成了现实。2007 年 10 月，中国民航局《关于安徽池州九华山机场场址的审查意见》，同意新建池州九华山机场的选址。2009 年 1 月，机场立项报告获得国务院、中央军委批复。

“大家齐心协力、永不放弃，终于获得了回报。”王良朝回忆这段经历说，往往是上午北京一个电话，下午领导就带着工作人员赶到北京，而这常常只是为了一次十几分钟的会面。频繁的坐飞机经历，由于天气等原因常常遇到颠簸、返航、备降的紧急情况，让王良朝对坐飞机有了恐惧感，但再难再怕他也得适应。

“机场工程不同于一般的工程，每一项都要做到万无一失。”机场的建设工地，成了当时的市委、市政府主要领导来得最勤的地方，市委、市政府主要领导对机场建设的高度关注给建设者们极大的鼓舞。当时机场建设指挥部指挥长吴飞说：“我们只能把标准定得更高，工作做得更细。”机场最重要的建筑设施就是跑道，跑道建设不能有一丝马虎。建筑材料都是选用最好的。“我们的跑道建成后，密实度达到 98%，通俗地讲就是路面用钢筋都打不进去。”

试飞机长周晓青走下飞机的第一句话是：“这个跑道是我见过的最好的跑道之一，平整度高，光泽度好。”池州九华山机场跑道在工程验收时被评为“优良”，这在行业内是很高的评价。来自专业人士的高度评价，让 4 年来机场建设者们所有的艰辛和付出都值得了。

“九华山机场通航时，就开通了北京、上海、广州、成都的航线，当年就实现旅客吞吐量 6.2 万人次，这在同级别的机场中并不多见。”王良朝说，在民航业内，北京、上海的起降时刻可谓比金子还珍贵。

多年来我市一直推行航线补贴政策，政府的大力支持也增强了航空公司扩展业务的信心。五年过去了，九华山机场又相继开通了厦门、青岛、西安等城市航线，到 2016 年九华山机场通航城市已达 12 个。航线的丰富，直接受益的是老百姓。池州与各城市的时空距离大为缩短，老百姓的生活半径得以成倍扩展。“大交通”也构筑池州发展的“快车道”，“公铁水空”联运的立体综合大交通格局的形成，为建设现代化绿色池州、创新池州、幸福池州的新局面提供了有力基础支撑。

苦干实干结硕果　水利惠民铸丰碑

——访原池州行署水电局局长包西枝

□记者 邓　柱

治水兴水，利在千秋。

“水利事业事关经济社会的长远发展，事关人民群众的生活福祉。改革开放40年了，池州复建也30年了，在党和政府的坚强领导下，经过全市人民的共同努力，池州水利事业发展面貌发生了巨大变化!”原池州行署水电局局长包西枝感慨地说。

池州区位独特，长江岸线长，境内水系丰富，河网密布。在包西枝看来，历史上池州的农田基本水利设施非常薄弱，抗灾基础设施投入严重不足，旱涝频繁交替，可以说是“大雨大灾，小雨小灾，无雨旱灾”。碰到水灾，一片汪洋，农民田地被淹；遇到旱灾，河底朝天，百姓流离失所。新中国成立后，尽管当时经济条件有限，池州积极开展了轰轰烈烈的水利兴修活动，努力补齐防灾减灾和民生水利设施短板，但是还有一定差距。

包西枝说，他是土生土长的池州人，1978年任贵池县委常委、革委会副主任分管农业农村工作，1994年开始到池州行署水电局任党组书记、局长。当时池州近400座水库有65%是病险水库，160多公里的长江大堤全部不达标。只要24小时连续降雨150毫米以上，圩区就会普遍遭大灾。

众所周知，水利是农业的命脉，更是国民经济的命脉。所以从中央到地方，各级各部门都高度重视治水工作。包西枝说，地区复建以后，地委行署加快水利建设步伐，着力加快水利重点基础设施建设，加速推进传统水利向现代水利的可持续发展转变。当时，我们治水方针就是“挡得住、排得出、灌得上”，将水利与农业发展紧密联系在一起，增强抗御自然灾害的能力。

项目是水利事业发展的动力。当时，池州行署水电局坚持把项目作为第一要务来抓，局主要负责人每个月要拿出三分之二的时间跑项目，局班子成员每周要研究一次项目工作，分管负责人和业务科室每周至少要向省市对口部门咨询一次项目信息。“池州的很多水利项目都是谋划出来的，靠双腿跑出来的。”包西枝感慨地说。当时池州财政非常困难，水利建设投入极少。1998年以前，中央政策是保重点、保大圩口，资金项目向重点区域、重点圩口倾斜。比如铜马大堤保护上千万亩耕地，我们最大的乌沙大圩才保护18万亩耕地，“我们这里的圩口小、设施差，想讨钱比登天都难！”

“国家对水利真正的大规模投入是在1998抗洪后，连续几年发行国债，从国债拿了一大块，用于长江的堤防建设、水库的除险加固。短短几年的投入，超过了新中国成立以后到1998年期间的全部防洪投入。所以，现在见到的很多重大防洪工程是1998年以后建设的。”包西枝说。

包西枝回忆说，1998年，池州地区先后遭受“6·26”“7·22”“8·6”三次特大暴雨袭击。其中“6·26”暴雨过程量最大达400多毫米，境内秋浦河、尧渡河、龙泉河发生超历史纪录的大洪水，黄湓河、九华河等河流同时发生大洪水。秋浦河水文站实测最高洪水位28.17米，比1954年洪水位高出3米多，龙泉河流域上的大板水库水位上涨5.67米，溢洪深达2.3米，最高库水位达66.90米，为建库以来最高水位。尧渡河东至水文站26日洪峰水位24.53米，高出历史纪录值0.52米。超历史的特大洪水使得水库沿河两岸大批水利工程严重受损毁坏。

“当时升金湖周边的村庄，许多农户家房屋顶都被淹掉了，可见受灾之严重。”包西枝说，我是1998年池州抗洪的参与者和组织者，1998年抗洪，人们印象最为深刻的莫过于“严防死守”。在当时堤防标准与安全性无法令人满意的情况下，只有依靠人力优势死保堤防安全，最大限度地发挥河道、湖泊行洪与蓄水能力，以尽可能减少水淹面积，减少水灾损失。

选择“严防死守”的根本原因，还是水利设施的薄弱。1998年的暴雨洪水使池州桥涵、山塘等小型水利工程1200多处被毁，全区水利工程水毁直接经济损失达5000多万元。包西枝说，1998年抗洪，从6月初到国庆节，他基本上周末都没有休息，除了开会就是到防汛抗灾第一线，地委行署把他称为池州的“活地图”，比如7月份石台章田水库出现险情后，他组织带领技术人员干了半个多月，才彻底脱险。

1998年洪灾以后，时任国务院总理朱镕基来到池州视察灾情，看到黄湓圩湖堤溃破，村民家园被毁，住进安扎在江堤上的救灾帐篷里，感慨“老百姓连年遭灾，真是民穷财尽啊！”。很快，中央作出治理大江大河重大决策，池州水利建设也迎来了重要机遇，仅池州长江段便拨款十几个亿。包西枝回忆说，当时我们请来省水利设计院几十位专家坐镇池州3个月，专题开展水利基础设施设计规划。此外，得益于移民建镇工程的实施，我们争取了几十亿资金在张溪、香隅、梅龙、唐田等地陆续开展移民建镇工程，主要由水利部门规划，城建部门组织实施，仅升金湖周围就有几百户老百姓享受到了移民建镇的好政策，很多地势低洼地段的农户都喜迁新居，镇街盖起了一排排新房，成为当时一道独特的风景线。

进入新世纪后，池州在治水思路上更加强调从社会经济可持续发展的各种因素，综合考虑防洪战略，形成更加现代的治水思路。包西枝说，这些年来，池州水利建设取得了喜人的成绩，这是历届党委政府领导高度重视的结果，也是部门努力、全市人民共同奋斗的结果。

在包西枝看来，随着城乡一体化进程的加快和经济快速发展，对水利建设提出了更新、更高的要求。加快水利发展，增强水利支撑保障能力，实现水资源可持续利用，已成为经济发展、民生改善的最迫切需要。

昔日“臭水沟” 今成“景观河”

——访市长江河道管理局局长姚根水

□ 记者 刘玉琴

清溪河是池城的母亲河，积淀了深厚的历史文化。诗仙李白漫游秋浦时，曾写下“清溪清我心，水色异诸水。借问新安江，见底何如此?”称赞清溪河水清的千古绝唱。

作为一条通江河流，历史上清溪河河水十分清澈，可令人惋惜的是，上世纪六七十年代，由于城市防洪及围垦灭螺的需要，清溪河上游来水改道城西入长江，清溪河下游河道成了城市内的一条蓄水排涝纳污的故河道。随着城市的发展，该河道又多次被填堵，污染日趋严重，水体发黑，臭气熏天，市民、人大代表和政协委员要求治理清溪河的呼声日趋高涨。

2003 年，清溪河综合治理工程开始启动，通过驳岸、截污、引水、景观等多项工程的建设，清溪河河道焕然一新，原先污水横流、垃圾遍布的“臭水沟”变成如今河水清澈、景致宜人的“景观河”。近日，记者采访了市长江河道管理局局长姚根水，其时任清溪河治理工程现场负责人，请他讲述当年这项惠民利民工程的建设情况。

名副其实的“臭水沟”

清溪河贯穿主城区全长达十几公里，两岸聚居众多居民，不少“老贵池”对清溪河的脏和臭记忆深刻。

姚根水用“恶臭”来形容那时的清溪河河水。他说，上世纪60 年代至90 年代，由于围垦灭螺、城市防洪、公路建设等原因，清溪河在湖心路、南门环岛、秋浦东路、百牙路、清风路等多处被隔断，本与长江贯通的清溪河变成了城市纳污河，清溪河沿岸居民直接向清溪河排放生活污水和倾倒生活垃圾，清溪河淤泥堆积，水质日益恶化，河里的鱼大量死亡，河水发黑发臭，每到夏天，清溪河冒出的恶臭让行人不得不捂鼻而过，让两岸的居民苦不堪言。

除了水体污染散发恶臭外，当时的清溪河两岸灌木丛生，有的地段被开辟为菜地种菜，有的地段还被围起来养殖鸭子等水禽，遇到雨天，菜地里的肥料、水禽粪便直接冲入清溪河，两岸毫无景观可言。

清溪河的脏和乱，严重影响了居民的生活，居民要求治理清溪河的呼声很高。2002 年 3 月，市人大一届二次会议将清溪河环境整治工作作为一号议案交市政府办理，清溪河治理进入紧锣密鼓的筹备阶段。

3 年 3 段 3 个亿

2003 年 12 月，清溪河环境综合整治工程正式启动实施。2004 年，池州市委、市政府提出 3 年 3 个亿整治下游清溪河的工作计划。3 个亿，对当时的池州财政是个严峻的考验，2003 年池州市本级的财政总收入在 1.5 亿 ~ 1.6 亿元左右，如果按照这个财政基数计算，市本级不吃不喝、什么事也不干，也要两年半才能累积这么多资金，更别说当时这些财政收入仅够保障公务员工资和机关单位的正常工作运转了。

一面是清溪河水质急需治理，一面是资金面临巨大缺口，该怎么办？当时的市政府只能开源节流，在争取国家、省项目资金的基础上，积极进行市场运作，尽力争取国债资金和国家开发银行贷款支持，并严格执行招投标制、工程监理制、资金预算监管审计制度，从制度上保证所有的项目资金每一分钱都花在工程建设上。

资金紧张，时间也很紧张。3 年时间，疏通已经淤积几十年的清溪河，要驳岸、截污、引水还要进行景观绿化，每项工程都要与时间赛跑。姚根水回忆说，当时的工地实行 24 小时工作制，还提出了“歇人不歇机”的口号，工程一天一调度、一周一例会，施工管理人员放弃了周末和节假日，日夜在工地上巡查，发现问题及时会商，确保工程在抢工期的同时不出现质量问题和安全问题。

“清溪”名片靓古城

经过日夜奋战，清溪河驳岸、截污、引水工程如期完工后，景观工程、亮化工程随即展开。清溪河景观工程按照“彰显历史、传承文化、感悟自然、体验人文”的理念，把河道沿线原有的树种和植物群落尽量予以保留，把沿河留存的古桥、古塔等文化古迹加以保护性整修，还打造了富有池州特色的诗文化、傩文化、牌坊文化、建筑文化和唐文化等五大文化：清溪诗画墙雕刻了历代文人咏叹池州的名诗名画；牌坊文化广场重现了城内历史上的98座牌坊，折射出池州人才辈出、人杰地灵的辉煌历史；傩文化广场标识着有“中国戏剧活化石”之称的池州傩戏文化；建筑文化广场亭台廊轩有序布置，展示出既有徽派建筑风貌又有地方特点的池州传统建筑景观。景观带上还有5大景区12个景点，南湖烟柳、古城遗风、诗韵飘逸、贵口扬帆等彰显着清溪河悠远辉煌的历史古韵。

“建成后的清溪河景观带，作为城区生态联系轴，贯穿城市中心南北，宛如一条镶嵌在城内的天然项链，熠熠生辉。”姚根水说，2009年，我市又实施了城区水系贯通工程，在清溪河综合治理的基础上，平天湖、月亮湖、清溪河3条水系全部贯通，8座桥梁建成通车，形成了环绕平天湖、南湖、清溪河的水上观光航线，将池州优美的山水风光和丰富的人文景观串联起来，池州“山水园林、生态宜居”的独特魅力更加凸显。

军地同心　双拥花开遍池城

——访市民政局副局长、市双拥办主任方昌海

□ 记者 刘方婷

2003年农历年末，当全国“双拥模范城”的奖牌由北京抵达池州后，广大池州人民为之振奋不已。这是池州撤地建市以来摘得的第一块“国字号”品牌。军地双方十分珍惜这一来之不易的荣誉，真抓实干，再接再厉，至2016年，池州已连续四次蝉联全国“双拥模范城”称号。“一想到那段全市上下自我加压、迎难而上、顽强拼搏的创建时光，我能身处其中并为之出一份薄力，实在与有荣焉。”近日，市民政局副局长、市双拥办主任方昌海回忆道。

池州双拥工作有着良好基础。1991年，原池州行署所在地贵池市被省委、省政府授予“拥军优属先进单位”；1992—1999年连续3年被命名为全省“双拥模范城”；1994年荣获全国“双拥模范城”称号……历任地方党政领导和驻池部队首长，为培养血肉相连、鱼水相依的军政军民关系，倾注了满腔心血，付出了极大努力，形成了军爱民、民拥军的光荣传统。2000年撤地建市后，池州百业待兴，当时的市委、市政府提出了奋斗目标——争创全国“双拥模范城”，把它作为我市“十五”期间的一项重要任务来完成，以全面推进池州经济建设和社会发展。

如何在重实效、创特色上下功夫？池州的一条重要抓手就是支持军事机关搬迁，将驻池部队改革和现代化建设作为义不容辞的责任，竭尽全力为部队办实事、解难题。2002年12月，池州军分区机关从安庆顺利迁至池州，结束了长达14年异地办公的历史。“要知道，池州军分区自1988年组建以来，机关一直客居安庆，官兵们到池州一趟，需往返130公里，来回轮渡过江，工作上十分不便。为改善官兵工作生活条件，给军分区的长远发展和军事斗争准备打下坚实基础，进一步密切军地军民关系，当时的池州地方各级政府

对军分区的新址建设提供了强有力的支持和帮助，如：先后为军分区迁址营建提供百余万元资金，土地、城建、电信等部门在选址、征地、修路、安装水电、通信等方面给予减免等。”方昌海说。

与此同时，池州市委、市政府大力开展拥军优属活动。2002 年 7 月 7 日，38 位市级领导以普通士兵的身份，参加了“军营一日”活动，与部队官兵同吃、同乐、同训练，既融洽了军政军民关系，又增强了地方领导的国防意识。此外，“兵妈妈进军营”“节日走访”“双拥进社区”及“群众性创建”等各项活动都进一步丰富了我市双拥创建工作。

在落实优抚安置政策方面，2000 年，池州市政府出台了《池州市农村特殊保障对象保障经费管理暂行规定》，明确了各类优抚对象的优待面和优待标准。当年，这两项指标兑现率达 100%。2002 年、2003 年，国家和省提高的抚恤补助标准均及时兑现。对立功受奖官兵家属的奖励，我市在省定标准的基础上分别提高到 10000 元、5000 元、500 元。

为强化国防意识，我市还在沿国省道显著位置、城区入口处及部队驻地设置了大型双拥宣传标语、双拥宣传画，在报刊、广播、电视开设双拥宣传专栏和专题节目。“2003 年初，池州市委、市政府联合中央电视台、解放军电视宣传中心制作的 10 集电视专题片《长城在我心中》，借助央视这一平台向全国人民宣传池州，极大地提升了池州的知名度和影响力，这在安徽拥军优属史上是绝无仅有的。”方昌海说。

军民同心，其利断金。地方在拥军优属上办实事，部队在拥政爱民上同样真诚奉献。

在经济社会发展中，我市重点工程建设任务繁重，驻池部队给予了鼎力支持。截至 2003 年 8 月，驻池某部协助地方政府完成了 318 国道贵大段、贵铜公路等工程建设；开通了 7 条 110 公里的农用山区公路；先后出动官兵 4000 人次，参加升金湖、白沙湖、秋浦圩大堤等水利工程建设；完成了池州至太平湖、石台县六都至祁门、贵池至东至全长 382.5 公里的通信光缆工程建设。随后几年，积极参加和支援合铜黄、沿江、大景高速和铜九铁路建设，主动牵线搭桥帮助池州招商引资。“知道东湖路为什么又叫双拥大道吗?”方昌海透露，2003 年，市委、市政府一号市政工程——清溪河治理工程启动前，河道两边垃圾成堆，污水横流。驻池某部积极响应地方政府号召，广大官兵充分发扬不怕苦、不怕累、不怕脏的顽强作风，克服一切困难，协助地方让清溪河再现“清溪清我心”的美好意境。这是部队服务地方经济大局、参与地方共建的一个缩影，东湖路也正因这段历史被命名为池州双拥大道。

在急难险重任务面前，广大驻池部队官兵把池州当故乡，不惧牺牲、勇挑重担、顽强作战。2000年到2003年，驻池某部先后出动官兵5万多人次，参加抗洪抢险救灾逾百次，为地方挽回经济损失2000多万元，被中央军委授予集体二等功。市消防支队在旱情异常严重的情况下，出动消防车600台次，警力1800人次，运送饮用水3万吨，解决了重点地区人畜饮用水问题。驻池部队和武警官兵还充分发挥尖兵作用，积极参加地方山林灭火工作，确保了人民群众生命财产安全，为协助地方做好处置突发事件和维护社会稳定作出了积极贡献。

在完成战备、训练任务之余，驻池部队还积极投身公益事业，真心实意为驻地群众办好事，做实事。开展春蕾助学活动，为驻地学校捐款，与失学儿童结对，协助乡镇建立合作医疗点，组建学雷锋便民小组……至今，仍有件事让方昌海记忆犹新：驻池某部的一位张姓政委看到，石台山区一所小学的孩子在寒冬里只能吃从家里带来的冷饭，心中十分不忍。回到部队后，他开动脑筋，专门为这些孩子设计了可以带饭的火筒，并批量制作好送到学校。此后，孩子们吃上了热腾腾的午饭，一张张小脸洋溢出的笑容是那么灿烂，那么动人。

“池州创下首届全国‘双拥模范城’的斐然成绩，是全市军民鱼水情深的最好写照，它为池州增添了光彩和荣耀，也为池州做好新时期的双拥工作带来了巨大动力。”方昌海说，今年是改革开放40周年，池州复建30周年，在新的起点上，全市上下要统一思想、提高站位，充分认清做好双拥工作以及全国双拥模范城创建工作的重要意义，不断改革创新、与时俱进，用中国梦和强军梦凝聚军民共识和力量，筑牢军民团结奋进的思想根基。“连续四届全国‘双拥模范城’的称号是激励我们奋勇前行的动力，让我们戮力同心、振奋精神、真抓实干，继续谱写拥军优属、拥政爱民的绚丽华章！”

从“养在深闺人未识”到中国优秀旅游城市

——访市旅游发展委员会副主任王强

□ 记者 周劲风

有中国佛教四大名山之一的九华山、有“华东动植物基因库”之称的国家级野生动植物自然保护区——牯牛降、有“中国鹤湖”之称的亚洲重要湿地自然保护区——升金湖、有天下第一诗村之誉的杏花村……不仅如此，池州还拥有贵池傩、青阳腔、罗城民歌、石台目连戏等厚重的历史文化，这些得天独厚的旅游资源都为池州旅游业的腾飞奠定了良好的基础。

然而，池州地区复建之初，池州星罗棋布的美景却“养在深闺人未识”，不仅旅游资源空间分布散乱，而且产业链条和产业体系尚未建立，更谈不上旅游产业发展。建市以后，池州充分发挥旅游业作为第三产业龙头的带动作用，加大旅游业的投入和管理，将旅游业打造成我市四大主导型产业之一。池州旅游业从无到有，从小到大，从点到面，从弱变强……化蛹成蝶，发生巨大嬗变，并于2006年12月被原国家旅游局命名为“中国优秀旅游城市”。

日前，记者专访了市旅游发展委员会副主任王强，听他谈谈池州旅游的发展历程和中国优秀旅游城市创建过程。

埋头打基础　池州旅游渐入佳境

“2000年，对池州旅游来说，是一个重要的年份。当年，国务院正式批准池州撤地建市；同年6月，安徽省‘两山一湖’旅游发展调研座谈会在池州召开。会后，省委、省政府出台了《关于加快‘两山一湖’旅游经济发展的若干意见》。从那时起，池州旅游业正式进入了启动发展阶段。”谈及池州旅游发展历史，王强侃侃而谈。

省委、省政府对包括池州在内的大皖南国际旅游区的发展十分关心，及时作出了加快建设以黄山、九华山为重点的世界级旅游胜地，推进旅游国际化进程，促进皖南大开放的重要决策。省委、省政府主要领导曾多次到池州考察，对以九华山为龙头的池州旅游经济发展寄予厚望，明确提出要“把九华山建设成世界级旅游胜地、国际性佛教道场，把池州打造成为皖江首选、国内一流、国际著名的旅游目的地城市”。

省委、省政府的关心坚定了池州人民加快旅游经济发展的信心和决心。《关于加快“两山一湖”旅游经济发展的若干意见》出台后，市委、市政府以建设旅游强市为目标，全面实施“大九华、大旅游、大产业”发展战略，不断加快以九华山为龙头的全市旅游开发和建设，加快推进旅游产业化进程，努力推进池州由旅游资源大市向旅游经济强市的转变。

2001 年，在省政府编制的“两山一湖”旅游发展规划正式出台后，我市于 2002 年 10 月聘请同济大学编制《池州市旅游发展总体规划》，并于 2004 年初步通过评审并经市政府批准实施。同时各县区《旅游发展总体规划》及《九华山风景区旅游总体规划（修改稿）》先后完成，花台景区、牯牛降生态旅游、秋浦河景区、大王洞等各重点景区景点的开发规划也先后通过评审。旅游规划的编制和实施，有效地促进了旅游资源的合理开发、利用和保护，使我市旅游发展逐步走上可持续发展轨道。“十五”期间，九华山成为首批国家 4A 级景区，齐山等 5 个景区成为国家 2A 级景区，同时池州旅游企业成倍增长，星级饭店发展到 20 多家，生态旅游景点增加到 20 多个，导游由 40 多人增加到 1000 多人，旅游总收入相当于 GDP 的 12.34%，旅游业实现了从事业接待型向旅游产业型的转变，成为池州市的支柱产业。

自我加压　发起创优总动员

池州旅游，虽开局良好，但任重而道远。在启动阶段打下的良好基础上，池州旅游如何再发力、再上新台阶？2004 年 3 月，池州市委、市政府审时度势，开启“中国优秀旅游城市”创建工作，这标志着池州旅游业再次迈入新的征程。

为强力推动“创优”工作，我市成立了由市委书记任第一组长，市长任组长，分管副书记、人大联系副主任、政府分管副市长、政协联系副主席以及市委、市政府秘书长为副组长，全市各级政府和相关部门主要负责人为成员的“池州市创建中国优秀旅游城市领导小组”。领导小组下设办公室，从相关单位抽调了10多名干部集中办公，并实行“创优”工作联络员制度，各责任单位分别明确1名负责领导和专职联络员。各县区和市直责任部门也成立了相应机构，全力推进“创优”工作。

“前所未有的重视，争创中国优秀旅游城市，池州志在必得。”虽然已经过去了十几年了，但作为当初创建活动的见证者和参与者，王强至今记忆犹新。那时，王强被抽调到池州市创建中国优秀旅游城市领导小组办公室，每天的工作千头万绪，既要制定创优工作方案、争创工作任务细化分解表及上级旅游行政主管部门要求补充的材料等，还要定期对创优工作进行督查，查找问题，协调解决创优过程中出现的各种问题。

王强清楚地记得，在“创优”过程中，从市几大班子到县区等各级领导、从企事业单位到学校乃至社区，广大市民也加入到优秀旅游城市的创建中来。青年志愿者走上街头清理“白色垃圾”，相关部门积极行动，开展拆除违章建筑、交通秩序整治、环境集中整治等活动。市委、市政府多次召开专题会议研究解决“创优”工作和旅游发展问题，市委、市政府领导经常深入现场解决问题，市人大、市政协也多次组织人大代表、政协委员进行实地考察，听取旅游工作汇报，提出了很多建设性意见，推动了“创优”工作的深入开展。

根据《中国优秀旅游城市检查标准》，结合池州实际，先后两次对20大类176个子项任务进行了分解细化，将任务分解到45个责任单位，同时授权市旅游局为“创优”工作牵头部门，负责组织、协调和督促各责任单位“创优”工作。2006年7月，我市在省级检查之后，针对反馈意见，再次梳理出180项整改任务，落实到各创建责任单位。严格实行动态目标考核制度。各责任单位每月书面汇报一次目标完成情况。市创优办、文明办、市委督查室、市政府督办室，采取跟踪督查、阶段性督查、重点督查和全面督查等多种措施，及时了解“创优”工作进度，通报情况，交流经验，整改问题，确保高标准、高质量地完成“创优”各项任务。

众志成城的池州，正以豪迈的情怀向全国文明城市这一光荣梦想阔步挺进。

完善旅游设施　增强城市旅游功能

“吃、住、行、游、购、娱”，是一个旅游城市不可缺少的六大构成要素。池州根据“创优”工作的轻重缓急，从与优秀旅游城市最密切的项目抓起，极大地改善了城市现代旅游服务功能。

创建中国优秀旅游城市既是对城市建设水平的一次全面检验更是对提升城市形象的一个极大促进。围绕建设“生态城，旅游城”的目标，把硬化、净化、绿化、美化、亮化作为城市基础设施建设的切入点，我市先后投入20多亿元用于城市建设。拓宽了城东、城南、城西3个主入口，开通了九华山大道、南外环绕城公路和九华山佛光大道。建成全省领先的生态型生活垃圾无害化处理场，高标准建设和改造了28座旅游公厕。不断扩大城市绿化面积，城市绿化覆盖率已达32．32%。投资3亿元整治清溪河，完成了百荷公园和池州港的美化工程。抓好城区六条主干道的亮化，重点实施了杏村西路步行街、百荷公园和清溪河休闲广场亮化工程。交通方面，先后建成沿江高速毛竹园至大渡口段、合铜黄高速、京福高速池州段和铜九铁路，涉外游轮常年停靠池州旅游口岸。组建了市城管大队，先后出台了十多项城管制度和办法，狠抓城市规范化管理。进一步丰富城市文化内涵，构建人与自然、建筑与环境和谐统一的城市格局，逐步形成山青水绿天蓝的生态型城市，城市品位大幅提升。完善旅游设施，提高接待能力，形成较为完善的“吃、住、行、游、购、娱”服务体系。

在旅游产业方面，大力实施“大九华、大旅游、大产业”发展战略，相继投入10多亿元用于旅游景区景点建设。九华山风景区通过山上做减法，山下做加法，让九华山这个全市旅游发展的“龙头”剪杂除芜，强身健体，焕发出勃勃生机。2007年，九华山进入首批国家级5A风景区行列，并荣获中国十大“佛教文化旅游胜地”和“中国人居环境范例奖”两项殊荣。“十一五”期间，池州先后开发了牯牛降、万罗山、秋浦仙境、尧舜圣境、九子岩、霄坑大峡谷、杏花村、仙寓山等景区，开工建设了平天湖旅游度假区，全面启动乡村旅游发展工程，建设了一批“农家乐”旅游项目。同时，全方位、多层次加大旅游促销宣传，展示池州旅游形象。

在旅游环境优化上，把“创优”与精神文明建设有机结合，制定出台多套管理制度，成立旅游质量监督管理所和旅游监察大队，各旅游企业均配备专（兼）职质量监督员，先后组织20多次旅游市场综合整治活动，打击非法经营和超范围经营。在全市范围内开展有关市容环境卫生、交通综合和优质规范服务等多项整治教育活动。设立旅游教育培训基地，加强旅游从业人员技能培训，提高综合素质和服务水平。

创优攻坚，池州旅游掀开新篇章。2006年10月，池州创建中国优秀旅游城市顺利通过了国家旅游局的验收，并于当年底如愿以偿摘取了“中国优秀旅游城市”的桂冠。

“温故而知新，回顾是为了更好的出发，砥砺前行!”谈起往事，王强感慨万千。他兴奋地告诉记者，目前，池州已列入国家首批全域旅游示范区创建名单，正在加快创建国家全域旅游示范区，推动池州旅游业由景区旅游向全域旅游发展模式的转变，构筑全域旅游新格局，相信池州旅游业未来更有大作为、更有新气象。

春风化雨润桃李　高校建设谱新篇

——访池州学院院长柳友荣

□记者 秦　峰

伴随着新中国的前进步伐，沐浴着高等教育的改革春风，满载着丰硕的教学成果，如今，池州学院已经走过41年的光辉历程。41年的栉风沐雨，学校校名几经变更，校址几经迁徙，体制几经更迭，在几代人辛勤耕耘下，池州学院人励精图治，开拓创新，扎根池州大地，谱写了华彩篇章。

——1977年，为贯彻安徽省高等学校、中等专业（技工）学校招生工作会议精神，恢复升学考试制度。政府与池州师范学校合署成立“安徽劳动大学池州专科”。

——1979年，更名为“安徽师范大学池州专科”。

——1980年，池州师范学校（部分）、安徽师范大学池州专科合并升格为“池州师范专科学校”。

——1999年，池州工业学校并入池州师范专科学校。

——2002年，安徽省经贸学校并入池州师范专科学校。

——2006年底，安徽省高校设置评议委员会以高票通过池州师专升格。次年1月，经教育部批准升格为池州学院，这标志着池州正式结束了没有本科大学的历史。

春华秋实　栉风沐雨

浇灌桃李满天下

41年的拓荒与耕耘，记载着池州学院人拓业的艰辛与努力。回眸过去，筚路蓝缕。从安徽劳动大学池州专科、安徽师范大学池州专科、池州师范专科学校，再到池州学院，校址也从城区一隅搬迁到大学城，办学性质也先后经历了专科班到普通高等师范专科学校，再到普通本科师范院校的变化。

抚今追昔、薪火相传。不论在何种环境下，学校始终坚持培训中学师资、教育行政干部以及培养普通本专科学生的办学任务，以“地方性、师范性、开放性的应用型”本科院校的办学定位，形成了优良的办学传统，培育了“以孔子为师，以行知为友”的校训精神，积淀了厚重的人文底蕴，创造了辉煌的办学成就，云集了一批知名之师、培育出万千栋梁之材。学校已成为池州乃至全省中小学师资和教育行政干部培训的主阵地，培养了本专科毕业生10万余人，培训教育行政干部和中小学教师18万余人次，为我省中小学教师学历的达标和教育行政干部整体素质的提高，作出了积极贡献。

池州学院柳友荣院长告诉记者，建校初期，当时的安徽劳动大学池州专科仅有中文、数学两个专业（班级），后来又增设了政教、外语两个专业。当时，创建工作一切从头开始，任务繁重。首先教学、工作人员要入门，大家反复学习讨论教育部、教育厅有关文件规定，明确培养目标、培养过程和方式、课程设置、管理程序与要求，帮助大家明确工作职责，规范从业操守。同时，发动和组织教师熟悉课程，认真备课。那时供电不稳定，大家经常点着煤油灯自学至深夜。当时政教科仅有七、八位教师，他们先前在党校只承担过一些专题教学。如何教好一门课程，每位教师都必须重新学习、悉心探索。待接受一、二门课程的教学任务之后，教师们首先通读研究教材，搜集教学资料，接着进入紧张的备课工作。离秋季开学只有几个月时间，任务重压力大。教师们克服天气炎热、缺少资料种种困难，日夜奋战。他们互相鼓励，相互学习，攻克一个又一个难关。

现已退休的何国生当年参加了政教专业的筹建。从1982年首次招生到2012年招收最后一届学生，政教专业前后共毕业学生30届，为国家输送一批又一批可用之材，这是何国生终生难忘并引以为荣的“幸事”。

柳友荣说，当时条件艰苦，一无人（教师、工作人员），二无物（办公室、资料室），许多像何国生这样的老师，他们爱岗敬业、无私奉献、殚精竭虑，克服重重困难，用自己的青春和汗水，为池州学院的建设和发展奠定了坚实的基础。

砥砺奋进　跨越发展

追求卓越育英才

41 年的积累与成就，凝聚着池州学院人创业立业的心血与汗水。人心思进，抢抓机遇。特别是 2008 年 9 月，学院搬迁到池州市教育园区大学城新址，让这所普通本科院校迈向了发展的新起点、新征程。当年 9 月 22 日上午，满载学生和行李的大巴车从池州学院老校区出发，浩浩荡荡地开进了大学城新校区。首批搬迁的有政法系、经贸系、中文系等 5 个文科系近 3000 人，其他院系也在当年年底前完成整体搬迁。

如今的池州学院，已经从 41 年前两间教室发展成为一校两区、占地 1928 亩、充满现代气息的校园；从最初培训中等师资的专科班发展成为教育、理、法、文、工、管理、艺术等多学科协同并进的普通本科高等学校。现有全日制普通本科学生 16000 余人，教职工 750 余人，其中教授及正高职称 50 多人，副教授及副高职称 147 人，涌现出一批安徽省学术和技术带头人、安徽省高校学科拔尖人才及安徽省骨干教师、教学名师、教坛新秀。

柳友荣告诉记者，池州学院的发展凝聚了几代池州学院人的智慧与汗水。近年来，在省委、省政府的正确领导下，在省教育厅的直接指导下，在池州市委、市政府的大力支持下，池州学院全面贯彻党的教育方针，坚持社会主义办学方向，落实立德树人根本任务，在人才培养、科学研究、社会服务、文化传承创新、国际交流合作等方面均取得显著进步与可喜成绩。

学校坚持“以生为本，以用为先”的人才培养理念，深化教育教学改革，建有国家级大学生校外实践教育基地 1 个，国家级特色产业（含专业综合试点）2 个；省级示范实验实训中心 4 个，省级校企合作实践教育基地 9 个，省级人才培养模式创新实验区 1 个，省级卓越人才教育培养计划 6 个，省级应用型教师教学能力发展中心 1 个。成功申请国家级大学生创新创业训练计划项目 271 项，省级大学生创新创业训练计划项目 589 项。近 3 年来，池州学院学子在挑战杯、数学建模、机器人大赛、英语竞赛等 20 项学科专业竞赛中获省级以上奖励 810 人次。学校连续多年被评为安徽省高校毕业生就业工作标兵单位。

学校坚持地方性、开放性、应用型的办学定位，以“特色鲜明的新建应用型大学”为发展方向，秉持为地方经济和社会发展服务，主动贴近、主动融入、主动服务地方经济社会发展。学校与池州市旅委合作，主持完成“池州市乡村旅游发展规划”和“池州市旅游线路与产品整合规划”等编制工作。与池州市人才办合作完成池州市创新企业人才“十三五”发展规划，与池州市科技局合作申报成立池州市工程技术研究中心，与池州经济技术开发区合作设立大学生实训就业基地。

植根池州、服务安徽。学校以构建健康旅游、电子信息、材料化工、经济贸易、文化创意等为龙头的专业集群，推动学科专业向应用型转型，专业结构与地方性、开放性、应用型的办学定位更加吻合，与地方经济社会发展对人才的需求更为契合；以设立大数据学院、大健康学院、钱学森师范学院等行业学院为试点，积极探索人才培养新模式，推动学校应用型人才培养和服务地方经济社会发展的能力；以深化校企合作、产教融合，推动校企协同育人，学校与中国曙光公司合作设立大数据专业，旅游与历史文化学院与万豪国际酒店集团合作拟建立万豪国际酒店管理人才拓展学院，商学院拟于慧科教育合作建立新商科。近 3 年来，学校共签订校地、校企、校校合作协议 92 项。

学校以强化应用型师资培养，激发学校发展的内在动力，通过举行教学仪式，实行导师制度，进行双向融合培养，开展教学诊断，组织青年教师沙龙活动，形成“基于校本，强化能力，亲近企业”的应用型教师培养方式，着重培养教师的立德树人能力，专业发展能力，技术研发能力，教学反思能力和合作研发能力，助推应用型教师专业成长。

学校坚持开放办学，以开展国际合作、提升开放办学水平为抓手，积极策应“一带一路”战略，着力拓宽国际交流合作渠道。近三年来，学校先后与美国、加拿大、爱尔兰、澳大利亚、马来西亚等国家和台湾地区 10 余所高校建立交流合作关系，拓宽了办学的国际化视野。其中，学校与台湾实践大学、龙华科技大学等十余所高校签署了合作办学框架协议；与加拿大里贾纳大学签订了联合开展“2+2”合作办学协议，开展教师互访、学生交换等项目。同时，学校还每年选派汉语志愿者赴毛里求斯、丹麦等国家开展汉语教学。

不仅如此，喜人的变化也悄然出现在校园里：从学生一入校，企业文化和职业理想，就伴随着学生的成长，点滴之中浸润在每堂课、每次实践实训里。企业家站上讲台，高级技师走进课堂，职业教育的精彩开始让学生们看到了美好前程和未来。

令人可喜的是在“2017—2018 中国大学排名 700 强排行榜”中，池州学院位列全国第 659 名，安徽第 28 名。

凝心聚力　继往开来

携手奋进谱新篇

41 年的发展与壮大，寄托着池州学院人创业的理想与志向。初心不改，继往开来。学校更名升本以来的奋斗历程，深刻启示我们：要把中央方针政策、省委省政府部署要求与学校实际结合起来，明确方向、找准路径，坚定信心、真抓实干，锐意进取、攻坚克难，全面推进学校改革发展。

号角已吹响，学校将延续 41 年的发展之脉与精神之魂，绘就学校发展新蓝图。

——全面从严治党水平显著提高。思想理论武装不断加强，党内政治生活更加严格更加规范，党组织凝聚力战斗力创造力显著增强，思想政治工作能力和水平得到明显提升，领导干部中坚骨干作用和党员先锋模范作用充分发挥，党风廉政建设和反腐败斗争深入推进，风清气正的校园政治生态建设全面加强。

——师资队伍与人才培养。认真落实师资队伍建设规划和人才强校战略，对内实施“教授工程”“博士工程”“名师工程”和“双师工程”等“四大工程”，加大师资培养力度；对外实施“银发工程”“学术院长”“台籍博士（教授）”“兼职教授”“外聘教师”等人才项目，不拘一格，广纳贤才，助力学校发展。同时根据学生不同的潜质与要求，以社会经济发展对人才的需求为导向，以人才培养模式改革为先导，以教学体系改革为重点，建立高素质应用型人才培养体系。

——学科建设与科技创新。优化学科专业结构，对接全省高校优势型、成长型、培育型学科专业建设，基本形成以特色学科为龙头、多学科协调发展的学科专业体系，形成文学、理学、工学、管理学、经济学、历史学、教育学、法学八大学科协调发展。力争国家级重点学科实现零突破，形成3个省级重点学科。科技成果转化、哲学社会科学繁荣发展成效明显，重点研究基地、科研创新平台、高水平人才团队建设取得新突破，目前拥有省级重点研究基地1个，校级特色研究中心15个。科研项目及奖励数量明显增长、质量明显提升、层次明显提高，学校共计获得国家级科研项目21项，省部级级科研项目200余项，争取纵向科研经费3000余万元，教师公开发表学术论文3000余篇，其中SCI等收录的一类论文300余篇。学报办刊质量明显提升。

——国际交流合作成果显著增加。加快推进教育国际化进程，扩大教师国际交流与合作。引进国（境）外先进教学理念，拓展国际交流渠道，扩大国际合作项目覆盖领域。在与韩国高校友好合作的基础上，加强与欧美国家以及中国台湾的高校开展师生互派互换等实质性的合作交流。

潮平两岸阔，风正一帆悬。站在国家接近实现第一个百年奋斗目标的历史关口，回望学校41年的发展历程，在中华民族伟大复兴的征程上，学校坚持教学中心地位，以制度建设为抓手，全面提升教学质量，学校围绕“地方性、师范性、开放性的应用型”本科院校的办学定位，加强制度建设，规范管理和教学行为。目前，学校师生抓住难得的战略机遇，以更加昂扬的斗志、更加开阔的思路、更加有效的措施、更加扎实的行动，为把学校建设成为有特色、高水平的应用型普通本科师范院校，为我省基础教育事业和区域经济社会发展作出新贡献。

浴“雪”奋斗 破“冰”前行

——访市民政局生产救灾办公室主任李庆祥

□记者 钟 斌

2008年伊始，天气异常，雨雪纷飞，瞬间成冰。一场罕见的雨雪冰冻灾害袭击池州，全市人民经历了50年未见的世纪大考。

“降雪量之大、积雪之深、降雪时间之长、因雪致灾损失之重，为我市气象史上所罕见”。7月25日，市民政局生产救灾办公室主任李庆祥，谈到10年前的那场大雪依然心有余悸。

据李庆祥回忆，在长达25天的极端天气里，我市最大降雪量累计达175.6毫米，最深积雪超过450毫米，最低气温达-5℃；全市53个乡镇、街道普遍受灾，受灾人口达100.3万人，倒损房屋14580间，转移安置21850人；农作物受灾面积64191公顷，农业直接经济损失3.95亿元；林业受灾面积478.1万亩，直接经济损失2.85亿元；工业厂房倒损9.8万平方米，电力、通信设施损坏严重。全市直接经济损失9.2亿元。

所有道路严重积雪，水、电、气面临严峻考验，受灾群众生活出现困难……

面对突如其来的雪灾，市委、市政府果断决策、及时部署，各地各部门紧急应变、迅速行动，社会各界同舟共济、团结协作。党员干部冲锋在前，普通群众紧随其后，挥汗如雨上路铲雪除冰，夜以继日疏导道路交通，顶风冒雪修复电力设施，查灾救灾处处雪中送炭……

在这场没有硝烟的战争中，全市上下浴“雪”奋斗、破“冰”前行，守望相助、风雨同舟，确保了全市国、省道和县乡重要干道基本通畅，城市生命线工程正常运营，市场供应和人民群众生产生活稳定有序，没有一条国省道完全阻断，没有一人因雪灾死亡。

党员干部冲在前

雪灾发生后，市委、市政府高度重视，市委、市政府负责同志以高度的政治敏锐性和责任感，果断决策，周密部署，靠前指挥。

2008 年 1 月 26 日，正好是星期六，池州普降大雪，灾情升级。

设在市水务局的市抗雪防冻救灾指挥部是这次抗雪防冻救灾的指挥中枢。

自 1 月 26 日以来，这里的电话不绝于耳，灯火彻夜长明。

“因持续暴雪，道路通行困难，请立即动员在外务工亲属就地过春节！”

“因持续暴雪，市场顶棚积雪严重，存在重大隐患，为确保安全，城区所有带顶棚的农贸市场、批发市场正逐步关闭！”

“采取一切措施，清除积雪，确保 103 省道池州段、318、206 国道池州段、贵铜公路、殷石公路在 1 月 30 日 18 时前全线贯通。”

……

一条条抗雪防冻救灾的指令、举措陆续从这里发出，通过短信、电视、报纸、网络媒体传达到各地各级和广大市民，一条条落实情况的信息陆续传到坐镇指挥的市领导手中。

灾情就是命令，灾情就是号角。各级党组织和党员紧急行动，把抗雪防冻救灾作为当时的一项中心工作来抓。派驻县区、乡镇的 59 个防雪救灾工作组，不管路途有多远，困难有多大，均火速深入最偏远的村、遭受雪灾最严重的村、困难群众最多的村，进村入户查看群众生活情况，核实灾情。

市、县（区）、乡镇及机关单位主要领导亲临一线，身先士卒，靠前指挥，极大地鼓舞了奋战在冰天雪地里的广大干群的士气。

协力谱写抗冰歌

风雨路，同舟渡；危难中，见真情。面对这场罕见的雨雪冰冻灾害，全市上下与广大部队官兵团结一心、众志成城，上演了一曲军民合力抗雪防冻救灾的赞歌。

这是一个没有硝烟的战场！雪灾面前，广大部队官兵与广大干群同呼吸、共命运，全力抗灾救灾，帮助受灾群众排忧解难——

雪灾就是动员令，全市消防官兵奋勇当先。2008 年 1 月 21 日，318 国道涓桥加油站附近发生 3 车追尾事故，6 人受伤 4 人被困车内，消防官兵及时赶赴救助；连续奋战 3 天保住东盾木业 2 亿元财产免受雪灾，再次展现消防官兵矫健的身影……

雪灾就是动员令，驻池部队官兵紧急驰援。2 月 1 日，省里下拨我市一批紧急救灾物资，无法运送。关键时刻，驻池某部经请示上级，同意调用军车。2 月 2 日深夜，14 名官兵押运着满载救灾物资的 4 辆军车抵达池州。

这是一场特殊的战斗！暴风雪中，各地各部门打破条块分割，戮力同心、相互协助，团结协作、共抗灾害，切实做到人员到位、措施到位、工作到位，以实际行动打赢抗雪防冻救灾这场硬仗——

交通和电力，是生产生活的两大“动脉”。暴风雪中，市交通、公安和电力部门按省市抗雪防冻救灾指挥部要求，紧急行动起来，为我市夺取抗雪防冻救灾胜利作出了突出贡献。1 月 11 日至 2 月 1 日的三轮降雪，数度造成全市交通受阻。市交通公路部门先后投入 1. 29 万人次，机械 561 台次，24 小时不间断作业；省高速池州管理处调集 8 台大型铲车铲雪开道。

为了保障道路畅通和安全秩序，市公安部门全员上路，加强道路巡查、监控和疏导。在 25 天的风雪严寒中，市公安部门每天发动 700 余名干警和 200 多台车辆。1 月 31 日，全市国省道干线、重要县道和沿江高速西段基本畅通。

同样奋不顾身的场景，出现在电力部门。1 月 31 日因线路折断，九华山风景区供电全部中断，直接影响 1 万多名当地群众和游客生活。70 多名电力职工随即在方圆 200 多平方公里的景区内查找故障点，4 个小时后，工作人员在海拔 1100 多米的悬崖上找到故障点。据统计，暴风雪期间，我市供电系统共组织灾后电力抢修 320 多次，出动车辆 436 台次，抢修人员近 3000 人次。

市主城区，城关镇、中心镇是抗雪救灾工作的重点，也是抗雪救灾的难点。灾情发生后，市建委系统分片包干、分线作战，保证了城区道路畅通、城市公用事业生命线安全稳定运行和城区房屋建筑安全。据不完全统计，自 1 月 26 日以来，市建委共组织约 4000 余人次上街除雪，调动铲车、推土机、高架车等大型机械100余台次，清扫城区30条道路和10座桥梁积雪约60万方，洒工业用盐50余吨，抢修供水、供气、路灯等400余起，清除屋面积雪3000余平方米，清除40余个站台顶棚积雪，抢运主城区垃圾700余吨。

为确保城区户外广告、简易建筑物、构筑物安全，市城管支队抽调40名队员成立安全隐患排查组，分片区实施排查，重点对城区的户外广告、门头灯箱、遮阳篷、遮雨篷、简易构筑物等进行排查，并针对隐患现场处理，及时消除险情。

这也是爱心交融的平台！灾害面前，人们用理解、宽容和关爱，传递着人间大爱——

2月1日上午，宁波戈凌蓝服饰实业有限公司虞总，冒雪千里为我市送来3000件羽绒服等价值近百万元的物资；2月2日，太平鸟集团调运的价值100万元的棉衣、食品等物资，正在抵达我市的风雪路上……

2月1日，下午4时，327省道18公里处发生两部货车相撞事故，其中一安庆籍驾驶员双腿卡在了撞坏的驾驶台下，不能动弹，情况十分危急。东至县公路分局工作人员朱建清等人发现情况后，立即施救，经半个多小时的努力，将驾驶员救出并迅速送往医院。

省总工会、省妇联、省红十字会等单位也纷纷向我市灾民伸出援助之手……

雪灾犹如一场大考。池州用热血和激情书写了一份感天动地的答卷。

民生优先融坚冰

暴雪成灾，民生维艰。与雪战，首在护民。我市关注民生的热力化雪融冰，关注民生，成为“浴”雪战歌中最嘹亮的主旋律。“人民至上，生命至上，安全至上”彰显出市委、市政府在这场史无前例“雪仗”中最大的民生情怀。

妥善安排困难群体生活是头等大事。雪灾刚刚发生，市委、市政府立即要求全市各级各部门下派工作组，对困难群众救助情况进行全面排查，做到不丢一村，不漏一户，不少一人，并建立包保责任制，做到“责任到人，人要到户，措施到位”。各地按照市委、市政府的要求，先后进行了多轮排查，最终将该救助的困难群体均纳入了救助范围。

据李庆祥介绍，在此次雪灾中得到政府及时救助的城乡困难群众在全市有近11.3万人。全市共紧急发放冬令救灾款和雪灾应急款830多万元，市、县财政安排各类困难群体慰问金650万元，发放棉被1.36万床、棉大衣2.11万件、大米192吨，食用油10吨，救助面基本覆盖了全市农村五保户、城乡低保户及重点优抚对象。所有困难群众在政府的救助下，均实现了“三有”：有饭吃，有御寒的衣被，有安全的住处。

市面有货，心里不乱。暴雪入侵之时，已是年关将近，针对城区猪肉价格上涨，市政府紧急启动生猪储备机制，对市场生猪价格实行临时价格干预，主城区片肉批发价每市斤不得超过13元；后腿肉零售价格每市斤不得超过15.8元，有效保障了主城区春节期间的生猪供应和价格稳定。

市农委把防御冰雪灾害、确保城市蔬菜供应作为最紧迫的任务，同时组织专业技术人员深入重灾区，帮助搞好防灾救灾和灾后恢复生产工作，力争把雪灾造成的损失降至最低限度。市商务部门未雨绸缪，雪前即组织城区世纪华联等三大商贸流通企业备足3000万元日用消费品，满足春节前市场供应；暴雪来临之后，又从海南等地先后调进20万斤净菜，有效补充了城区蔬菜市场。

安全大如天，群众的生命安全是民生的重中之重。1月28日，市抗雪防冻救灾指挥部下发紧急通知，要求在确保人员安全的前提下，组织专业人员采取上棚顶除雪、切口扒雪、掀去顶棚等方式，全面扫除全市所有工业厂房、农贸市场大棚、畜禽养殖大棚棚顶积雪，确保不发生顶棚坍塌造成人员伤亡；组织清扫农村五保户、低保户、重点优抚对象等困难弱势群体的房顶积雪，并全面排查农村危房，对存在安全隐患的进行转移安置。

据了解，暴雪期间，全市清扫集贸市场顶棚40个，工业厂房棚顶279个，养殖顶棚340个，未发生一起人员伤亡事故。我市在抗雪救灾中突出保障困难群体生活、突出保障重点领域安全、突出保障生产生活秩序正常、突出保障救灾工作落实的创新举措，受到了省抗雪防冻救灾指挥部的充分肯定。

10年前那场抗雪防冻救灾硬仗的胜利，给我们带来了哪些启示和经验？李庆祥认为，面对突如其来的灾害，充分发挥党的领导核心作用，是夺取抗雪防冻救灾胜利的根本保证；充分发挥战斗堡垒和先锋模范作用，是夺取抗雪防冻救灾胜利的重要前提；人民子弟兵永远是危难关头最坚实的依靠，人民群众是夺取抗雪防冻救灾胜利的最可靠的基础；在这场战役中我们总结创造的“点对点调度机制”等经验，为我们后来打赢抗洪救灾的系列胜利提供了重要保障……

浴“雪”奋斗、破“冰”前行，守望相助、风雨同舟，10 年前的那场暴雪凝聚的城市精神，必将激励我们在建设现代化“三优池州”的征程乘风破浪、奋勇前行。

走工业强区之路　筑率先崛起平台

——访池州高新技术产业开发区党工委书记、管委会主任程卫生

□ 记者 胡李美

7 月 28 日，周六。上午 10 时许，池州高新技术产业开发区骏智机电总投资 8.3 亿元、占地面积 270 亩的阿李新能源项目产业园内，大型作业机械轰鸣。建筑工人挥汗如雨，顶着烈日酷暑，加班加点、紧锣密鼓的跟进厂房建设，力争让这家围绕新能源动力电池关键零部件研发、生产制造、新材料新结构开发和生产为一体的新能源产业园，在今年 10 月如期交付投产。

“阿李新能源产业园项目的紧密有序推进，只是池州高新技术产业开发区全面响应贵池区‘走工业强区之路、实现率先崛起主要平台’的一个缩影。”池州高新技术产业开发区党工委书记、管委会主任程卫生告诉记者，“池州高新技术产业开发区自建设以来，经历了‘两撤三建’的发展过程。其发展之曲折、经历之艰难，让我们更加关注每一个入区企业的成长。因为只有这样，我们才能更加珍惜高新区来之不易的发展机遇。”

回忆池州高新技术产业开发区几近曲折的发展历程，程卫生饱含深情娓娓道来。

1992 年，原池州地区行署按照省委、省政府“开发皖江、呼应浦东”的发展战略，在城区东北部东至新港巷、南至百牙路、西至东湖路、北至沿江路的沿江地带规划 6.5 平方公里建立开发开放试验区，建设江口经济技术开发区，其中起步区 1.5 平方公里。其后，全区各县市掀起开发工业小区的热潮。

1995 年，江口经济技术开发区被省政府批准为省级经济技术开发区。开发区设立后，原贵池市委、市政府多方筹集资金 3800 万元，征用土地 1100 余亩，并完成“四通一平”，先后引进 16 家企业，注册资本 1.07 亿元。

2000年撤地建市，按照池州市委、市政府的决策部署，江口经济技术开发区划为市属开发区，后更名为池州经济技术开发区。为服从全市发展大局，贵池区“重打锣鼓重开张”，于2003年3月在齐山以南（即站前区）新建贵池民营工业园。先后完成基础设施建设投入1.1亿元，征用土地1800余亩，引进入园企业23家。

3年后，2006年2月，为顺应主城区规划调整，支持站前区建设，原贵池民营工业园全面停建，进行搬迁，在贵池区牧之路东侧重新规划23.2平方公里再建贵池工业园区。2006年2月，贵池工业园区被安徽省政府批准为省级工业园区；2010年4月，经省政府批准设立省级高新区；2016年经省政府批准正式更名为安徽池州高新技术产业开发区。

历尽天华成此景，砥砺奋进正当时。

“高新区围绕申创国家高新区的目标，注重与周边园区的错位发展，重点发展电子信息、机械装备制造、新能源新材料等三大主导产业，积极培育节能环保、电子商务、健康养老、现代物流等新兴产业，经济总量逐年增长，产业结构不断优化，创新能力日益增强，城市功能日趋完善。”谈及近年来池州高新技术产业开发区的壮大过程，程卫生如数家珍：“在池州市委、市政府及贵池区委、区政府的正确引领和积极支持下，高新区人团结奋发、砥砺前行，先后荣获‘国家火炬池州高端数控机床特色产业基地’‘国家级科技企业孵化器’‘安徽省电子信息产业基地’‘安徽省新型工业化产业（电子信息业）示范基地’‘安徽省创新型园区’‘安徽省信息化与工业化融合示范区’‘安徽省半导体产业集聚发展基地’‘安徽省知识产权示范园区’称号，集聚各类企业120余家，其中规模以上企业54家、高新技术企业24家。”

从一个镇迈向一座城

——访江南产业集中区产业发展部部长施长平

□ 记者 刘玉琴

“炉火照天地，红星乱紫烟”，这是唐代大诗人李白描写的当年梅龙热火朝天的铸钱场景，从这句诗里，我们可以想象到当年梅龙制造业是何等兴盛、繁华。现在，贵池区梅龙街道境内仍然有一条小河叫“钱溪”，据传，这就是唐代铸钱时清洗钱币所用的水流。

静静流淌了1000多年的“钱溪”，见证了这片土地的再次兴盛、繁华。2010年6月28日，安徽江南产业集中区管委会在梅龙挂牌成立，安徽江南产业集中区的建设大幕从这里拉开。

安徽江南产业集中区南依佛教圣地九华山，北临长江黄金水道，东西分别与铜陵市区和池州市区相连，宛如一颗璀璨的明珠镶嵌于皖江之滨。经过几年的建设、发展，现在集中区内一栋栋厂房拔地而起，一条条柏油大道穿城而过，一座现代化的产业新城呼之欲出。

小镇的蜕变

区划调整之前，梅龙就是一座普通的沿江小镇。它虽然西接池州市区，北濒长江，南与318国道相连，还有青通河、九华河贯穿南北，水陆交通便利，但它的繁华程度与李白《秋浦歌·炉火照天地》诗中描绘的商贾云集相去甚远。

“我们刚来江南产业集中区工作时，晚上9点一过，集镇上基本见不到人了。”江南产业集中区产业发展部部长施长平，2010年10月从巢湖来到江南产业集中区工作。当时生活、工作上的不便利，让他印象深刻。施长平回忆说，刚来梅龙时，他租住在梅龙集镇上，当时街道上没有路灯，也没有什么服务业，晚上 9 点钟以后基本上见不到人了。生活上不方便，交通上更不方便，当时去池州城区只有一路公交车，从梅龙到市区大约需要 50 分钟，从梅龙去池州火车站要 1 个多小时。

江南产业集中区落户梅龙后，区位优越的梅龙古镇焕发了勃勃生机。经过几年的建设、发展，现在江南产业集中区所在的梅龙交通四通八达：铜九铁路、京台和沪渝高速公路、318 国道、321 省道穿境而过；宁宜城际高铁已建成运营，到南京、上海行车时间可分别缩短至 1 小时和 2 小时左右，实现了与长三角城市群之间的“公交化”高速快捷出行；九华山机场已开通至北京、上海、天津、厦门、深圳等十几个班次的航班，江南产业集中区与九华山机场同位于梅龙街道，施长平开玩笑说，在江南产业集中区看到飞机降落后再起身去机场都能来得及；江南产业集中区梅龙中心城以北还有我省唯一能停靠涉外游轮的九华山旅游码头，可以全天候停靠目前长江上最大的“黄金”系列号豪华游轮，填补了集中区长江客运交通线路的空白。“一个工业集中区内有水、陆、空、铁立体交通网络，这在全国都是少见的。”施长平说，现在从上海出发，走高速 5 个小时、坐高铁 3. 5 小时、乘飞机 50 分钟就能到达集中区，便捷的交通加快了江南产业集中区融入长三角的步伐。

集中区的成长

“江南产业集中区建设、发展可以分为三个阶段。”从江南产业集中区挂牌成立以来，施长平就在这里工作，他是这里从小城镇变为产业新城的见证者。施长平说，2010 年 6 月，省委、省政府根据国务院批复的《皖江城市带承接产业转移示范区规划》，设立省属江南产业集中区，组建了正厅级管委会，负责推进产业集中区的规划建设。梅龙因为毗邻长江，紧靠交通枢纽，周围被城市环抱，配套能力强，成为承载大规模产业转移的首选地。

江南产业集中区落户梅龙后，园区规划工作迅速展开。“当时参与集中区建设的人员一致认为，规划档次决定江南产业集中区的成败，因此规划一定要高要求、高起点、大手笔。”施长平说，当时江南产业集中区的规划是全球招标的，有 68 家国内外顶级设计单位报名参加本次方案征集活动，最终 5 家设计单位入围，我们以其中一家为主体，糅合各家所长，完成了总体规划，所以说江南产业集中区的规划设计做得相当好。

设计规划完成后，江南产业集中区迎来大建设。2012 年，江南产业集中区管理体制由“省市共建、以省为主”调整为“省市共建、以市为主”，体制调整后，集中区迅速拉开大建设序幕。截至目前，集中区已累计完成政府性投入近 100 亿元，共建成道路通达里程约 100 公里，建成安置房、保障房、标准化厂房、综合楼等各类房建工程约 400 万平方米，起步区 35 平方公里“七通一平”基本到位，能满足各类项目快速落户和开工需要。

在大规模建设基础设施的同时，集中区招商工作也如火如荼地开展起来。“集中区刚成立时，招商工作十分艰难。”负责集中区招商工作的施长平说，那时集中区虽然在享受《示范区规划》的各项税费、土地、资金优惠外，还有安徽省颁布的 40 条优惠政策，但那时长三角、京津冀等地的客商对江南产业集中区并不了解，招商人员常常碰到“门难进”的尴尬局面，再加上生活、产业无配套，招商效果不理想。随着集中区各项设施的完善和宣传工作的推进，近两年招商成效渐好。截至目前，集中区已建成投产项目 145 个，其中工业项目 118 个。特别是今年上半年招商成果喜人，1 至 6 月份，集中区共对接洽谈项目 160 多个，正式签约项目 57 个，新签约的 57 个项目已全部落户，安安新材、海能铝业等 13 个、占地 1595 亩的单独供地项目土地已完成揭牌。

向污染说“不”

江南产业集中区南依九华山，北临长江黄金水道，这里山水相连，自然形态多样，是安徽省重点打造的世界级旅游度假区“两山一湖”的北大门。为保护好这里良好的自然生态环境，江南产业集中区总体规划融入了“共抓大保护、不搞大开发”的理念，划分了生态功能区。

“招商中，我们严把项目落户环保关，已婉拒四五十个不符合环保要求的项目。”施长平说，集中区成立以来，一直严抓集中区总体规划和产业规划的实施和管控，强化项目落户前预审，坚决防止环保、安全不达标的项目落户。同时，还建立实行常态化、全过程环保监管机制，常态化开展相关生态环保大排查大整治工作和水、土、气污染防治工作，并委托第三方环保监测机构定期对落户项目进行检测和验收，确保了环评全覆盖、环保设施全达标、环保问题全整改。

念好“山水经”是江南产业集中区对外宣传、推介的优势和亮点，天蓝水清的生态环境也营造了良好的投资环境，今年以来，集中区呈现出招商势头明显好转、产业集聚提速提效、承接平台不断夯实、发展环境持续优化的良好态势，今年上半年，集中区实现财政收入 1. 13 亿元，完成固定资产投资同比增长 16. 8%；省外亿元项目 14 个，省外亿元项目到位资金 20. 3 亿元，特别是今年 4 月份以来，集中区引进了 14 个、总占地面积 3077. 4 亩、总投资 97. 4 亿元单独供地项目，极大地增强了集中区快速发展的信心。

九华山庙会：传统文化绵延光彩

——访九华山文化馆馆长何后得

□ 记者 汪玉芳

记者采访时，巧遇这样精彩的一幕：随着一阵欢快的锣鼓声响起，只见两条长达十几米的龙灯身体发光发亮，威风凛凛，两队各一人在前方用绣球斗龙，其余十余人高举龙头龙身。随着绣球一路翻飞腾转，驻足观看的村民发出阵阵欢呼。“在这里，你们能看到原汁原味的民俗表演！”九华山文化馆馆长何后得告诉记者，他们正在为九华山庙会准备系列展演展示活动。为了让游客能体验与感受九华山独具特色的文化氛围，每年庙会期间，九华山文化馆都会组织一系列文化活动，如具有地方特色的文艺演出、非遗文化展示、书画展览等活动。

“工作以后最喜欢赶庙会，看着香客们虔诚地进香、祈福，孩子们热闹地在人群中穿梭，我也喜欢挤在人群中看各种表演，记忆中这是九华山一年中最热闹的时候。”何后得说，他来九华山工作已 20 多年，庙会在他心中有着独特的情怀，是一种独特的文化记忆。

金秋时节，正是一年一度的九华山庙会举办的季节。庙会如今已集大型佛事活动、商贸活动和文化娱乐活动为一体，每年都会吸引国内外大量的朝山拜佛信徒和游客。

九华山庙会历史久远，自唐代以来，每年农历七月三十（地藏菩萨吉诞日）前后，全国各地的善信、香客纷至沓来、朝山进香。传统的九华山庙会以超度亡灵、祈求平安和众生安乐为主要内容，佛教僧众多举办“水陆法会”“放焰口”“拜忏”“放生”等宗教仪式，山民们则利用香客众多的机会做买卖，并举办“舞龙灯”“狮灯”、演出目连戏《目连救母》和《九更天》《刘文龙》等傩戏节目。

1983 年九华山恢复庙会活动，庙会为期一个月左右，至今已成功举办了

35 届。随着庙会的发展和演变，如今它成为老百姓宗教文化和生活文化的一个组成部分，寺庙的节日已经发展成地方性的节日。

“经过千百年的传承，如今九华山庙会作为一个载体，承载着数百年各个历史时期诸多信息，涉及到宗教、民风民俗、历史、美学、音乐等诸多领域，是佛教文化与中国传统文化的有机结合。”何后得告诉记者，九华山庙会已成为我国庙会文化的集大成者，是国家级非物质文化遗产和重点打造的重大旅游节庆线路之一。

庙会是一种民俗活动，更是文化传承的重要载体。那么，我们应当如何对待这一民间传统文化的“活化石”呢？为进一步去发掘、抢救、保护传统文化，九华山风景区做了大量工作。让何后得觉得荣幸的是，因为工作的关系，他有幸参与了非遗的申报和保护工作。

“九华山庙会除了一些佛事活动外，当地百姓还会在庙会期间筹集资金扎龙灯、狮灯、莲花灯等，民间艺人也会搭台唱戏。这些传统的民间技艺和民风民俗，正在随着传统民间艺人的老去逐渐消失。非遗保护工作是一场和时间赛跑的抢救保护。”何后得说，非遗不仅蕴藏着巧妙的传统技艺，更传承着民族文化的优良基因。如果失传，对于民族文化而言，无疑是一种损失和伤害。

传统文化往往落户民间，存在于田间地头和偏僻的村落里。为了收集和挖掘资料，何后得和同事们常常要靠着双腿奔走于各个村落之间。几年的时间他们遍访九华山各个村落，调查寻访民间艺人百余人次，收集整理文字资料 6 万多字，图片资料 500 多张，并为非遗展示中心收集实物资料 200 余件。正所谓初心不改，虽远不怠。

经过大家齐心努力，九华山传统庙会于 2006 年 12 月成功申报为《安徽省非物质文化遗产名录》，2011 年 6 月成功申报为《中国非物质文化遗产名录》。成功入选国家级非物质文化遗产代表性项目名录，这也意味着九华山庙会的保护与传承被提到了一个更高阶层。

其实早从 1983 年开始，九华山风景区管理部门就十分重视九华山庙会这一传统文化活动，从人力、财力上加以扶持和指导，30 多年来，从不同途径投入了大量资金。风景区还成立了非物质文化遗产保护工作领导小组，建立健全保护措施和有关制度，将九华山庙会有关活动内容全过程进行数字化处理，刻录光盘，建立健全档案，系统地将九华山非物质文化遗产加以收集和整理。另一方面，为让“非遗”项目增辉添色、后继有人，风景区更把对民间传承人的保护放在首位。目前，随着老一代的民间艺人逐渐辞世，九华山庙会的民间传承人后继乏人的问题已经出现。因此风景区也在采取鼓励等多种方式，进一步加大保护民间艺人传承队伍建设。

守护传统文化并不是一成不变，文化是一种生命，只有创造性的继承才能保持住活力。近年来，九华山风景区以九华山庙会为载体，以旅游活动为抓手，不断创新庙会举办形式，通过一系列佛教文化氛围程度更浓厚、与产业发展结合更紧密的活动设计，让传统文化有效对接公众需求。例如在保留非遗展示、民间工艺、戏曲演出等传统庙会活动的基础上，巧妙结合佛教文化的传播诉求，举办一系列与佛教相关的大型文化活动，像佛教电影盛典、九华山佛事用品展、九华山名僧大德书画展及九华山素食文化周等；为迎合禅修旅游的兴起，秉承生态旅游、禅修体验、佛教文化三位一体的核心理念，大力开发培育研学旅行产品；传统特色活动舞龙灯、狮子灯、踩高跷、划旱船等各项文艺活动纷纷亮相。丰富多彩的活动内容带给游客佛教文化互动、美食体验、游乐购娱等多角度多层次的体验。

一系列创新的形式，让非遗更好融入现代生活，也吸引越来越多的人参与到庙会中。九华山通过庙会这个平台，以传统文化的深厚内涵提升风景区的文化品位和知名度，多年来吸引了众多海内外游人和香客。仅在去年庙会期间，九华山风景区就接待国内外游客近1010.93万人次，旅游收入120.41亿元。

跻身“国家队” 跨入“快车道”

——访国家级池州经济技术开发区经发局局长冯萍

□ 记者 盛文鹏

2011年6月29日，对池州人来说，是个有纪念意义的日子。

这天，经国务院批准，池州经济技术开发区正式升级为国家级经济技术开发区，成为全省第7家、全国第127家国家级经济技术开发区。这一难得的“金字招牌”，为我市加速工业强市步伐和推进皖江城市带承接产业转移示范区建设带来新的动力和机遇。

时光流逝，7年过去了，作为这一重大事件的见证人，池州经济技术开发区经发局局长冯萍仍记忆在心。她说：“国家级开发区是一张含金量极高的国字号名片。面对国家级开发区‘扩容’，我们上下齐心，顺势而为，紧紧地抓住了这一难得的历史机遇！”

池州经济技术开发区的前身是1992年6月经池州行署批准设立的贵池市江口经济技术开发区，1995年12月省政府批准为省级开发区，地处皖江城市带承接产业转移示范区纵横轴线上，区位优越，基础设施配套完善。经过历年的实践和探索，重点发展新能源、电子信息、现代装备制造、新材料四个制造业和以文化创意、物流为主的服务业（4+1），初步形成先进制造业与现代服务业双轮驱动发展格局。2000年11月池州撤地改市后，池州开发区上划市政府直接管理。冯萍说，2003年，由于经济过热，各地出现了大量不顾实际条件、盲目设立的各类开发区，国务院办公厅下发了《关于暂停审批各类开发区的紧急通知》。自此，省级开发区升级工作闸门关闭。对于很多早就在谋划升级的省级开发区来说，这一等就是5年。

2009年，作为国家级开发区成立25周年的贺礼，审批闸门再次谨慎开启。

按照相关规定，申报国家级开发区需符合以下条件之一：1. 主要经济指标在申报前两年保持持续增长，综合投资环境评价总指数排名在25位之前；2. 年工业产值40亿元/平方公里以上；3. 年税收收入达到10亿元；4. 年出口额达到5亿美元；5. 实际吸收外商直接投资累计10亿美元。

当年，全国两家省级经济技术开发区和两家高新技术开发区幸运获得升级“礼包”。此后，国家级开发区扩容突然加速。

正是在这样的大背景下，池州开发区启动升级工作。2010年6月18日，池州市政府正式向省政府提出升级申报。冯萍说，市委、市政府非常支持池州开发区升级工作，池州开发区党工委、管委会还成立了专门领导班子，负责开发区升级工作。同年7月19日安徽省政府向国务院提出升级请示。

升级的背后，是一系列严谨而又细致的工作，任何一个疏忽和漏洞，都有可能让所有努力前功尽弃。为方便工作，由一名党工委委员牵头的工作组常驻北京，负责与国家相关部委的协调沟通工作。他们没有休息日，及时将升级中需要完善的各种信息反馈回来。冯萍说，记得有一次工作组的同志好不容易回一趟池州，听说升级工作没有新进展，立即又被开发区主要负责人“骂”回了北京。

在办公室里，冯萍打开一个档案袋，里面一张纸片引起了记者的注意。这是一份升级所需证明文件材料的临时清单，涉及各相关职能部门几十份证明材料。为了升级工作，各种突击加班也是经常的事。冯萍说，当时经发局有个姓陈的小姑娘，晚上加班完毕，已是10点多，快到家门口时突然遭到抢劫。“救命呀！”小陈大声呼救，小偷匆忙逃走。包被抢走，还好人身没有受到伤害……当时小陈刚工作没多久，加班后就遇上这件事，作为局室负责人，冯萍感到非常愧疚。

功夫不负有心人。2011年，安徽池州、江苏张家港、江苏太仓港、江苏锡山、江苏盐城、浙江嘉善等多家开发区升级为国家级开发区。6月29日，国务院同意池州开发区升级为国家级经济技术开发区，定名为池州经济技术开发区，实行现行国家级经济技术开发区的政策。

《国务院办公厅关于安徽省池州经济开发区升级为国家级经济技术开发区的复函》要求，池州经济技术开发区要以科学发展观为指导，创新利用外资方式，优化利用外资结构，致力于发展高新技术产业和高附加值服务业，着力提高开放水平，完善体制机制，提高创新能力，充分发挥窗口、示范、辐射和带动作用。从申报到正式批准，池州经济技术开发区仅用了1年时间。

池州经济技术开发区跻身“国家队”，标志着池州开发区走上跨越发展的“快车道”。升级以来，池州经济技术开发区地区生产总值、财政收入、规模工业增加值、全社会固定资产投资等主要经济指标年均增长10%以上。“站在国家级的平台上，我们外出招商，眼界更宽，底气更足了！”冯萍如是说。

让历史名村重现天下

——访杏花村文化旅游区管委会副主任张华

□ 记者 石泽丰

“清明时节雨纷纷，路上行人欲断魂。借问酒家何处有？牧童遥指杏花村。”坐落于贵池西郊的杏花村因晚唐诗人杜牧《清明》诗享誉天下。在历史的滚滚红尘中，早年虽然村落已没，但其深厚的文化底蕴让它一直植根于人们的心中，成为文人墨客歌咏之地。到2012年，随着池州加速发展，池州市委、市政府审时度势，抢抓发展机遇、顺应社情民意，出台《关于加快建设杏花村文化旅游区的意见》，由此拉开了复建杏花村的大幕。如何让这一历史名村重现天下？池州开启了怎样的规划建设模式？日前，记者专访了杏花村文化旅游区管委会副主任张华。

高起点推进

“2012年3月，池州市委、市政府以史载杏花村旧址为基础，规划了面积达35平方公里、空间布局为‘一路二水三区’的杏花村文化旅游区。由此，开启了杏花村复建的新篇章。”张华在回忆时说。

一路，就是沿318国道的旅游休闲产业发展带；二水是指杏花村的两个重要水系，秋浦河原生态湿地休闲带和十里杏花溪田园游憩带；三区分别指8平方公里范围的民俗体验区、16平方公里范围的田园观光区和11平方公里范围的山水度假区。张华介绍，“如此大手笔，旨在为加快皖南国际旅游文化示范区建设步伐，充分挖掘杏花村文化内涵，彰显池州生态环境和历史文化底蕴，创新池州市生态文明建设的新兴文化业态。”

目标已定，如何抓落实？在张华看来，池州市委、市政府力度是空前的。

他说："加快推进杏花村文化旅游区建设，市委、市政府成立了主要领导牵头的高规格杏花村文化旅游区建设指挥部，明确了'市区共建、以市为主'的建设模式，并从市直各部门和贵池区抽调专门人员，设立一室七部，具体负责杏花村文化旅游区建设的各项工作。同时，通过借净壳方式将贵池区国有独资公司——安徽杏花村集团有限公司重组为杏花村文化旅游区的平台公司，成立了池州杏花园文化旅游发展有限公司和池州市秋浦生态农业发展有限公司，具体从事杏花村文化旅游区的融资、建设、运营等工作。"

2013 年 3 月，杏花村文化旅游区建设管理体制调整为"市区共建、以区为主"，并将杏花村集团公司及其子公司、参股公司全部划归贵池区管理，公司法人治理结构相应调整。贵池区委、区政府立即成立贵池区杏花村文化旅游区建设指挥部，明确一名区委常委坐镇主抓杏花村文化旅游区建设。2013 年 8 月，池州市杏花村文化旅游区管委会正式成立，作为区政府的派出机构，代表区政府负责杏花村文化旅游区的建设和管理。

深层次谋划

杏花村文化旅游区作为市区共建的重大战略项目和贵池区的"1 号工程"，贵池区始终坚持"生态为根、文化为魂、旅游为体"发展思路，进行了深层次谋划。"我们按照'政府引导、企业主体、市场运作'的发展模式，大力推进基础建设、招商引资、宣传营销和运营管理，取得了明显成效。"张华如是说。

据他介绍，按照"一年一个样、三年大变样、五年见成效、十年现辉煌"的目标，贵池区坚持"六抓"不放松，实现了时间节点效应。

一是突出引领抓规划，先后编制了总体规划和《杏花村文化旅游区生物多样性保护与发展项目规划》《杏花村文化旅游区水系控制性规划》以及供电、管网、供排水等 5 个专项规划，审查通过梅洲晓雪、唐茶村落、明清韵事等 3 个项目修建性规划，旅游区"总规—控规—专规—详规"的规划体系初步形成。二是突出基础抓建设，到目前为止，累计完成政府投资近 7. 5 亿元，完成土地流转 1. 2 万亩，土地征收 2000 余亩，房屋征收 12. 5 万平方米，搬迁企业 8 家，建成道路 34. 8 公里、桥梁 2 座，民俗体验区管网建设、水系贯通、生态修复等基础建设基本完成，游客服务中心、智慧景区、星级旅游公厕、标识标牌等旅游配套设施逐步完善，开放了12处重要景点景观，景区框架初步形成。三是突出融资抓项目，向上争取到中央和省里关于农业、水利、林业、科技、农发、文化、旅游基础设施等方面的项目资金总计1.74亿元；争取到秋浦河（杏花村段）生物多样性保护项目德促贷款2500万欧元；累计争取到银行融资7.4亿元。四是突出品牌抓宣传，邀请中央电视台、人民日报、新华社、新华网、人民网、凤凰网、网易等知名媒体多次对杏花村进行聚焦宣传，其中龙舟嘉年华活动连续3年获央视报道，《人民日报》及其海外版分别以《安徽池州·水墨古韵梦江南》《跟着古村志游览杏花村》连续报道杏花村建设发展成就，杏花村文化旅游节荣登新华网主办的2016最美中国榜，被评为首批最具影响力特色节庆，而且杏花村文化旅游区相继被列入国家级农业科技示范区核心区、全国优选旅游项目、省级重点扶持文化产业示范园区等，成功创建了国家级水利风景区、省级湿地公园、省级文化产业示范基地等品牌；同时，品牌营销持续深入，连续3年开展了春耕大典、非遗展演等大型系列宣传营销活动，精心筹办了3届杏花村文化旅游节和龙舟嘉年华，成功承办了3届全国绿色运动大赛的开幕式或部分赛事。五是突出培育抓人才，以国家5A级景区创建标准为准绳，以各项节庆活动为平台，以开展业务、礼仪、技能培训等为抓手，坚持人本思维，狠抓人才队伍的培养和锻炼，突出精细化、标准化和规范化，初步建成了一支懂旅游、有经验、善管理、优服务的旅游队伍，景区服务质量和水平不断提升。六是突出内涵抓文化，深入挖掘杏花村历史文化，充分展示旅游文化内涵。

多方位彰显

张华介绍，杏花村的历史文化底蕴十分深厚，而最具特色的便是山水农耕、江南村落、传统民俗和盛唐诗酒这四大文化。山水农耕文化是杏花村历史文化的起源，因为农耕文明，才有了这个极具诗意的江南村落。江南村落文化的长久积淀，形成了极具地方特色的传统民俗文化。杜牧的清明诗，将杏花村的盛唐诗酒文化表现得淋漓尽致，让我们直到现在仍能感受到当时浓厚的杏花村诗酒文化。如今我们规划建设杏花村文化旅游区，也正是围绕培育这四大文化来开展的。通过在建设中融入“诗、酒、茶、花、水”五大特色文化元素，突出展示杏花村的山水农耕、江南村落、传统民俗和盛唐诗酒四大文化。

张华认为，杏花村复建不单是池州悠久历史文化的展现，而应是池州在新时代践行新发展理念的多元化标本杰作。他说：“我们还将进一步推进旅游与文化、体育、健康、养老的深度融合。”为此，杏花村文化旅游区管委会从优化投资环境入手，倾力服务，将推进落户项目建设作为今年各项工作的重中之重来抓，深入开展“落户项目推进年”活动。同时加大重点项目谋划争取，重点包装田园综合体、大健康产业专项、旅游基础设施等国家重点扶持奖补的产业发展项目。截至目前，旅游区在谈的招商项目共 30 多个，已签约项目 11 个，协议引进资金 19. 7 亿元；在建项目 4 个，实际已投入 2. 37 亿。

随着杏花村文化旅游区的日益完善，来此旅游的客人日益增多，据不完全统计，自 2015 年民俗体验区对外开放运营以来，旅游区累计接待国内外游客 266. 3 万人次，旅游收入 4 亿元，杏花村的品牌知名度和美誉度明显提升。

繁荣地方文化　激发文化活力

——访市文广新局原党组书记、局长何建民

□ 记者 刘玉琴

因为体现着一座城市的文化内涵，图书馆、文化馆、博物馆常被人们形象地比作一座城市的“文化客厅”。2013 年，我市新建的文化馆、图书馆、博物馆陆续开门迎客，“三馆”的建成、开放，标志着我市公共文化服务体系达到了一个新高度。

“文化客厅”投入使用 5 年来，给我市渴求文化服务的市民带来哪些惊喜，对推动我市公共文化事业发展起到哪些推动作用？近日，记者走访了市文广新局原党组书记、局长何建民。

打造文化客厅

这几日，市十一中学生张功成和姐姐发现一个“好去处”，每天早饭后，妈妈就把他和姐姐送到市图书馆，上高中的姐姐去二楼自习室写作业，他在一楼少儿阅览室看书。由于读书、学习环境好，张功成和姐姐决定中午不回去吃午饭，让妈妈把午餐送到图书馆，他俩在室外图书馆吃完午饭后，继续泡在图书馆里，等妈妈下午下班后，再一起回家。张功成说，去年他从农村转到主城区上学，暑假里听同学说图书馆里学习环境好，他和姐姐怀着好奇心来看看，没想到一下子就喜欢上了图书馆。

可是，几年前主城区的中小学生却没有张功成这样幸运，那时市里没有公共图书馆也没有针对青少年的少儿阅览室。“我市的图书馆、文化馆、博物馆建设在全省算起步晚的。”市文广新局原党组书记、局长何建民说，在我市启动“三馆”建设之前，我省绝大部分地市都有市本级的图书馆、文化馆、

博物馆。而且，一些经济较好的市已经开始进入文化场馆提升阶段，铜陵市、宣城市斥资数亿元建设了新的大型公共图书馆和博物馆，已经有大型图书馆的芜湖、马鞍山、蚌埠市也分别斥资3个多亿建设大型博物馆。当时，池州的经济水平虽然较前些年有所提升，但拿出几个亿建一座图书馆，经济压力还是很大的。

一边是财政压力，一边是市民日益增长的文化服务需求，这个“矛盾”该如何解决？经过慎重考虑，当时市委市政府找到了一个因地制宜的办法：把地处“黄金地段”的市文广新局、广播电视台、安广网络等部门搬迁出来，对原有建筑进行装修改造，改建成图书馆和文化馆。“这处建筑面积不大，改造时为充分利用现有馆舍，可是花了不少心思的。”何建民说，考虑到改建的图书馆和文化馆相连，为充分拓宽空间，改建的多媒体厅和展厅都是两馆共用，改造前图书馆顶层展厅层高较低，易产生压抑感，改造时拆除吊顶改成了坡顶，拉升了层高，解决了这个难题。

图书馆和文化馆可以改建而成，博物馆该怎么建？当时，这也是摆在市委市政府面前的一个问题。市政府主要领导在听取有关方面意见后，决定把建成后一直闲置的府儒学利用起来，建设市博物馆。当时，府儒学内垃圾遍地、杂草丛生，要在七八个月内把这里改建成博物馆，难度相当大。“为了赶工期，当时夜以继日工作是常事。”何建民说，府儒学建设时不是按博物馆标准设计的，很多安保措施不符合博物馆的要求，技术人员绞尽脑汁，终于按照博物馆建设安全规范，采取现代科技手段解决了难题。“当时，每天晚上都在现场开例会，现场协调解决问题。”何建民回忆说，当时的工作很辛苦，但看着一座荒废的大院几个月内蜕变成一座博物馆，工作人员心里都很欣慰。

共享文化盛宴

2013年下半年，我市文化领域迎来三件“大喜事”：当年8月28日，市文化馆开门迎客；国庆节前一天，市图书馆建成开放；元旦前夕，博物馆也对市民免费开放了。“三馆陆续免费开放，标志着我市公共文化服务体系建设达到一个新高度。”何建民说，当时建设图书馆，还有人担心网络时代图书馆会不会沦为摆设，从运行效果看，这种担心是没有必要的。

“暑假期间，仅少儿阅览室日接待读者就达到2000人次。”市图书馆工作人员介绍说，市图书馆开馆5年来，藏书量和读者人数都在迅速增长，截至今年6月份，该馆馆藏纸质图书达24万余册，电子图书达22万余册，订阅报纸100余种、刊物1000余种，开设了少儿、自然社科、地方文献、特色典藏、过报过刊等阅览室，增设了展厅、读者研讨室、数字放映厅、多功能报告厅、音像资料室和数字图书馆互动体验区以及老年人、残疾人等特殊服务群体阅览室。截至今年上半年，该馆已经接待读者174万余人次，办理25000余张读者证。在一些节假日，市图书馆还积极举办阅读品牌推广活动：在“世界读书日”举办主题演讲比赛，在“儿童节”举办读书征文活动，在寒暑假举办小小管理员体验活动等，自开馆以来，该馆已经举办此类活动270余次。

市文化馆更是呈现“一间活动室难求”的局面。自开馆以来，市文化馆一再延长周开放时间，现在每周开放时间已超过62小时，每年只闭馆3天。每年接待市民数也在攀升，从2013年接待1万人次到2017年接待14万人次，据统计，从开馆至今年7月份，市文化馆共接待667530人次。仅今年上半年，市文化馆就举办各类培训、讲座400多次，到社区、福利院、部队指导或参演71次，举办节庆活动81场。

博物馆是了解一个城市历史文化的窗口。市博物馆经过紧张的改造施工后，建成了历史文化展区、非遗展区、儒学文化展区、佛教文化展区、古牌坊展区等6大板块，形象地展示了池州历史沿革和文化变迁，是广大市民及国内外友人了解池州历史文化的一个载体。市博物馆不仅被评为省3A级景区，还成了主城区中小学校春秋游的首选地、池州学院等高校的教学实践基地，并申报了省级爱国主义教育基地，年接待参观人员10万余人次。

激发文化活力

“有了文化活动场馆后，我市市民文化生活呈现出勃勃生机。”何建民说，虽然市图书馆的藏书量每年都在增加，服务水平也不断提高，但每到节假日，这里的资源还是显得很紧张，近几年市民要求扩建图书馆的呼声越来越高，这说明市民对文化生活的需求又提高了，这是利于城市文明建设的好事，应该给予支持。考虑到现在城市框架拉大了，部分市民来市图书馆路途较远，可以采取建设分馆或在社区建设包括图书馆在内的休闲娱乐场所，以满足市民就近阅读、就近参与文化活动的需求。

有了活动场所后，群众文化生活变得丰富多彩了，这在市文化馆表现尤为明显。市文化馆棋牌室设有72个座位，每天有上百名老人来这里下棋、打牌，位子经常占得满满的，后来的只能站在旁边看。“最紧张的是活动场地。”市文化馆工作人员说，为了资源均等享用，市文化馆只能实行预约制，对按时举办活动、活动中注意节约和环保的团队实行积分制，积分可以用来“换时间”，可以换取预约活动场地的机会。在提供活动场地、做好服务的同时，市文化馆还利用自身的文化资源，招募文化志愿者，开展群众文化辅导，调动了全民参与文化活动的积极性。

市博物馆开馆后，成了市民和中小学生了解中国传统文化的“第二课堂”。除了馆内独具特色的非遗文化和碑亭文化展示外，市博物馆还定期开展经典诵读大赛、“走进博物馆”征文比赛、根雕奇石盆景展、兰花扇面奇石展、古典家具展、瓦当艺术展、猜灯谜送春联等活动，丰富了群众文化生活业态，促进了本地文化与外地文化的学习交流。

矢志追美　摘下人居环境奖桂冠

——访市住房和城乡建设委员会党组副书记、副主任余祖平

□ 记者 刘方婷

每个人心中都有一座理想之城。

这座城，既是诗意栖息惬意生活的港湾，也是创新创业打拼梦想的热土。

每个人心中都有一幅幸福生活的蓝图。

无论你对幸福的定义有多么千差万别，安全、便捷、整洁、舒适、有盼头，都是共同的前提。

池州，天蓝、地绿、水清、城美……生活在这里的人，因为见证了这座城的日新月异，总会时不时地产生一股幸福感和获得感。

当我们的生活环境焕然一新，你是否记得这座城是从何时开始发生蝶变的？近日，记者采访了市住房和城乡建设委员会党组副书记、副主任余祖平。他表示，这一切要从2013年池州成功创建“中国人居环境奖”城市说起。

科学决策　顺应民意

池州争创“中国人居环境奖”

余祖平透露，进入新世纪后的池州，城市化进程加快，城市人口日渐增多，城市规模也在不断扩大，但城市规划、城市管理、人居环境却明显跟不上城市快速发展的需要。不奋进，就没有发展。不发展，幸福就无法走进现实。改善人居环境对全市人民而言，显然已经不只是城建工程、政治任务，还是强烈愿望和共同需求！

为顺应民意，让百姓拥有更多的“获得”和“机会”，2010年，池州市

委、市政府科学决策，将创建“中国人居环境奖”纳入池州经济和社会发展的大格局、大进程中进行考量，专门成立了创建工作领导小组，以创建来指导和带动城市规划、建设与管理水平工作上台阶。

2013 年 2 月 25 日，时任池州市市长赵馨群在全市中国人居环境奖创建工作会议上指出，全力争创“中国人居环境奖”，围绕创建涉及的 63 项指标，各负其责、各司其职，共同把池州建设得更加宜居宜业、更加繁荣美丽。

何谓中国人居环境奖？据介绍，这是综合反映城市在改善人居环境方面总体成就的国家级综合性奖项。创建它的目的在于坚持可持续发展，加强环境综合整治，有效改善城乡环境质量，创造良好人居环境，提高城市综合承载能力，提高广大市民改善人居环境质量的意识，带动全社会共同参与争创工作，提升池州城市形象，扩大池州对外开放的知名度，最终把池州建设成为经济繁荣、环境优美、社会和谐、生活富裕的全国生态文明试点市。

因势而谋，因势而动。2013 年 4 月，池州正式启动“中国人居环境奖”申报工作，吹响了人居环境综合整治“集结号”。

攻坚克难　不懈努力

全市上下为追求幸福生活砥砺奋进

余祖平回忆道，当时离申报截止时间仅有 8 个月，与准备了长达 4 年之久的黄山和 5 年的昆明相比，池州无疑时间紧、任务重，创建难度相当大。但全市上下坚信创建“中国人居环境奖”一定能行，一步一个脚印地朝着目标砥砺奋进。“我们先后制定了《中共池州市委、市政府关于创建“中国人居环境奖”的决定》《池州市创建“中国人居环境奖”实施方案》《关于分解下达创建“中国人居环境奖”指标任务的通知》等系列文件，明确创建工作的目标、任务和措施，形成了全面覆盖、全民参与、全力争创的工作态势和良好氛围。但“中国人居环境奖”的申报标准十分苛刻，包括 6 大指标体系、63 项考核指标、2 项前提条件，涵盖池州社会、经济、环境协调发展政策，城市规划、建设、管理、基础设施建设、住宅和社区建设及新农村建设，生物多样性保护、自然文化遗产保护等方方面面，多个单位和部门牵涉其中，数据统计口径不太一致，指标计算存在差异……这都是我们在具体工作中遇到的难题。”

一场硬仗，乘风破浪，攻坚克难。

为确保创建成功，市住建委提请市委、市政府成立创建领导小组及办公室，建立了专门的联络员制度，定期召开数据统计会、指标计算进展碰头会等，同时协调相关单位和部门，统一指标计算范围和数据口径。时任市委常委、副市长严琛与市住建委主任贾瑄曾多次带队，组织安排工作人员进京协调创建事宜，如联系住房和城乡建设部城建司对接考核指标边界确定工作，联系住房和城乡建设部城乡规划管理中心开展园林绿化遥感测试工作等。

建立工作台账，倒排时间节点，实行挂图作战，一个问题一个问题地解决，一个指标一个指标地完成，最终，在参与人员的全力付出下，2013 年 9 月，池州迎来了由住房和城乡建设部相关负责人带队的国家考查组。

余祖平说，当年池州为迎检准备了四条线路，每一条都极具特色，亮点突出。比如，综合考查组线路的亮点是“科学决策”，主要体现我市依托良好的山水环境资源，坚持规划引领，彻底改变池州面貌的决心；规划管理组线路的亮点是“历史文化保护”，主要体现我市在历史文化街区、特殊风貌保护上的延续性；居住环境组线路的亮点是“宜居宜游”，主要体现我市在住房保障、绿色出行、公共服务设施建设上为居民提供良好的生活工作环境；市政节能组线路的亮点是“节能减排”，主要体现我市在绿色建筑、新能源利用、城市垃圾、污水处理设施建设上的绿色、可持续发展理念。

作为陪同人员之一，余祖平在随国家考查组一行现场查看建筑节能、池州市垃圾处理场、清溪及城东污水处理厂、高新区污水提升泵站等项目后，感触良多：“人居环境对一座城市而言既是发展问题，也是民生问题；既体现宜居水平，也反映文明程度，是城市综合实力、现代化水平和文明程度的重要标志。我为亲身经历这座美丽山水之城的崛起与蝶变而自豪！”

2014 年 1 月 28 日，住房和城乡建设部公布 2013 年“中国人居环境奖”名单，池州赫然在列，成为安徽省第二个成功创建“中国人居环境奖”的城市。

多年以来的执着追求，一朝梦圆！

不建则已，建则一流

城市更加宜居、宜业、宜游

从2013年开始创建，到2017年中国人居环境奖复查，池州以前所未有的速度成长着、挺拔着、俊俏着，城市变得更加宜居、宜业、宜游。

“2015年，我市成功申报首批国家海绵城市建设试点，以建设水生态水安全系统、园林绿地系统、道路交通海绵城市系统、建筑小区系统、能力保障体系为目标，建成了池州一中、齐山大道、三台山公园、汇景北苑小区等一批示范项目，烟柳园南湖沟、新城明珠红河、市第二人民医院水塘等10处黑臭水体得到彻底治理，城市内涝基本消除，高速入口处、站前区英伦城邦小区道路等一到下雨天就出现‘城市看海’的现象已不复存在。”余祖平介绍，如今，海绵城市“小雨不积水、大雨不内涝、水体不黑臭、热岛有缓解”的效应初步显现。

池州通过创建中国人居环境奖，还在哪些方面成就了自己？记者了解到——

居住环境方面，主城区发生深刻质变，旧貌换新颜。基本完成棚户区、城中村改造，开展了40余个老旧小区整治，完善了社区配套设施，城市基础设施建设力度加大，城市吸引力、辐射力、带动力、美誉度明显提升。

社会和谐方面，池州陆续出台城市居民最低生活保障办法和实施细则，不断加大城市低保资金投入力度，补助标准逐年提高，保障金按月足额发放，实现应保尽保。相继出台了老年人优待工作、残疾人事业发展等实施意见，各项老年人政策在我市得以贯彻落实，残疾人在医疗、康复、教育、就业等方面的优待辅助得以保障。制定了完善的外来人口市民化政策，在住房、子女教育、就业创业上，建立资源信息库，统一纳入公共服务保障范围。

公共安全方面，建成池州市数字化城市管理信息系统，动态掌握大街小巷的城市管理问题，实现城市管理的可视化；完成主城区地下管线勘测，建成地下管线管理信息系统；积极构建突发事件监测网络，完善突发事件预警系统和预警信息快速发布机制。

资源节约方面，科学制定低碳城市试点工作方案和节能奖励办法，提升能源利用效率，合理布局产业空间；制定节约用水中长期规划，实施阶梯式水价计量和计划用水定额管理，大力推广节水型器具应用；出台建筑产业化和装配式建筑发展实施方案，实施了电子信息产业园四期和市委党校教学用房两个装配式建筑项目。

以上的每一项工作都关乎着民生福祉。

“下一步，池州将以更高的标准和更实的举措，将‘城市双修’（即生态修复、城市修补工程）作为推动供给侧结构性改革的重要任务，全面推进海绵城市建设，不断改善生态环境质量、补足城市基础设施短板、提高公共服务水平，转变城市发展方式，以内涵式提升打造和谐宜居、环境优美的绿色池州，努力实现人民群众对美好生活的向往。”余祖平说，新时代，一幅全新的池州画卷即将展开。相信生活在这座城市的每个人，只要用心都能倾听到，品质生活正携手幸福来敲门的哔啵声响。

一轮明月让“平天秋色”美名扬

——访池州广播电视台新闻综合频道总监杨琨

□ 记者 汪玉芳

农历七月初七，七夕节，是传说中牛郎织女鹊桥相会的日子，古老的传说寄托着人们对美好生活的向往。如今，人们已习惯在这一天仰望星空，赏月祈福。

这样的日子，杨琨也和大部分的池州市民一样，会和家人一起来到平天湖观景赏月。

因为这里可以欣赏到最美的星空、最明亮的月光。“水如一匹练，此地即平天。耐可乘明月，看花上酒船。”诗仙李白的这首千古绝唱，又赋予了池州平天湖诗情画意的文化景观。

2014 年池州平天湖等十个景点被央视评为“最美赏月地”。那年9 月6 日晚，池州平天湖的中秋赏月画面通过央视直播传到了全国。虽然只有短短 1 分多钟的直播画面，但通过央视这个大平台将池州平天湖推向了全球华人面前。

杨琨是这次事件的见证者和亲历者，当时她是池州广播电视台《多维度》栏目制片人。2014 年 8 月份，中央电视台驻安徽记者站与池州广播电视台取得联系，当时，央视新闻频道面向全国征求中秋特别节目线索——《我家最美赏月地》，并计划通过网络投票后产生全国十大最美赏月地，中秋节期间，央视将选择部分最美赏月地进行直播。池州广播电视台将与央视记者对接并推荐最美赏月地的任务交给《多维度》《池州新闻联播》等栏目组联合完成。

接到节目策划，杨琨和同事们很兴奋，他们第一个想到的就是家乡的平天湖。“策划中明确提出赏月地不仅要风景优美，而且要有文化底蕴，需要有典故，在著名诗词中出现过。”杨琨说，平天湖景区无疑是不二之选。

虽然这只是央视的一次直播策划活动，却得到了市委、市政府的高度重视，相关部门多次召开专题会议，《池州日报》、池州广播电视台、池州新闻网等我市主流媒体及各大网站作了持续宣传，呼吁市民参与网络投票，“动动手指，让家乡的月亮上央视”。池州市民热情高涨，纷纷通过微博、微信进行互动，以各种方式宣传家乡平天湖的美景，积极为家乡的赏月地平天湖投上珍贵的一票。

在池州市民的眼里，平天湖是一颗镶嵌在城区的“明珠”，山清水秀，烟波浩渺，风景宜人，自然生态环境绝佳。它紧临主城区，总规划面积42.9平方公里，水域面积11平方公里，是杭州西湖的1.5倍。而说起文化底蕴，历史上无数文人墨客都曾对平天湖的美景流连忘返，在此留下佳话，也让平天湖积存了丰厚的历史文化底蕴。史书记载，南宋著名抗金将领岳飞曾驻兵贵池齐山，在平天湖上操练水师。南朝昭明太子萧统也曾封地于此，经常垂钓于平天湖上。诗仙李白曾在月夜泛舟平天湖上，吟出《秋浦歌十七首》之一：“水如一匹练，此地即平天。耐可乘明月，看花上酒船。”从这首千古绝句中，我们可以感受出，当年的中秋佳节，明月当空，李白被江如白练、水平如天、月满拦江的美景所打动，趁着月色，上船喝酒赏花的自由豁达的情怀。

杨琨依然清晰地记得：2014年9月1日，央视新浪微博反馈的投票结果，池州平天湖在25个候选地当中，得票一直领先。“平天湖是2000票，而桂林象鼻山是1000多票，黄山宏村是400多票。”最终，池州平天湖不负众望，在入围名单中名列第3，当选2014年“最美赏月地”。

9月6日直播当晚，平天湖波光潋滟，天朗气清，明月高悬。只见湖面上，两艘画舫缓缓划过，游客们乘坐画舫尽情感受着湖光山色，体验着“举头邀明月”的浪漫诗意。当晚莲花台广场上约有1万余名市民和游客参与了赏月活动。央视新闻频道《东方时空》《24小时》栏目进行了现场直播报道，之后《新闻联播》《朝闻天下》栏目也播出了此则消息。

直播活动取得圆满成功源于细致的准备工作。确定我市入选直播地点后，市直有关部门各司其职，提前谋划直播活动后勤保障和秩序维护工作，确保活动有序开展。市委宣传部就活动宣传作了详细部署，池州广播电视台抽出精兵强将协助央视拍摄。市公安局、市城管局、市住建委、市文广新局、市海事局、市文联等，虽然涉及的部门多达十几个，但各部门有条不紊、倾力配合，确保了直播完美收官。

从池州本地媒体人的眼光来看，杨琨认为池州平天湖被评为十大“最美赏月地”之一，并不意外。“无论是历史底蕴，还是自然风光，池州平天湖都独具特色。尤其是近年来市委、市政府着力推进生态文明建设，大力发展旅游经济，池州的对外美誉度和影响力都在不断提升。”活动的成功举办，是多年来池州市依托生态山水文化，挖掘独特的历史文化资源，推动文旅融合发展结出的硕果，同时也为今后池州旅游发展搭建了一个更大的平台。

大多数池州人都知道，闻名中外的九华山是池州的旅游名片，也是池州的城市品牌。

但很多人不知道，九华山下的池州城，也是旅游资源富集的地方。池州临江，是座滨江城市；有河，清溪河穿城而过；有湖，就是平天湖；有山，就是半环着平天湖的齐山。一座城市有山、有湖、有河又临江，这样的自然环境在全国少有。

但是与人气爆棚的九华山相比，池州主城区和各县区旅游市场显得人气不够。九华山是全市当之无愧的旅游“龙头”，舞活主城区旅游“龙腰”，摆动县区乡村旅游“龙尾”，实现全市“一条龙”旅游经济的快速发展，是近年来池州全市人民共同努力的方向。当然，要实现山城联动，作为“龙腰”的主城区旅游，正在主动作为，构建“东湖西村”联动发展格局。杏花村文化旅游区和齐山—平天湖风景名胜区的兴起，折射出一山独领风骚的池州旅游格局正在改变，全域旅游渐成风尚。

特别是2016年以后，池州被国家旅游局列入“国家全域旅游示范区”创建名单，池州旅游启动“二次创业”，正在全力打造全域旅游“池州模式”。根据市旅发委相关负责人介绍，我市将打造全生态、全空间、全时间的国际旅游目的地和国际生态休闲城市，创建“一山引领、一城突破、三区支撑、两带整合、三网覆盖、百景融合”的旅游全新空间架构；深度挖掘佛教文化、历史文化和自然生态品牌三大不可复制的独特资源，打造集佛教文化、生态文化等九大旅游胜地于一体的旅游目的地。

拿下“金钥匙” 舞好“大龙头”

——访九华山旅游发展股份有限公司党委书记、董事长舒畅

□ 记者 石泽丰

“忘不了2015年3月26日，这一天对于九华山旅游发展股份有限公司全体员工，对于池州市全市人民来说，是一个值得纪念的日子，这一天的9时30分，在众多投资者和社会各界关注的目光中，时任市委书记、市长赵馨群和时任市政协主席方志恒在上海证券交易所交易大厅共同敲响了九华旅游上市的金锣，这标志着九华旅游首次公开发行A股成功上市，完成了组织交给我的任务。”8月21日，九华山旅游发展股份有限公司党委书记、董事长舒畅在接受记者专访时，仍然很激动。

舒畅说：“为了这一天，为了叩开资本市场大门，我们精心准备，15载艰苦创业，15年磨砺积淀，让九华旅游人刻骨铭心。我们凭着自己的坚定信念、坚韧不拔精神，历经苦寒，迎来梅香，终于实现了池州企业主板上市‘零’的突破。”

回首2000年岁末，舒畅仍记忆犹新，他说：“作为中国佛教四大名山之一，九华山不仅是池州的旅游名片，也是池州的城市品牌。如何将九华山富集的资源优势转化为经济优势？怎样推进九华山旅游经济由接待型转向产业型？整合优势资源，组建股份公司，推进企业上市，成为当时池州决策层的广泛共识。2000年12月，市委市政府果断决策，将百岁宫缆车、西峰山庄、九华山中旅、国旅和天台索道、聚龙大酒店各50%股权进行整合，组建了九华旅游，确立了九华山的经营主体，推进景区旅游经济由接待型向产业型转变。18年来，九华旅游人以发展繁荣旅游产业为己任，以打造国内一流旅游产业集团为目标，沐浴国家政策的春风，紧随旅游产业前进步伐，一路披荆斩棘，一步一个脚印，企业规模不断扩大。”

据了解，公司由成立时“一条半索道、一个半酒店、两家旅行社”发展

到20余家分子公司，分别为：天台索道、百岁宫缆车、花台索道、东崖宾馆、聚龙大酒店、五溪山色大酒店、平天半岛大酒店、西峰山庄、大九华宾馆、中旅、国旅、九之旅、九华在线电子商务公司、客运公司、平天旅游等，形成了酒店、索道缆车、旅游客运、旅行社、电子商务等五大板块业务，构建了完整的旅游业务链，具有较强的旅游综合服务能力。

舒畅认为，上市不但是破解企业融资难、融资贵的最好途径，更是推进企业提质升级的最佳途径。因此，在谋划上市的过程中，九华旅游大力实施资源整合，走“收购加改造”之路，提升核心竞争力，提高九华山接待设施规模和服务档次。他说：“2001 年至 2005 年，公司大力整合旅游存量资产，实施了 3 次重大收购：一是以 1100 万元收购天台索道他方 50% 股权；二是以 1230 万收购了东崖宾馆；三是以 1800 万收购了聚龙大酒店他方 50% 股权。完成了两个重点扩建项目：一是投资 5000 多万扩建了东崖宾馆并晋升为我市首家四星级旅游饭店；二是投资 6000 多万完成西峰山庄四星级改扩建工程。通过对九华山旅游业存量资产的整合和项目改造，公司接待能力和设施档次得到了大幅提升。”

在此基础上，2006 年以来，公司实施增资扩股，完善产业链，推进产业升级，积极构筑区域旅游组织综合体。舒畅介绍，2006 年 9 月，公司新引入安徽省投资集团等 2 家股东，募集资金近 1 亿元，收购了大九华宾馆、客运整体项目。通过增资扩股，优化了公司股权结构，规避了同业竞争，进一步完善了旅游产业链，形成索道、酒店、旅行社、客运四大板块业务，加速推进公司由产品经营向产业经营的转变。同期，公司大力发挥在本区域旅游产业大开发、大建设、大升级过程中的领头作用，先后投资 9000 万元完成大九华宾馆四星级扩建，投资 1. 2 亿元完成新建花台索道项目，投资 9000 万元实施聚龙大酒店升级改造，投资 6000 万元建成五星级标准平天半岛大酒店，投资 1. 5 亿建设打造五星级五溪山色山地型旅游休闲综合度假区，投资 1 亿元完成天台索道改建，投资 4000 万元完成大九华宾馆行政楼改造，投资 5000 万元实施西峰山庄改造，投资 5000 万元实施东崖宾馆改造。通过战略性资源整合重组、重点项目建设，有力提升了产业化水平，实现了产业链的整体延伸，企业核心竞争力和抗风险能力全面增强，有力促进了九华山和池州市旅游业的稳健快速发展。

舒畅认为，九华旅游之所以保持高速发展，离不开现代企业制度的强力保障。他说："公司成立伊始，就以上市公司标准，始终坚持上市的过程就是企业规范运作的过程，全面打造现代企业制度，完全实现'资产、业务、人员、财务、机构'五独立。同时，严格按照《公司法》《证券法》《上市公司治理准则》等要求，强化党建工作，建立健全股东大会、董事会、监事会、经营层，构筑起决策、执行、监督相制衡的完善法人治理结构，严格规范运作。科学的决策体制，简化了决策程序，提高了决策效率，增强了对市场的快速应变能力，使企业更广泛参与市场竞争和社会资源分配。为适应企业规模快速发展壮大需要，公司强化运作机制和内部控制体系建设，形成了完善的市场与品牌、投资与发展、激励与约束、财务预算与审计、安全与保障、信息与文化、组织与流程、授权与监督等运作机制，建立多层次的目标管理体系，分级管理，充分授权，科学行权，形成了具有鲜明特色的、不可复制的商业运作模式，使九华旅游完全按照独立的市场主体进行运作，全方位满足了证监会等监管部门对上市公司的治理要求，确保全体投资者的利益。"

不忘初心，方得始终。"金钥匙"开启了九华旅游加速度。在新的起点上，舒畅表示，我们将依然坚定自己的梦想、理念、价值和使命，在资本市场更高更广阔的平台上，全面增强搏击市场风浪的能力和智慧，把握市场机遇，勇于接受市场挑战，回归客户、价值、市场中心，继续加快发展步伐，确保九华旅游基业长青。他说："九华旅游将根据现代旅游发展趋势和国家旅游发展远景规划，把握旅游消费不断升级的发展趋势，坚持旅游专业化发展道路，强化旅游品质提升，构建区域旅游综合体，舞好池州旅游发展的大龙头。"

PPP 项目“池州模式”的前世今生

——访市财政局 PPP 中心主任章正龙

□记者 钟 斌

“如今风靡全国的 PPP 模式，在当时可是一个新鲜事物，PPP 项目‘池州模式’的最终诞生是诸多因素促成的结果。”8 月 9 日，市财政局 PPP 中心主任章正龙表示，池州市 PPP 项目的接踵落地，在探索实现政府职能转变的同时，全面改善了城市居住环境，提升了城市品位，让老百姓切身体验和享受到了改革成果。

PPP 项目的由来

“PPP”为英文“Public-Private-Partnership”的缩写。“PPP 模式”指的是政府与私人组织之间，为了合作建设城市基础设施项目，或是为了提供某种公共物品和服务，以特许权协议为基础，形成一种合作关系，并通过签署合同来明确双方的权利和义务，最终使合作各方达到比预期单独行动更为有利的结果。

“十一五”以来，原来只有 40 平方公里的池州城市面积扩大了 2 倍。为完善城市发展配套设施，我市启动了污水处理厂建设，强力推进污水管网、排水设施建设，主城区范围内建成污水处理厂 2 座、污水泵站 7 座、排水管网 750 公里，其中，污水处理厂由原池州市供排水公司代为运营和管理，排水管网和泵站由各区划片管理。

“随着城市建设的提质增速，划片管理带来的弊端日益凸显，各区管网之间、管网与污水厂之间衔接不畅，存在污水外渗、河水倒灌现象，加之缺乏专业维护技术力量，直接导致污水进水浓度偏低等问题。”章正龙说。

池州经济总量相对偏小、财力有限，如果依靠传统的投融资平台进行建设经济压力很大。为解决上述问题，迫切需要寻求专业公司，能一揽子承接市政污水处理及排水设施的维护和运营管理工作。

在国家财政部和住建部的指导和建议下，我市将主城区污水处理厂、市政排水管网、泵站等项目整体打捆，通过招标方式选择污水处理和排水服务企业。其中一期项目以主城区为试点项目，采用“厂网一体”运营模式，转让存量污水处理厂、排水管网及泵站等设施，项目总资产 7.125 亿元。企业和政府按 8∶2 比例成立合资公司，由政府授予合资公司 26 年特许经营权；政府设定服务标准，按招投标程序确定服务费价格，测算有关现金流指标，根据协议约定服务费调整机制。期满终止时，项目公司将设施的所有权、使用权无偿交还政府。

在经过住建部推荐的 7 名专家评审后，最终深圳水务集团成为第一中标候选人。政府与深圳水务方经过几轮谈判，于 2014 年 12 月 29 日，正式签订 PPP 项目资产转让协议和特许经营协议，成为全国首批 30 个 PPP 示范项目中第一个签约运营的项目。

“池州模式”的亮点

为推进池州主城区污水处理及市政排水设施购买服务 PPP 项目的高效运作，2014 年 4 月，我市成立项目领导小组，市领导挂帅任组长，相关部门负责人为成员，工作迅速启动。5 月，通过竞争性谈判，选中北京大岳咨询公司作为项目咨询服务单位。6 月份，委托专业的资产评估公司对项目实施资产评估。

为确保合作伙伴具有运营本项目的基本实力，我市拟定了合作伙伴应具备的 7 个方面条件，要求具有良好业绩、丰富管理经验、完整全产业链、较高银行授信度等，最终深圳市水务（集团）有限公司脱颖而出。

据章正龙介绍，为了确保诚信履约，市政府牵头，法制办、住建、财政、国资等相关部门全程参与，对项目合同反复修改完善，明确履约安排、合同修订、违约责任、争议解决等事项。履约安排方面，市政府指定池州市水业投资有限公司代表政府参股项目公司，履行股东职权，对涉及公共利益、公共安全等重大事项，行使一票否决权。

按照协议，双方还特别明确建立中期评估机制，26 年特许经营期间每 3 年进行一次中期评估，对合同双方履约情况进行综合评价，指导调整合同履行。中期评估可委托第三方机构进行。第一次中期评估应在 3 年内完成。结合中期评估，建立价格调整机制，每 3 年进行一次价格调整。评估结果与服务费支付直接挂钩。市审计局牵头建立完善成本监审机制，加强价格监审；建立调价机制，根据运营质量情况、市场价格水平建立服务费调价机制等。

“池州模式”的裂变效果

项目运营以来，通过 PPP 模式的运作，引入了专业团队、专业技术，“让专业人干专业事”，有效加强了主城区污水管网及排水设施建设，主城区经受了 2015 年、2016 年、2017 年 3 个汛期的严峻考验，实现小雨不积水、大雨不内涝，告别了汛期“看海”，解决了困扰我市多年的城市积涝问题，在打造城市“良心”工程的同时，提升了城市生活品质，经济效益及社会效益初步显现。

“在信贷收紧、政府债务受控的大环境下，政府通过‘PPP’模式，鼓励社会资本参与基础设施建设和管理，在一定程度上可破解城市建设、公共服务资金瓶颈。”章正龙认为，这种模式既可以减小政府财政压力、减轻政府债务负担、减少服务管理成本，也实现了政府在公共服务中的角色转换，不再当“运动员”，而是当好规则的“制定者”和“监管者”，提高公共服务的质量和效率。

池州市 PPP 模式的成功实践，先后被央视、人民日报、中国财经报等众多媒体关注，并被收录在财政部编著的《PPP 示范项目案例选编》（第一辑）10 个案例的首个案例，被业界誉为“池州模式”。近年来共接待全国 20 多个省市、自治区 PPP 考察人员 400 多批次，为全省乃至全国推广实施 PPP 提供了可借鉴、可复制、可推广的标杆性模式。

为全面推进 PPP 模式可持续发展，我市率先在全省设立了池州市 PPP 引导基金，出台了推广运用政府和社会资本合作模式的实施意见，明确政府和社会资本合作（PPP）推广运用的基本原则、适用范围、运作模式和保障机制，积极探索运用财政资金撬动社会资本参与PPP项目投资的有效方式。截至目前，全市PPP项目库筛选了72个项目，总投资约1266.92亿元。与此同时，积极争取上级部门资金支持，共获得上级四批次PPP奖补资金3364万元。

从PPP模式尝到“甜头”后，我市加快了在基础设施领域推行实施PPP模式的步伐。截至目前，我市共推广实施PPP项目12个总投资约75.1亿元，已签约落地9个，落地率为75%，其中：市本级5个，东至县4个，贵池区2个、石台县1个。我市共入选财政部国家示范项目6个，入选率达50%，居全国前列。我市海绵城市建设清溪河流域水环境综合整治PPP项目顺利入选财政部《PPP示范项目案例选集（第二辑）》10个经典案例之一，这是继2016年我市主城区污水处理及市政排水设施PPP项目入选财政部《PPP示范项目案例选集（第一辑）》之后的第二个项目，位列全国首位。

让候鸟回归天堂

——访安徽升金湖国家级自然保护区管理局局长王文联

□记者 江　志

“2015 年 12 月 25 日，我们得知消息，我国新提交的 3 处国际重要湿地证书已获得《湿地公约》秘书长正式签署，安徽升金湖国家级自然保护区位列榜首，这是我省首个荣获国际级称号的自然保护区。”9 月 8 日，记者采访安徽升金湖国家级自然保护区管理局局长王文联时，他回忆说。

升金湖作为安徽省境内唯一以珍稀越冬水鸟为主要保护对象的国家级湿地自然保护区，位于中国候鸟三大迁徙线路中线和全球候鸟主要迁徙通道之一的东亚—澳大利亚水鸟迁徙通道上，是候鸟重要越冬地和停歇地，总面积达 33340 公顷，是我国乃至世界上最具代表性和典型性的湖泊湿地。近年来，升金湖通过实施全球环境基金、湿地生态效益补偿试点等项目，有效改善了保护区的生态环境，增强了公众湿地保护意识。

王文联介绍，升金湖自然保护区濒临长江，因“日产升金”而得名。1980 年，鸟类专家首次在此发现白头鹤越冬种群，次年我国政府和日本政府签订“保护候鸟及其栖息环境协定”；1983 年，在印度召开的国际鹤类学术讨论会上，我国湿地鸟类学家王岐山教授第一次向国际介绍了升金湖。

1986 年安徽省政府批准建立升金湖水禽自然保护区，湖面 13000 公顷为核心区，沿岸 2. 5 千米作为缓冲区。1997 年国务院批准建立“安徽省升金湖国家级自然保护区”。2000 年，安徽省批复同意成立安徽省升金湖国家级自然保护区管理处，为副处级事业单位，隶属池州地区行署领导。同年，池州地区决定成立升金湖国家级自然保护区管理局。2010 年 9 月池州地区机构编制委员会同意成立升金湖国家级自然保护区管理局，为国有事业单位，核定编制 40 人。省编办批复管理局为副处级事业单位。2013 年，市政府对保护区管理机构进一步调整完善，印发了管理局“三定”方案，明确机构职能和管理职责，编制由原来的40名增加到48名，内设4个科室，下设2个正科级事业单位，分别为科研救护中心和执法巡查大队。同时，市政府专门成立了由市政府主要负责同志任主任的升金湖管理委员会，协调解决升金湖保护管理中的重大问题。

为确保候鸟安全迁飞和栖息，升金湖国家级自然保护区管理局围绕升金湖突出环境工作，积极扩大湿地面积和候鸟觅食栖息地范围。管理局自2014年起至今，积极争取国家生态效益补偿资金9000余万元，对沿湖周边圩口农田实施退耕还湿、退滩还湖、退田还湖等措施，流转恢复湿地15000余亩，对升金湖保护区范围内土地流转进行补偿，引导易受候鸟侵害的耕地区域的土地承包经营者主动参与湿地保护。

随着升金湖保护力度的加强，升金湖成为候鸟珍禽的天堂。常见的鸟类多达142种，每年吸引70余种近10万只湿地鸟类前来越冬。其中国家一级重点保护野生珍禽有白头鹤、白鹤、白鹳、黑鹳、大鸨、白肩雕等6种；国家二级重点保护野生珍禽有小天鹅、白琵鹭、白额雁、白枕鹤、灰鹤、鸢、普通鸟雕、红隼、白尾鹞、黄嘴白鹭等16种。而且拥有我国一级保护野生动物白头鹤的最大越冬种群，占全国1/3；拥有我国一级保护野生动物白鹳，占全世界总数的1/8；国家二级保护野生动物白枕鹤，占全世界总数的1/12。属于中日协定保护的鸟类有62种、中澳协定保护的鸟类有27种……

然而，上世纪末和本世纪初，有着“中国鹤湖”“候鸟天堂”美誉的升金湖正在上演“渔鹤之争”。由于毫无节制的水面开发，升金湖的生态环境正在恶化：水草越来越少，野生鱼虾越来越少，水体向富营养化方向发展，升金湖生态平衡受到破坏，环境恶化，鸟类栖息地受到影响，珍稀水禽因食不果腹而迁徙他乡。

升金湖管理体制上的分散和分割，导致了升金湖的管理无序。管鸟的管不了湖，管湖的不顾鸟。中湖归贵池水产部门管理，上湖和下湖则分属东至、贵池两地管理。如此分散分割的局面，导致没有一个权威的机构来整合升金湖的全局利益，也没有一个机构能完全担当起升金湖开发与保护的双重责任。面对如此窘境，市委、市政府高度重视，决心对升金湖突出环境问题进行彻底整改，还湖于鹤。

在池州市委、市政府的坚强领导下，截至目前，池州市共投入资金约3亿元，用于升金湖突出环境问题整改工作，共拆除升金湖内围网70多万米，沿湖岸各类养殖用房6200多平方米，清理珍珠养殖场4处和3处水产养殖场，收购、拆解渔船1800余艘，1331名专业渔民全部上岸进行了安置。目前，核心区（湖面）已无船、无网、无人，全面停止人工养殖等人为活动。缓冲区已全部拆除生产经营设施。实验区已全部拆除工业企业、畜禽养殖等设施。

王文联说："每当我站在升金湖大桥上，极目远眺左右两边白茫茫的湖面，只见烟波浩渺，水天一色，远山如黛，村落点点，在已退田还湖的浅滩上，青青的湖草又滋生起来，成了厚厚的地毯，一条条浅沟连接成的汊河，如银线般的弯来曲去，十分柔美，一只只羽毛洁白的天鹅、仙鹤、鹭鸶、野鸭等珍禽有的比翼双飞，有的携伴同游，有的嬉闹追逐，就感到特别的舒服。这就是鸟的世界，升金湖，一个候鸟王国的乐园！"

打造“会呼吸”的生态城市

——访市住房和城乡建设委员会党组副书记、副主任余祖平

□ 记者 唐馥娴

在我市作为16个试点城市之一迎来终期考核之际，日前，记者采访了海绵城市建设的全程见证者——市住房和城乡建设委员会党组副书记、副主任余祖平。

回忆起三年里我市海绵城市建设的点点滴滴，余祖平满怀感慨，娓娓道来。位于长江之滨，我市境内有3大水系、10条河流，降水充沛。然而，传统的城市建设模式使硬化地面越来越多，降雨回补地下水能力越来越弱。3年前，每逢雨季，主城区内涝不断，而且城市水体不稳定，水脏、水急、水乱。首先是水脏。水系不通、部分生活污水直排水体，造成水质恶化。在实施海绵城市建设之前，主城区共排查出10处黑臭水体。其次是水急。每到汛期，主城区有26处积水点发生内涝，就像齐山大道、长江南路逢雨必涝。再次是水乱。我市建成区管网超过700公里，由于建设、维护、管理水平不足，存在大量管段分流改造不完善、雨污混接、管道质量不佳、跑冒滴漏等现象。

就在为“水脏、水急、水乱”等“水患”烦恼时，2015年《关于推进海绵城市建设的指导意见》为我市带来了根治“水患”的契机。我市抢抓机遇，积极准备，经过省市和国家多轮评选，最终成为第一批16个试点城市之一。

为了增强海绵城市建设的科学性和前瞻性，我市积极“引智借脑”，招标成立了以北京建筑大学雨水团队为主体的智库，负责整体咨询规划、施工巡查、竣工验收和维护管理等方面。主要根据现有的地形、水位等条件，“净、用、排”等多种类型在示范项目中均有体现，不搞大拆大建，真正留住山水乡愁。摸清“家底”后，按照“源头减排、过程控制、系统治理”的总体思路，通过源头、中途、末端三套系统体系的建立，构建起“源头+末端”“绿色+灰色”“地上+地下”的一整套海绵城市建设系统。

通过构建“海绵体”如透水砖、雨水花园、下沉绿地、植草沟，也包括河湖水系、池塘等，雨水通过这些“海绵体”下渗、滞蓄、净化，最后剩余部分径流通过原有市政管网排放，这样就能有效提高城市排水系统的标准，缓减内涝的压力，还能减少城市基础设施的投资。为此，我市完成《池州市海绵城市试点建设三年实施计划（2015—2017）》，将海绵城市试点区域面积确定为18.5平方公里，分老城核心改造、清溪河流域和天堂湖新区3个片区进行海绵城市建设，包括建筑小区和公建、市政道路、公园绿地、河湖水系和水利工程5大类、共117个海绵城市建设项目。最终达到“小雨不积水、大雨不内涝、水体不黑臭、热岛有缓解”、示范区城市内涝防治标准达30年一遇、城市防洪标准达100年一遇的目标。

目标确定了，但“小城大建设”带来了资金难题，3年要建设117个总投资达52.38亿元的海绵项目，压力很大。后来，PPP模式给我市带来了新思路。在海绵城市建设试点PPP项目中，财政真正发挥了“四两拨千斤”的作用，地方财政以1.36亿元财政资金撬动45亿元社会资本。也就是政府用4%的财政投入，撬动了96%的社会资本。海绵城市建设试点项目由污水处理及市政排水、清溪河水环境综合治理、滨江区及天堂湖新区基础设施3个PPP项目包组成。第一个项目包总投资为20.54亿元，其中，存量资产盘活约为7.12亿元；第二个项目包总投资为10.8亿元；第三个项目包概算投资约为12.8亿元。

余祖平告诉记者，由于自身特点不同，3个项目包运作模式略有不同。第一个项目采用“厂网一体、存量增量一体化和特许经营”的运作模式，将主城区范围内存量资产整体打包出让给项目公司，并授予其投资建设新建污水处理及排水设施项目、运营所有污水处理及排水设施的26年特许经营权，政府获得存量资产7.12亿元的转换资金。第二个项目基于清溪河流域“源头改造—中途转输—末端治理—考核达标”的全流域水环境综合治理，采用“设计+建设+融资+运营”的运作模式。第三个项目主要围绕老城区基础设施和城市新区公园建设，运用多种低影响开发手段，采用“建设—经营—转让”的运作模式。

3年来，我市完成了建筑小区、道路、公园绿地、水生态水安全、PPP项目、能力保障6大类共117项海绵城市建设项目的建设，建设绿色雨水设施145.4公顷，改造和新建排水管网93.1公里，对7平方公里的湿地空间进行生态保护。现在，我市的城市水环境、水安全、水生态、水资源等方面有了显著提升；试点区范围内26个历史积水点全部消除、10个黑臭水体完成整治。余祖平告诉记者："比如说池州一中，过去一下大雨校园变水塘。如今道路、操场和停车场的路面全部换成了崭新的透水混凝土，80%的雨水直接渗透至地下，其余雨水进入蓄水池，经过土壤自然净化，可以用来冲洗路面、灌溉校园苗木，雨水回用率超过15%；比如说齐山大道，过去机动车油污、道路垃圾直接随雨水排入南湖，使南湖成为轻微黑臭水体。如今已解决雨水径流污染、外围客水汇入造成积水等问题，经受住了多次连续强降雨的考验。还有九华山大道、仁盛世纪新城、汇景北苑、十中、百荷公园北园、十一中、遗址公园、南湖苑小区、南湖苑段生态驳岸、天堂湖公园、南湖、红河、尾水湿地等都成为我市海绵城市示范项目。"

余祖平感慨地说："3年过去了，当初美好图景正在逐步绘就，市委市政府已出台《关于加快推进海绵城市建设的决定》，我们将进一步加强工作管控，完善保障措施，全面推广海绵城市建设，将海绵城市建设成为其他同类城市可复制、可推广、可借鉴的样本。"

同心抗洪救灾　倾力共筑安澜

——访市防汛抗旱指挥部办公室副主任王惠生

□记者　邓　柱

“多地水库溢洪、圩口溃破、房屋倒塌、农作物被淹、道路水毁、电力中断、通讯受阻……2016 年 7 月上旬，池州遭受多轮暴雨侵袭，造成全市 106.04 万人受灾，直接经济损失 30.55 亿元，受灾人口和直接经济损失均创建市以来洪灾历史记录。”市防汛抗旱指挥部办公室副主任王惠生回忆。

暴雨倾盆，江河卷起千重浪；力挽狂澜，干群同心抗天灾！在省委、省政府的坚强领导下，市委、市政府靠前指挥，全市广大干部群众和人民子弟兵合力奋战，积极投身到抗洪抢险救灾一线，上演了一幕幕感天动地的抗洪抢险救灾画面，他们在公与私、安与危、忠与孝、大家与小家之间，选择了为民、为公，以救灾为重、以人民群众的生命财产安全为重，用坚强的意志筑起了牢不可破的“防洪大堤”。

指挥，精益求精保万无一失

面对雨情、汛情、灾情异常严峻形势和沿江、内河、水库、地质灾害四线作战压力，我市将防汛抗洪抢险救灾作为压倒一切的中心工作，科学决策、周密部署、靠前指挥、强力调度，做到了防在灾害前面、抗在关键部位、救在第一时间，取得了“长江大堤安然无恙、中小水库安全度汛、地质灾害无人伤亡、转移人员妥善安置、灾害损失降到最低”的重大胜利。

王惠生说，在 2016 年入汛前一个半月即召开全市防汛工作会议，提早做出防汛抗旱工作部署，启动防汛责任监督、会商预警、调度指挥、纪律督查“四项制度”和工作指挥、工程调度、人员撤退转移“三项命令”，提前落实各项防范措施。市防指坚持每天上午、下午、晚上三次会商（气象信息），及时、果断、准确做出阶段性工作决策，确保了防灾抗灾稳步有效开展。注重加强应急保障，夯实抗灾工作基础。针对险情形势，对长江干堤、内河圩口、中小水库、地质灾害点等区域，全面落实24小时巡逻查险排险要求。

出发，党员干部冲锋在前

哪里有险情，哪里就有党组织。全市各级党组织组建“党员突击队”320支、“党员抢险队”160支，总数达9000余人。面对灾情，全市各级党组织和广大党员充分发挥先锋模范作用，通过组织“党员突击队”、设立“党员责任岗”、组建“党员抢险队”等方式，时刻走在防汛抗洪的最前头，树立党的旗帜，亮出党员身份，涌现出一大批冲锋在前、舍己为人、不怕牺牲、敢于胜利的先进典型，在防汛抗洪救灾中发挥了中流砥柱作用。

集结，向灾情最重的地方出发

“2016年7月4日凌晨，红色预警再度拉响，暴雨倾盆而下，大部分水库水位超汛限或溢洪，长江、内河水位持续暴涨，我市的洪涝灾害也深深牵动着武警安徽总队官兵们的心。武警黄山支队官兵根据武警安徽总队命令，跨区机动增援，奔赴我市东至县抢险第一线。”王惠生说。

我市洪涝灾害发生后，经武警总部指令要求，武警8690部队某部官兵共1000余人于8日上午出发奔赴我市，抵达我市后连夜奔赴抢险救灾点。救援、转移、抢修、重建，滔滔洪水中一顶顶橄榄绿更加鲜艳，一个个官兵冲锋在前；艰难险阻前军民风雨同舟，军地心手相连，凝心聚力筑起抗灾救灾的钢铁长城，谱写了感天动地的池州军民合力抗灾壮歌。

救灾，坚持一切为了群众

洪水过后，我市把保障好灾区群众的生产生活摆在突出位置，坚持抗灾救灾与灾后重建齐头并进。在多种途径解决好受灾群众居住难题的同时，我市各地还全面安排医疗防疫、卫生保健、心理疏导和通信服务等事宜，确保受灾群众有饭吃、有水喝、有衣被、有住处、有病得到医治。据了解，此次洪灾中，我市共转移群众 9.12 万人，每个安置点均安排一名基层领导干部驻守，协调做好群众生活安排、秩序管理、心理疏导等工作。市县两级紧急下拨救灾款 1787.85 万元、救灾物资 606.3 万元，发放大米 10.49 万斤、方便面 2.1 万箱、饮用水 1.63 万箱、棉被空调被 1.12 万床，救济 6.6 万人，保障了受灾群众基本生活。共派出医疗防疫队 815 支、2834 人。

“当前和今后一个时期，是我市围绕建设‘三优池州’发展目标、全面建成小康社会的关键时期，也是凝心聚力、大干苦干、争先进位、赶超发展的攻坚时期。未来征程上，我们必然还会面对各种风险挑战。”王惠生认为。然而，我们坚信，这种暴风雨锤炼的伟大精神，不仅在应对灾难时显示出磅礴的力量，同样会在未来的道路上，凝聚起全市绿色发展、错位发展、高端发展的合力，释放出更为持久、也更为强大的力量！

开门立法　塑城市法治精神

——访市人大常委会法工委主任喻志平

□记者 邓　柱

2016年，我市出台首部实体性地方性法规《池州市城市管理条例》。为此，记者专门对一直参与和主导《池州市城市管理条例》制定的市人大常委会法工委主任喻志平进行了专访，请他讲述《池州市城市管理条例》出台的历史背景、执行情况等。

2016年10月28日，池州市第三届人大常委会第三十一次会议表决通过《池州市城市管理条例》。11月10日，安徽省第十二届人大常委会第三十四次会议批准《池州市城市管理条例》，从2017年1月1日起正式实施。“对池州而言，《池州市城市管理条例》的出台具有特殊意义，因为这是我市首部实体性法规。”喻志平表示。随着该条例的出炉，池州也因此成为中央深入推进城市执法体制改革后全国最早为城市管理工作立法的城市之一。

据了解，2014年10月，党的十八届四中全会明确设区的市享有地方立法权；2015年3月，十二届全国人大第三次会议修改《中华人民共和国立法法》，依法赋予设区的市地方立法权；2015年5月，省十二届人大常委会第十九次会议决定：包括池州在内的6个设区的市开始行使地方立法权。至此，我市开始享有地方立法权。之后，池州市人大常委会采取一系列措施，积极加强立法能力建设，可以说做好了城市管理立法的充分准备。

行使好地方立法权，池州第一部实体法从何立起？在顶层设计与地方需求的双重推动下，答案呼之欲出。在2016年初市人大常委会立法项目征集过程中，市政府郑重提出了为城市管理立法的重要建议。市人大常委会经过慎重研究，最终决定将其列入2016年立法审议类项目，于是便进入了立法程序……

市三届人大五次会议后，市人大常委会召开有市政府法制办、市行政执法局负责同志参加的立法工作推进会，专门布置立法工作。市政府成立条例草案起草工作组，着手条例草案的起草。3 个月时间，市政府法制办牵头相关部门深入调研、考察，反复征求意见，形成条例草案。8 月，市政府将立法议案提交市人大常委会。8 月底，市人大常委会进行了第一次审议。10 月，市人大常委会再次进行审议并表决通过。

“尽管时间紧、任务重，但推进立法的过程，却不是简单地过程序、走步骤，每项工作都充分体现了依法科学民主的立法要求。”喻志平说。仅条例草案起草，就查阅、研究和依据参考了 27 项法律、行政法规、中央文件、国家标准，4 部部门规章，12 部省地方性法规、政府规章，4 部外省地方性法规、政府规章，6 部我市出台的规范性文件；市人大常委会还多次在较大范围征求意见，收集修改意见 182 条，研究吸纳 117 条。特别是贯彻深化改革的要求，落实法规草案公开征求意见和公众意见采纳机制，9 月下旬到 10 月中旬，市人大常委会先后在市、县、区和九华山风景区召开了 6 次征求意见座谈会、一次专家论证会，广泛听取了 19 个相关部门和部分人大代表、街道、社区、物管企业、居民代表等各方面意见，并在《池州日报》和池州人大网站全文刊登修改稿广泛征求意见。认真研究、充分吸纳省人大常委会法工委的指导意见、市人大常委会组成人员的审议意见和社会各界意见，形成了条例草案表决稿。

“这是池州的第一部地方实体性法规，标志着池州市人大常委会开启了立法工作的新征程，也标志着池州城市管理工作进入了一个新纪元。”喻志平说。时任市人大法制委员会委员、石台县人大常委会副主任桂宗敏全程参与了《条例》的起草、征求意见、审议等环节，他是这样评价的：“城市管理是一项综合、系统、复杂的工作，如果没有法律法规的统筹、协调和制约，就会出现各自为政、各行其是的乱象。这部法规充分体现了中央关于城市管理体制改革的精神，必将在我市的城市管理工作中更好地发挥引领和推动作用。”省人大常委会法工委负责同志在有关立法论证会上也表示：“条例的制定，遵循了立法规范要求，比较贴近池州城市管理的实际。相信这部地方性法规一定会成为提升池州城市管理工作水平和促进法治池州建设的重要奠基石。”

地方性法规和地方政府规章都是中国特色社会主义法律体系的组成部分，是对法律、行政法规的必要补充，用好地方性法规和地方政府规章，发挥各自优势，可以使立法的目的性、针对性、时效性、操作性更强，立法成本和施行效果的性价比也会更高。

近几年来，池州市委、市政府认真贯彻落实“五大发展”理念，争当绿水青山和金山银山有机统一的排头兵。2016 年，为升金湖保护区制定出台管理办法被市政府列为年度重要工作之一。经过有关部门调研、考察、论证、起草，《安徽升金湖国家级自然保护区管理办法》于 2016 年 12 月 21 日经市政府第 81 次常务会议审议通过，12 月 30 日以第 23 号市政府令的形式予以公布，2017 年 3 月 1 日起正式施行。该《管理办法》是池州市政府制定的首部实体性政府规章，同时也是安徽省首部有关国家级自然保护区的政府规章。

四、县域脊梁

（各县区主要负责同志访谈）

同心共建产业高地　合力打造生态新城

——访江南产业集中区党工委书记、管委会主任柯万忠

□记者 钟　斌

江风浩荡，波涛滚滚。2010年春天，《皖江城市带承接产业转移示范区规划》终获国务院正式批准，成为安徽历史上第一个列入国家层面的战略性规划。

国家落子，皖江起跳。踏着春天的脚步，位于长江之滨的江南产业集中区，肩负着皖江崛起的使命，应运而生、趁势而起。

2010年6月28日，江南产业集中区管委会正式挂牌成立，从此，江南产业集中区走上了筚路蓝缕、以启山林的创业之路。经过几年的建设、发展，现在集中区内一栋栋厂房拔地而起，一条条柏油大道穿城而过，一座现代化的产业新城呼之欲出。

“集中区从建立之初就确立了高标准规划、高效率建设、高起点招商、高质量服务的工作思路，虽然历经风雨，但成绩依然有目共睹，到9月底，全区累计实现财政收入23.64亿元、规上工业增加值12.53亿元，一座宜居宜业的产业新城正在长江南岸冉冉升起。”11月8日，在回溯总结集中区的建设发展历史时，江南产业集中区党工委书记、管委会主任柯万忠感慨万千。

夯实承接平台，完善配套功能。按照“规划先行，建一片、成一片”的滚动发展思路，集中区累计投入近80亿元，先后实施了路网、水利、房建、供排水等基础及配套设施项目，累计建成道路62公里，建成安置房、保障房、标准化厂房（含企业投资）、综合楼等各类房建工程约400万平方米，起步区20平方公里“七通一平”基本到位，能满足各类项目快速落户和开工需要。

栽下梧桐树，引得凤凰来。在大规模建设基础设施的同时，集中区紧盯亿元以上企业、高新技术企业、行业龙头企业，招商工作如火如荼地开展。

截至2018年9月底，累计引进落户项目189个，协议总投资310.18亿元，其中亿元以上项目77个。目前已建成投产152个，协议投资249亿元。科技孵化园、新材料产业园、新能源产业园的所有单层厂房和40%的多层厂房已出租或出售，12家社会投资的合作共建园单层厂房已基本完成招商。

环境就是吸引力、竞争力、生产力，谁能抢先创优发展环境，谁就能掌握发展主动权。自成立以来，集中区依托政务服务中心、企业服务中心，推行全程代办服务，着力营造和谐稳定的社会环境、规范便捷的政务环境、务实高效的投资环境。管委会充分发挥国有担保公司作用，重点扶持企业发展，为园区企业提供融资担保服务，及时兑现各类优惠政策，极大增强了企业的投资信心。招商方面，修订出台标准化厂房和单独供地工业项目等一揽子招商政策，对单独供地工业项目、重大项目、高新技术项目分类奖励、扶持，提高了政策针对性和吸引力。

工业兴则产业兴，工业强则经济强。集中区坚持外招内育，着力培育“先进制造、新（型）材料、现代服务”三大主导产业，目前189个落户项目中，主导产业占比65.8%，主导产业正成为园区高质量发展的主引擎。随着交控工业化建造项目、飞渡高端装备军民融合产业园项目、金属表面处理中心项目、高端工业铝材生产基地等一大批科技含量高、市场前景好、产业带动大项目陆续投产见效，主导产业集聚集群发展态势必将越发明显。

“百尺竿头，更进一步。我们将在现有的基础上，坚持以项目为中心，突出抓好大招商、大服务，强化平台配套、要素保障、组织体系支撑，自我加压、埋头苦干，争取通过三年发展，实现全区工业年产值达100亿元，奋力争当全市经济发展排头兵。”谈到集中区的未来发展愿景，柯万忠目标明确、思路清晰。

做改革的先行者　当发展的排头兵

——访贵池区委书记高峰

□记者 邓　柱

“今年是中国改革开放40周年。40年，在人类历史长河中犹如弹指一瞬，但正是在这40年间，勤劳质朴的贵池人砥砺奋进、铿锵前行，克服了一个又一个困难，做成了一件又一件大事，实现了一次又一次跨越，用改革发展的生动实践谱写了一曲精彩的时代华章。”日前，贵池区委书记高峰在接受记者专访时说。

改革开放以来，贵池虽经历撤县建市、撤市建区等多轮行政区域调整，但加快发展、争当先锋的初心从不动摇。从池州地区复建到撤地建市这段时期，贵池作为“贵老大”，经济实力在原池州地区一直稳居“龙头”，综合实力曾经迈入全省十强。撤地建市以后，贵池发展虽经历一段短暂的徘徊期，但区委区政府抓发展、树标杆、当龙头的决心没有变，提出了“树立标杆、率先崛起”的目标，明确了“抓发展必须抓工业，抓工业必须抓园区、抓招商、抓项目”的工作思路，掀起了大建园区、大上项目、大抓招商的热潮，引领贵池进入快速发展期。

近些年来，贵池区委、区政府又进一步校准发展思路、拉高发展标杆，走出池州，对标皖江，放眼全省，作出了构建“一核引领、双轮驱动、多点突破”发展布局的新部署，提出了“站立全市潮头、走在皖江前列、争当全省上游”的新目标，全力冲刺全省“十强县”，发展标杆越来越高，发展思路越来越清晰，贯彻新发展理念的措施越来越精准。

40年沧桑巨变，40年春华秋实。高峰说，40年来，贵池区始终把发展作为第一要务，坚持不懈做大经济总量、提升综合实力，全区生产总值先后迈上10亿元、100亿元、200亿元台阶，2017年达到279.33亿元，是1978年的239倍、年均增长15%；财政收入从1978年的0.1688亿元增至2017年的

28.5亿元，增长了近169倍。2017年，全区GDP、财政收入、规上工业增加值等总量指标在全市全部实现了“三分天下有其一”的目标，成为全市经济发展的排头兵、主引擎。党的十八大以来，贵池坚持实施工业、旅游双支撑战略，大力发展新能源新材料、电子信息（半导体）、先进机械装备制造、非金属矿产品深加工、大健康（全域旅游、特色农林）5大产业，致力培育“两新”产业，产业发展逐步迈向中高端。2017年，贵池区新能源新材料产业在全市率先成为百亿元产业；池州高新区半导体产业列入省级第二批战新基地，力成机械汽车专用数控机床制造项目列入省级第二批重大产业工程。贵航特钢连续四年上榜“安徽省百强企业”，2018年入列“中国民营企业制造业500强”；冠华黄金冶炼入列“安徽省民营企业营收百强”。贵池区连续三年荣获“全省发展民营经济先进县（区）”称号。

40年来，贵池区交通、水利等基础条件明显改善，先后结束了无高速、无铁路、无机场的历史。早在2014年，前江工业园区就成为全市首个县区级百亿元园区，池州高新区连续多年获得“省级创新型园区”称号。今年，为落实“一县一区”园区改革需要，贵池区又启动了池州高新区和前江工业园区整合升级，整合后的池州高新区正在积极创建国家级高新区。2012年以来，围绕打造世界级旅游目的地，贵池全力推进杏花村文化旅游区建设，目前，“杏花村”已成为全国具有重要影响的文化旅游品牌。此外，相继引进了贵航特钢、西恩新材料、冠华黄金冶炼、艾可蓝节能环保、骏智机电、力成机械等一批行业领军型企业，全市首个投资超百亿元的神山骨料项目落户贵池并在今年年内投产，今年，智慧康疗小镇、中电建装配式产业园等一批投资超30亿元的重大项目又相继落户并开工建设，贵池发展的动能越来越强，后劲越来越足。

“我们率先在全省实施‘路长制’、率先开展‘六治双创’工作并在全市推广、全市首批开展社区‘大党委’试点、‘医共体’试点、医养结合试点等改革试点取得显著成效。”高峰介绍说。党的十八届三中全会以来，贵池区相继实施了397项改革举措，形成了一批具有贵池特色的改革经验。今年，贵池区又在全省率先推出经济“空白村”帮扶、村“两小组长”补贴等改革举措，在全省率先推行离任村干部审计全覆盖，改革进一步向基层延伸、向深处推进。40年来，随着社会经济的大发展，贵池区城乡居民生活发生了翻天覆地的变化，居民收入持续增长，生活富裕程度不断提高。2017年城镇居民人均可支配收入 29458 元，是 1978 年的 74 倍；农村居民可支配收入 14002 元，是 1978 年的 123 倍。

新时代是属于奋斗者的，对改革开放 40 周年最好的纪念，当是坚守初心、牢记使命、自我加压、奋发有为。高峰表示，我们将以习近平新时代中国特色社会主义思想为指引，坚决贯彻省、市委决策部署，做好改革的先行者，当好发展的排头兵。加快推进营商环境、乡村振兴、生态环保、社会治理等领域的改革，为全市乃至全省提供更多可复制可推广的“贵池样本”；以实施五大发展行动计划为总抓手，加快构建以五大产业为支撑的创新型现代化产业体系，持续优化人才、金融、政策等创新创业环境，加快打造区域经济高质量发展的“先行区”；牢固树立绿水青山就是金山银山的理念，全面贯彻省委、省政府关于全面打造水清岸绿产业优美丽长江（安徽）经济带的决策部署，严格落实“三线段”“三个五”硬约束要求，扎实推进“七大行动”，让“蓝天”“绿水”“青山”成为贵池永恒的骄傲；全面实施乡村振兴战略，坚决打好脱贫攻坚战，在更高水平上实现城乡、区域协调发展。深入践行以人民为中心的发展思想，加快教育、医疗、文化等民生项目建设，着力补齐民生事业短板，让改革发展成果更多更公平惠及人民；始终把党的政治建设摆在首位，树牢“四个意识”，坚定“四个自信”，切实做到“两维护三看齐”。加强干部队伍建设和基层组织建设，树立重实干重实绩导向，引导各级干部敢于迎难而上、善于爬坡迈坎，在新一轮改革发展大潮中提升能力水平、展现担当作为，不断续写贵池改革发展的新篇章，为“三优池州”建设作出贵池贡献。

抓改革就是要奔着问题去扛着担子走

——访东至县委书记李明月

□ 记者 石泽丰

“今年是贯彻党的十九大精神的开局之年，是改革开放40年、池州复建30年。站在这样一个伟大的时间节点上，追溯改革40年，东至县同全国各地一样，正是通过改革开放这个关键一招，促进了思想大解放、经济大发展、城乡大变化和民生大实惠。”日前，东至县委书记李明月在接受记者专访时说。

40年风雨兼程，40年沧海巨变，东至经济社会面貌发生了历史性变化。全县地区生产总值由1978年的1.2亿元增加到2017年的147亿元，增长了100多倍。城镇和农村居民人均可支配收入分别增长了53倍、127倍。李明月说：“就是到了池州地区复建之时，东至依然是农业大县，回顾改革开放40年和池州复建30年历程，我们曾有过坎坷，也曾有过彷徨，更多的是收获成功的喜悦。”党的十一届三中全会后，农村农业改革迸发出强大的生命力，东至县先后获得全国“无公害茶叶生产示范基地县”“无公害茶叶出口基地示范县”“商品粮基地”“优质棉基地县”等称号。在发展的过程中，东至县委县政府深知“无工不富”的道理，先后制定了加快企业发展的一系列政策措施，大力发展乡镇企业，建立香隅化工园区，随后又与石台县共建大渡口开发区，形成了以纺织服装化工、机械、绿色食品加工等为主导的工业体系，涌现了一批像华源纺织、华尔泰化工、东齿机械等明星企业，东至玩具总厂自行设计的玩具产品，荣获中国乡镇企业出口商品博览会优秀产品奖，2008年奥运会吉祥物福娃系列产品就定点在东至生产。东至一度成为江南工业发展的一颗明珠。经过近30年的快速发展，东至遭遇“成长的烦恼”，环境问题、协调发展问题、企业改制问题、社会矛盾等问题凸显出来。县委县政府不断校准发展思路，从“加速沿江经济发展、山区综合开发、县城区开发区”到

“工业强县、生态立县、旅游兴县、商贸活县、文化名县”，再到建设“三美东至”，发展的思路越来越清晰、贯彻新理念的措施越来越具体。

党的十八大以来，东至县按照党中央和省委、市委的要求，以前所未有的决心和力度推进全面深化改革，推出改革举措 361 项，形成一批特色的东至经验。比如，“劝耕贷”东至标准全国推广，获得省政府表彰；全省第一个试行《林地经营权流转证》登记制度；作为全省唯一的全国第三次土地调查试点县，为全省探索可复制、可推广的试点经验。列入全省 6 个综合医改试点县，“医养结合”国家试点稳步推进。组建安东投资集团，在全省率先实现县级平台公司市场化转型。探索党建工作项目化工作方法，实施基层党建“书记项目”312 个。坚持以党建“第一责任”引领脱贫攻坚“一号工程”，坚决打赢脱贫攻坚战。这些改革经验弥足珍贵，为下一步全面深化改革打下了良好的基础。

“站在新起点，东至有机遇也有挑战。改革是最大的机遇，发展不平衡不充分仍然是我县的最大县情，也是最大的挑战。”李明月说。东至县山区与沿江区域发展差距大，城乡公共服务供给不平衡，教育、医疗、居住、养老等领域仍有不少薄弱环节，农村基础设施与为农服务还存在“最后一公里”的问题，产业发展不充分，产业结构不合理，新旧动能转换不快，都需要用改革的办法去解决。在李明月看来，当前机遇大于挑战，东至县既处于压力叠加、负重前行的关键期，又处于转型发展、大有可为的机遇期。为此，县委出台了《关于贯彻新发展理念　实现高质量发展建设“三美东至”的决定》，明确提出新时代工作导向、目标取向，为全县定方向、定坐标，充分彰显了县委拉高标杆、勇争一流的政治自觉和宏大追求，充分体现了县委一张蓝图绘到底、一条路子走下去的坚强定力。

改革再出发需要胆识也要智慧，需要力气也需要勇气。

李明月表示，进入新时代，我们一定要坚持以习近平新时代中国特色社会主义思想为指导，以改革开放 40 周年为新起点，高扬改革旗帜，坚决贯彻省委、市委要求，做改革矢志前行的“逐梦人”、坚定勇毅的“信仰者”、只争朝夕的“实干家”。重点要抓住两方面，一是“奔着问题去”抓改革，关注人民群众的“痛点”、攻克体制机制“阻点”、破解转型发展“难点”。具体做到，在政治上实现“干部清正、政府清廉、政治清明”；经济上实现“有效益、有质量、可持续增长”；在文化上实现“精神富足”；在社会上实现“教育公平、就业稳定、住房保障、食品安全、全民健康”；生态上实现“望得见山、看得到水、记得住乡愁”。二是“扛着担子走”去抓改革，发挥全县领导干部以上率下作用，敢于涉险滩，敢于突破利益固化的藩篱，敢于下深水，到基层去找办法，到一线解决问题，敢于破坚冰。聚焦创新引领，聚力绿色发展，打造皖西南产业高地，实现凤凰涅槃，浴火重生，奋力开创新时代东至深化改革发展新局面，为建设“三优池州”做出更加积极的贡献。

筑原生态围墙　打赢脱贫攻坚战

——访石台县委书记李军

□ 记者 石泽丰

改革开放以来，尤其是池州复建以来，石台县坚守保护绿水青山底线，走出了一条原生态最美山乡发展之路。10 月 14 日，记者对石台县委书记李军进行了专访。

在谈起石台县情时，李军介绍，石台县域面积 1413 平方公里，现辖 6 镇 2 乡，人口 11 万，耕地 5. 4 万亩、茶园 7 万亩、林地 185 万亩，是一个典型的九山半水半分田的山区县。2010 年，石台县被确定为国家重点生态功能区，在全国主体功能区规划里被列入限制开发区，全县生态保护红线面积比为全省最高的 61. 9% 。石台是一个集生态功能区、自然保护区、革命老区、库区移民区、高山深山区和自然灾害多发区为一体的特殊县份。就是这样一个山区县，有着良好的生态本底。他说："石台森林覆盖率达到 84. 5% ，有山、有水、有溶洞，且拥有'负氧、富硒'两大特色资源。"为保护、开发和永续利用好这些资源，在历届县委、县政府的努力下，全县经济社会发展有了长足进步。据记载，1978 年，石台全县地区生产总值仅 2705 万元，财政收入 292 万元，农民人均纯收入 130 元，社会消费品零售总额 1086 万元。县城总面积仅 4 平方公里，只有 6 条主要街道、3 条主要巷道，县内没有一栋 3 层以上的建筑，住房多为砖木结构的平房，极少数为砖混式 2 层楼房，进出石台只有唯一一条经丁香、小河、殷汇到池州的沥青路，且道路等级低、通行能力差，部分路面还是泥结碎石路，从县城到池州城区至少要 4 个小时。"这就是 40 年前的石台！"李军有些感慨。

李军说："即使到了池州复建之初，全县地区生产总值也只有 10013 万元，财政收入 502. 2 万元。全县公路通车里程 553 公里（含县乡道路），其中沥青混凝土路面仅 103. 75 公里，其他均为砂公路。水利基础设施薄弱，抗旱减灾能力低，县城低洼地区居民曾饱受水患之苦。县城规划区面积近 4 平方公里，其中建成区面积仅0.886平方公里，城区主干道路只有6条，总长5.15公里，城区居民只有2600余户8000余人。再加上发展空间受限，经济社会发展一直相对滞后，目前还是皖南片唯一一个国家级贫困县。2017年9月被列入全省深度贫困县，其中5个村被列入深度贫困村。”他认为，是改革的春风让石台县人民放远了目光，石台人不伐木生财，反而更加地保护自己的生态家园，以造绿水青山就是金山银山的理念，走全域旅游发展道路，努力摆脱贫困。据他介绍，截至目前，全县共有建档立卡贫困村35个，已出列25个；共有建档立卡贫困户7546户、23142人，未脱贫的建档立卡贫困户2346户、6304人，贫困人口发生率为7.29%。

李军说：“在省、市委的坚强领导下，经过30多年的努力，石台的面貌可以说是日新月异。到2017年，全县实现地区生产总值26.2亿元，财政收入2.62亿元，固定资产投资18.9亿元，社会消费品零售总额14.14亿元。全年游客接待量达到815万人次，实现旅游总收入64亿元。农村居民人均可支配收入9543元，城镇居民可支配收入24955元。实现25个贫困村出列，累计脱贫17144人，发生率降至7.14%。”在李军看来，石台要发展，必须坚持好生态本底，在筑牢生态围墙的基础上，跳起来摘桃子，于是，石台县确立了这样的“十三五”发展思路：以建设中国原生态最美山乡为目标，以脱贫攻坚统揽经济社会发展全局，实施“生态立县、旅游兴县、产业强县”三大战略，坚持以规划为统揽，以项目为抓手，以落实为关键，以民生为根本，以党建为保障，到2020年实现脱贫脱困，与全国全省一道全面建成小康社会。

李军说：“2018年，全县目标任务为实现地区生产总值28亿元，财政收入2.75亿元，固定资产投资20.5亿元，社会消费品零售总额15.4亿元。全年游客接待量达到957万人次，实现旅游总收入71亿元。农村居民人均可支配收入增长8.5%。”

“加快石台崛起，着眼点是富民，落脚点也是富民，只有全县人民富裕了、幸福了，石台才是真正崛起了。”李军这样认为。他说：“所以当前，石台县始终把脱贫攻坚作为首要政治任务，深入学习贯彻习近平扶贫思想和省、市脱贫攻坚工作精神，认真落实中央、省委和市委关于聚焦深度贫困地区各项决策部署，聚焦短板强举措，凝神聚气抓攻坚，团结带领全县广大干群向深度贫困发起总攻，齐心协力打赢脱贫攻坚战，确保2018年底实现10个贫困村出列、3759人脱贫目标。”

春潮拍岸千帆竞　美丽青阳再出发

——访青阳县委书记纪良才

□记者秦　峰

一组数据反映了青阳翻天覆地的变化。

1978 年，青阳全县仅有企业 69 户，全年的工业总产值不到 1500 万元。而到了 2017 年，青阳县企业达到数千家，地区生产总值实现 95.5 亿元。根据计划，到 2021 年，仅全县规上工业企业将达到 200 户，主营业务收入实现 280 亿元，工业增加值力争达到 64 亿元。

40 年风雨兼程，40 年沧海巨变。青阳的发展，是中国改革开放丰硕成果的缩影之一。

春潮拍岸千帆竞，逐浪前行海天阔。回首来路，初心不忘；展望未来，奋楫争先。金秋时节，记者来到山清水秀风光好、物阜民丰气象新的美丽青阳，采访了县委书记纪良才。纪良才全方位展示 40 年来青阳县历届县委、县政府班子带领全县人民披荆斩棘、砥砺奋进的发展历程，全景呈现青阳经济、政治、文化、社会和生态文明建设取得的巨大成就，全面总结青阳在改革开放伟大创举中积累的宝贵经验。

经济发展快速强劲

随着经济体制改革不断深入，青阳县按照工业强县的思路，立足本地资源优势，主动承接周边大中城市的产业辐射与转移，积极招商引资，全县工业迅速发展壮大，逐步形成了丝麻纺织、机电装备制造、钙类矿产开采、建筑材料等支柱产业。

纪良才告诉记者，2003 年 3 月，为抢抓沿海产业转移、中部地区加快崛起的机遇，经过充分论证，青阳县决定筹建经济开发区。2006 年 8 月，经省政府批准后开始建设。2010 年，又以国务院批准《皖江城市带承接产业转移示范区规划》为契机，加快开发区扩容升级，目前已建成 10 余平方公里的省级经济开发区。

除工业经济外，近年来，青阳县高度重视旅游产业发展，提出了工业旅游“双支撑”的发展思路。深入实施“旅游兴县”战略，以建设皖南国际文化旅游示范区核心区为目标，围绕“一圈两线”布局全县旅游，围绕“一核三片”建设全域化旅游示范区。在项目发展上，高起点实施九华山东北部整体开发，高定位发展健康修身产业，加快富贵陵阳、醉美杜村等旅游综合体建设，实施青阳-朱备旅游景观通道等旅游畅通工程，聚力打造环九华山休闲养生度假基地。

2017 年，青阳县实现生产总值 95.5 亿元，财政收入 14.8 亿元，全社会固定资产投资 121.5 亿元，城乡常住居民人均可支配收入 20946 元。接待国内外游客达 1298 万人次，旅游总收入 159 亿元。而这些数字，都是 1978 年，改革开放初期的上千倍、上万倍。

县城面貌日新月异

改革开放之初，青阳县城建设区面积仅有 1.8 平方公里。随着不断壮大的县域经济和逐年加快的城镇化进程，青阳县的城市面貌发生了翻天覆地的变化。为打破城市空间发展受到自然条件的限制，2010 年，青阳县启动实施了城区南扩工程，规划建设占地 13 平方公里的南部新城。

按照“基础设施先行，群众利益先行，社会事业先行，聚集人气先行”的思路，2011 年 5 月份，南部新城正式启动建设。为把南部新城建设成为展示 21 世纪新青阳城市形象的核心区域，青阳县坚持高品质建设、高质量施工、高标准监管，力争把新区每一个项目都建成经得起时间检验的精品工程、群众满意的民心工程、城市建设的样板工程，倾力打造生态新城、宜居新城、服务新城、低碳新城。目前，南部新城“一环、两心、三轴、六片区”的规划结构已经基本形成，一个环境优美、布局合理、市政功能健全的现代旅游新城已经初具规模。

位于南部新城核心地带的芙蓉湖公园，不仅是连接新老城区的纽带，也是青阳县城一颗璀璨的“明珠”。芙蓉湖公园建成面积1200余亩，为城区居民提供一个集湿地生态保护、城区蓄洪排涝、园林景观、休闲游憩、中小学生科普教育等功能于一体的综合性公园。每逢节假日和傍晚，这里都人声鼎沸，热闹非凡。

交通网络外通内畅

过去的青阳县，交通状况极为落后，全县仅有两条路。如今的青阳县交通环境优越，沿江高速、318国道横贯东西；京台高速、103省道直穿南北。九华山机场距县城仅20公里，并建有火车站1座，铁路营业里程19.5公里。近两年经过积极争取，武杭高铁落户青阳，高铁站建设即将动工，这实现了青阳县高铁“零”的突破。

回望13年前的2005年，当时全县15个乡镇的158个行政村虽全部通行汽车，但彼时的交通运营还是极度不规范的，没有统一的标识、统一的发车时间及统一的票价。青阳县抢抓我省实施交通基础设施建设的机遇，先后启动实施318国道绕城改线工程、农村公路国债通达工程、村村通油路等交通工程，修建和改造乡村公路501公里，新增公路里程470公里，将一条条公路修进了山村、景区。

伴随着城区交通四通八达，城乡交通线全面贯通，青阳县顺势推进客运公交化进程，累计投入资金1500万元收购原有的经营车辆，统一购置公交车，完成农村客运车辆更新换代，于2008年初开通首条城乡公交班线。2011年，“村村通公交”全面运营，实现公车公营、运营模式公交化。2013年，全面取缔违法运营的三轮车，收缴销毁电动三轮车1285辆，青阳的交通环境更加安全有序。

社会事业百花齐放

改革开放以来，青阳县社会事业蒸蒸日上，人民生活不断改善。比如青阳中学新校区、四中新校区、新三小、南部新城幼儿园建成开学。组建了2个县域医共体、获全省体育强县示范县称号、新增1项国家级“非遗”、7项省级“非遗”、人民群众安全感指数连续多年位居全省前列以及蝉联全省双拥模范县“七连冠”等。

作为九年义务均衡教育试点县，青阳县在义务教育均衡发展方面投入了很大精力。2006年出台了《青阳县义务教育管理体制改革实施方案》，制定了义务教育均衡发展工作考核办法。青阳县每年义务教育经费均在公共财政预算中单列，全额纳入财政保障范围。2014、2015两年共投入500多万元为全县义务教育阶段中小学配置电脑教室，全县义务教育学校班班通设备覆盖率达85%以上。2015年青阳县成功创建成为“全国义务教育发展基本均衡县”，2017年又顺利通过了“全国义务教育发展基本均衡县”的复检。

美丽乡村整县推进

改革开放特别是进入21世纪以来，在努力打造美丽县城的同时，青阳县还因地制宜建成了54个美丽乡村中心村，陵阳所村、上章村、酉华宋冲村入选中国传统村落，朱备将军村、陵阳杨梅村入选中国美丽宜居村，同时大力推进农村环境整治“三大革命”，扎实做好陈年垃圾集中清理工作并取得良好成效。紧紧围绕“水、气、土壤”抓环保，大力推进矿山生态环境整治……一系列措施的推行，现如今的青阳乡村面貌发生了翻天覆地的变化。陵阳镇入选全国第二家摄影小镇，朱备禅修小镇入选首批省级特色小镇。

作为全省20个农村综合改革试点县，青阳县的土地确权登记工作是深化农村改革的代表之一，2014年3月，启动了农村土地承包经营权确权登记颁证试点和农村集体土地确权登记试点工作。目前已全部完成颁证任务，进入成果应用阶段。

此外，作为传统农业县，良好的农田水利设施一直是青阳县推进建设的重中之重。早在建国初期，就筹划建设牛桥水库，后因行政区划调整等原因未能成行。随着经济社会的快速发展，县城区域的农田灌溉、工业和生活用水需求越来越大，水源供需矛盾越来越突出，青阳县下定决心一定要修建水库。1993年，青阳县人大常委会将修建水库的议案提交全国人大，并积极与水利部对接，争取列入部级项目。1997 年，完成水库可行性报告和初步设计。2002 年，省委批准初步设计。2003 年 6 月正式开工。其间，青阳县克服资金不足、移民安置复杂等诸多困难，全力保障水库建设。在多方努力下，水库于 2007 年正式投入使用，至此青阳县防洪、灌溉、发电、供水的能力再上新台阶。

改革只有进行时，没有完成时。青阳县将接续奋斗，围绕“修身福地、灵秀青阳”的目标定位，一张蓝图绘到底，咬定青山不放松，坚定不移走改革开放这条正确之路、强国之路、富民之路，推动青阳高质量发展，让美丽青阳再闯出一片更加广阔的新天地。

从无到有　转型升级　创新发展

——访池州经济技术开发区党工委书记、管委会主任程国清

□ 记者 盛文鹏

改革开放以来，历经20余年的建设发展，池州开发区实现了从无到有、从小到大，并不断转型升级、创新发展，先后荣获国家低碳工业试点园区、全国百佳科学发展示范区、安徽省半导体产业集聚发展基地、安徽省优秀电子信息产业基地、安徽省新型工业化产业基地、安徽省小微企业创业基地等称号。

“作为全市经济建设发展的主引擎、主阵地和主平台，池州开发区发展壮大，从一个侧面见证了池州地区复建30年巨变。”池州开发区党工委书记、管委会主任程国清在接受记者采访时说，近年来，池州开发区突出“转型升级、提质增效”主线，注重招商引资，强化项目带动，坚持创新驱动，夯实平台支撑，补齐发展短板，园区建设发展迈上“快车道”。

目前，东部园区已拉开框架面积30平方公里，建成区面积20平方公里，基础设施投资总额超50亿元。西部集中示范区累计完成固定资产投资约2.3亿元。园区入驻企业1263家，其中“四上企业”134家。“四上企业”中，规上工业企业75家。2017年实现地区生产总值57.5亿元；财政收入10亿元；规模工业增加值32亿元；全社会固定资产投资68.1亿元；外贸进出口1.65亿美元；实际利用外资7336万美元；社会消费品零售总额2.85亿元。新引进项目52个，其中省外亿元以上项目24个，亿元以上省外项目到位资金51亿元。全区规模工业总产值达132.5亿元，规模工业产值超亿元企业22家，3亿元以上企业7家。

着力培育特色产业，加快园区转型升级

近年来，池州开发区坚持特色发展、错位发展和高端发展，结合本地产

业基础和区位环境特点，将电子信息、高端装备制造和现代服务业等三大产业作为特色主导产业来打造，强化电子信息首位产业首位支持的政策措施，逐步形成以电子信息产业为龙头，以装备制造和现代服务业为支撑，带动新能源、新材料和传统产业改造升级的特色产业体系。

程国清说，在电子信息产业上，以“芯”制造为核心，延伸和拓展产业链条，形成以3万吨电子铜箔、1000万片4~6寸晶圆和芯片制造、100亿颗集成电路封装测试、晶圆再制造、IC设计、ITO导电玻璃膜及电子触摸屏、LED应用传感器等电子元器件、云计算及物联网等较为完整产业链的产业集群。在高端装备制备业上，全力做大汽车发动机及零部件、机电设备、专用设备（数控）、半导体及LCD设备、工程机械和农业机械等产业板块，形成以中恒天福泰动力40万台发动机、旭豪工业缝纫机、赛威农用机械、均益金属设备制造、伟舜机电、荣创芯科、三雕起重等项目为龙头的产业集群。在现代服务业上，重点发展现代物流、工业设计、电子商务、金融服务等新兴态业，形成以央企中国诚通集团、广东物资集团、香港远航集团现代物流基地、京师方圆环境监测、智慧产业研究院等工业设计、科大讯飞智慧旅游、笨鸟先飞跨境电子商务、鸿飞信息服务、金融基金小镇等项目为代表的产业集群。同时，围绕三大主导产业培育，带动新能源、新材料和生物工程等战略性新兴产业发展，我们在园区产业布局上将逐步形成“四园一中心”的集聚发展格局，即半导体产业园，装备制造产业园、临港物流产业园、健康制造业产业园和科技金融服务中心。

着力提升招商质效，做大做强骨干企业

始终将招商引资作为园区发展的“生命线”，发扬“专业、专注、专心、专攻”四专招商精神，紧盯京津冀，巩固珠三角，开拓长三角，瞄准行业龙头、世界500强、中国500强和上市公司招商，强化与中恒天、中建材、中电科、诚通集团等央企对接，引进中建材“三新”产业园、4万吨电子铜箔、中恒天福泰动力40万台发动机等一批总投资10亿元以上的产业龙头、行业骨干和牵动性强的项目，在集成电路制造、大数据中心和智慧城市、金融基金等产业链关键环节上取得积极进展。

程国清介绍说，“十二五”以来，池州开发区年均新引项目60余个，累计招商引资到位资金410亿元。落户项目中，入库税收千万元以上企业7户、百万元以上近50户，实现产值超亿元工业企业22家。全区拥有安徽省著名商标12件、安徽省名牌8个、市知名商标19件，培育建成安徽省“专精特新”中小企业18家、2A级以上标准化良好行为企业6家，恒生科技、三信化工、五洋电力荣获安徽省质量奖，安芯电子、科居新材料荣获市长质量奖提名奖，龙格新材料荣获中国集成墙面十大品牌。

着力实施创新驱动，不断提升科技创新能力

程国清说，近年来，池州开发区积极实施创新驱动发展战略，推动“大众创业、万众创新”，聚力打造加快“调转促”的动力新引擎，奋力建设皖江城市带上的“创新高地、智慧园区”。

截至2017年底，累计授权专利1070余件，其中授权发明专利209件，铜冠铜箔1项发明专利被评定为安徽省专利金奖、国家专利优秀奖，实现我市省专利金奖“零”的突破；认定高新技术企业23家、高新技术产品58个，其中国家级重点新产品2个。建成省级企业技术中心14家、省级工业设计中心2家、省级工程实验室1个、博士后工作站3个，国家或行业标准制订企业6家。引进培育院士工作站1个、省级博士后科研工作站1个、省“115”产业创新团队3个、国家“万人计划”人才1人、中科院院士1人、国务院特殊津贴专家2人、省战略性新兴产业技术领军人才10人、省“特支计划”4人。安芯电子汽车电子芯片研发达到国内先进水平，填补省内GPP芯片市场空白；铜冠铜箔新型锂电池用电子铜箔项目荣获省科学技术奖一等奖；均益股份研发生产的数控全自动Y牙排牙机打破了日本YKK公司在高端金属拉链行业的绝对垄断地位。龙格装饰材料列入教育部重点实验室生产实验基地；省智慧产业技术创新联盟、省智慧产业研究院“院士工作站”、省封装测试产业技术创新联盟、池州半导体协会在经开区成立。2017年高新技术产业产值82.3亿元、战略性新兴产业产值33亿元，分别占规模工业总值62.1%、24.9%。

“乘风破浪会有时，直挂云帆济沧海。”程国清表示，当前和今后一个时

期，开发区将按照市委、市政府的决策部署，紧紧抓住大有可为的重要战略机遇期，进一步主动抬升标杆，强化责任担当，确保实现“一个同步”“两个突破”“三个翻番”：即到2020年与全国全省全市同步全面建成小康社会；到2022年半导体产业链企业突破100家，产值突破150亿元，真正成为园区的支柱产业；2022年园区经营总收入、地区生产总值、财政收入比2017年翻一番；战略性新兴产业产值占规模工业比重达到35%；综合实力在全省国家级开发区中进位次、争中游，全面融入长三角城市群产业链分工体系；到2025年，力争迈进千亿园区行列，建设成为全省一流的战略性新兴产业集聚区、产城融合新城区和创新发展示范区，使开发区真正成为全市经济发展的主平台、主阵地和重要增长极。

打造绿水青山平天湖
建设金山银山新城区

——访平天湖风景区管委会党工委书记、管委会主任徐友华

□记者 李　玲

“改革开放40年，平天湖风景区的设立才刚刚3年，加上其前身池州站前区也不过短短的12年。但是，平天湖风景区却是应改革而生，因改革而兴，未来也唯有通过深化改革实现新的发展。”近日，平天湖风景区管委会党工委书记、管委会主任徐友华在接受记者专访时说。

2006年，池州市委、市政府提出，“解放思想、脱颖而出、打造江南一流物流商贸区”，池州站前区由此诞生。站前区以时不我待、只争朝夕的精神，全面融入池州建设国家生态市和皖南国际文化旅游示范区中心任务，坚持举生态文明建设大旗，走现代服务业发展之路，全面推动“绿色生态示范城区”和“现代服务业集聚区”融合发展，经济社会快速发展。

站前区的10年，是坚持转型发展、突出品牌升级的10年，综合实力显著增强；是坚持特色发展、突出项目支撑的10年，服务业集聚区全面打造；是坚持绿色发展，突出产城一体的10年，示范城区加快建设；是坚持创新发展、突出环境优化的10年，创业天堂着力打造。

随着园区基础设施建设和城市管理水平不断提升，新的平天湖风景区应运而生。2015年10月28日，平天湖风景区由原池州市站前区和齐山平天湖风景名胜区整合设立，是池州市“滨江环湖、组团发展”构架中重要组成部分，是国家绿色生态示范城区、省级现代物流服务业集聚区、省级电子商务示范园区、省级风景名胜区。全区规划面积101平方公里，总人口约8万人。平天湖风景区在原站前区物流商贸业的基础上，大力发展旅游业，将大健康产业与旅游充分融合，按照打造水清岸绿产业优美丽长江经济带的总体部署，在常态化做好风景区环境保护工作的同时，主抓规划建设，推进全域旅游，

把平天湖打造成池州的一张新名片。

3 年来，平天湖风景区围绕“绿水青山平天湖、金山银山新城区”发展总定位，主动适应新常态，践行发展新理念，五大发展行动取得新成就，产业转型迈出新步伐，成功创建国家级风景名胜区，平天湖国家湿地公园顺利通过试点验收，经济社会各项事业保持平稳健康较快发展，在“三优池州”建设征程中不断争先进位。

到 2017 年底，平天湖风景区综合实力跨上了新台阶。GDP 总量逼近 10 亿元关口，是 2015 年的 1.33 倍，预计今年即可突破 10 亿元大关；财政收入接近 4 亿元，年均增长约 15% 以上，财政贡献力不断提高；两年累计完成固定资产总投资 53.7 亿元，年均增长 17% 以上。引进限额以上项目 61 个，协议总投资达 180 亿元，竣工运营项目 40 个，到位资金达 27.6 亿元。新增限上商贸企业 28 个。

现代服务业发展闯出了新路。大健康、电子商务等业态正逐步成为新动能、新支撑，莲花山颐养小镇、天堂湖智能医疗大数据产业园项目和瑞泉护理总部等项目多点开花，“医养结合”大健康产业布局初显，实体经济培育取得突破；国家森林生态标志产品电商平台项目以及筹建中的百亿级林业发展产业基金、全国林产品检验检测中心将集成资本、技术、平台和数据等行业头部资源，加快打造全国林产品电商旗舰。

生态文明建设实现了重要突破。平天湖水质治理一直是平天湖管委会的头等大事，管好水就管好了生态。平天湖风景区管委会实施水环境治理工程，主要污染源——3 万余平方米养殖场和 1 万余头猪、4.2 万羽禽类搬迁处置完毕并设立禁养区，平天湖水体污染总体好转。为保护生态多样性，齐山平天湖风景区管理委员会每年都向平天湖投放了 20 万尾的鲢鱼和鳙鱼，投入大量人力物力，一天 24 小时不间断巡查，常态化整治违规捕鱼行为。近期，管委会准备对平天湖景区湖区加设 28 处监控，并通过实时监控及时告警及时驱散，以保证人民生命财产安全。目前，以齐山—平天湖国家级风景名胜区、天堂湖国家绿色生态示范新区和健康幸福森林公园、平天湖国家湿地公园、天堂湖公园“两区三园”生态大格局正在加快形成。平天湖风景区正在制订《池州市齐山—平天湖风景区管理条例》，进一步提高风景区管委会对风景区进行有效治理。

民生保障得到了持续改善。总面积约 2.8 万平方米的清溪雅居公租房项目全部投入使用，棚户区改造等政策全面落实。累计落实扶贫帮困、救灾救助等各项资金约700万元，拨付失地保障、城乡低保等保障资金约1000万元，城乡居民参保率基本全覆盖，社会救助制度全面落实，群众生活满意度和幸福指数不断提高。

“十三五”期间，平天湖风景区将以“文化旅游新名片、城市经济新中心、绿色人居新天地”为目标，坚持创新、协调、绿色、开放、共享的发展理念，突出商贸和旅游双轮驱动，以国家风景名胜区、国家绿色生态示范城区、省级现代服务业集聚区“三区建设”为支撑，全面打造皖南国际文化旅游综合服务核心区。

徐友华表示，当前平天湖风景区在发展中面临的困难和问题仍然十分突出，主要是表现在：产业转型仍需加快步伐，房地产业依存度仍然较高，大健康、电子商务、旅游、现代物流等新业态仍处于起步爬坡阶段，发展质量和效益不高；生态环境保护建设、扶贫攻坚任务十分艰巨；少数项目历史遗留问题尚待全面解决；营商环境与日益发展变化的经济形势还有不相适应的地方。

何以破题？唯有改革！只有坚定不移高举改革开放伟大旗帜，坚持改革不停顿、开放不止步，坚定不移办好自己的事情，才能攻坚克难、闯关夺隘，奋力开创发展新境界。

当前，改革开放已经进入新时代，平天湖风景区也进入转型发展、转换动能、转变方式的重要时期。徐友华表示，我们将坚持“绿水青山平天湖，金山银山新城区”的总定位，坚持以“五大发展”为总抓手，以全域治理和功能完善为突破口，以现代服务业转型升级为主线，以齐山—平天湖国家级风景名胜区为平台，聚力发展大健康、电子商务、旅游、商贸、物流“五大产业”，加快打造大旅游格局，努力形成产业新支撑、培育经济新动能，以改革的新实践实现新发展，书写新篇章，为绿水青山平天湖贡献力量，为金山银山新城区争先作为，以优异的成绩迎接这个伟大的新时代。

五、兴业之路
（市直各部门负责人访谈）

兴水惠民铸辉煌

——访市水务局局长崩兴宇

□记者 邓 柱

“当前，正值水利改革发展进入新时期，我们将以党的十九大精神为统领，深刻领会习近平新时代中国特色社会主义思想的精神实质和内涵，续写新历史时期水利改革发展的新篇章。”市水务局局长崩兴宇如是说。

我市水网密布，一部兴利除害的治水史紧密联系着池州经济、社会的发展史。改革开放40年来，在历届市委、市政府的坚强领导下，经过各级干部群众的不懈努力，池州水利建设实现历史性跨越，科学治水方略不断完善，传统水利向现代水利加快转变，农田水利工程从无到有、从小到大、从少到多、从低级到高级，逐步建成了一个防洪、排涝、蓄水、灌溉、发电、科研等完整的农田水利工程体系。

崩兴宇介绍，目前全市建成保护面积100亩以上的堤防178处，堤防总长570公里，保护耕地86万亩，保护人口85.5万人。长江干支堤防总长182.6公里，防洪标准达到防御1954年洪水标准。2010年以来，投资11.9亿元，综合治理河道343公里，县城防洪标准达到20年一遇，城区防洪标准达到50年一遇标准。2011年以来，各县区陆续建设3期山洪灾害防治非工程措施，监测预警预报系统初步建成，基本实现危险区雨水情监测全覆盖。

2005年以来，我市持续加大水利基础设施建设力度，共建成农村饮水工程1254处，日供水能力22.67万立方米，累计解决130.87万人的饮水问题。农村集中供水率达94%，自来水普及率达93%，基本实现农村饮水“村村通”。2007年以来，我市抢抓国家加快病险水库除险加固机遇，先后对414座病险水库实施除险加固，提高了防洪保安水平，促进了工程效益发挥。

改革开放40年，我市水利建设取得长足发展，截至目前，共有中小型水库430座，总库容2.783亿立方米；塘坝16189处，总容积1.444亿立方米；

穿堤涵闸140座；50千瓦以上机电排灌站243座，总装机10.26万千瓦；中小型灌区226处，有效灌溉面积60.84万亩。2013年以来，全面推进“八小”水利工程改造提升工程，农田灌溉条件进一步得到改善，全市农业灌溉水有效利用系数提高到0.534。2000年以来，我市累计投入2.3亿元，实施70余处小流域水土保持综合治理工程，综合治理面积508平方公里，全市水土流失率由2000年的25.13%下降到2015年8.58%，水土流失治理成效显著。编制池州市水利风景区规划，依托现有水利工程，充分挖掘景观生态效益，积极创建水利风景区，目前我市成功创建2个国家级和1个省级水利风景区。2014年池州市列为第一批省级水生态文明试点城市，3年投入资金19.1亿元，初步建成了水资源高效利用、水安全保障、水环境综合治理、水生态保护与修复、现代水管理、水生态文明培育等6大体系，实现了城市水生态文明的建设目标。

“下一步我们将认真贯彻落实习近平总书记关于长江经济带‘共抓大保护、不搞大开发’重要指示精神，在市委、市政府的坚强领导下，紧紧围绕‘三优’池州建设，深化水利工程管理体制改革，全面实施最严格水资源管理制度，大力推进河长制、湖长制工作，切实落实河道采砂管理行政首长负责制，加强水利基础设施规划建设，进一步提升水利保障经济社会发展的能力，为打造生态文明建设安徽样板作出新的更大贡献。”崩兴宇表示。

坚持不懈走旅游产业发展之路

——访市旅发委主任江兴来

□ 记者 石泽丰

池州自然风光和人文景观交相辉映、相互渗透，构成池州旅游的独特品位和鲜明特色。改革开放 40 年来，尤其是池州复建 30 年来，我市旅游业发生了巨大变化。近日，记者专访了市旅发委主任江兴来。

谈起旅游业的发展，江兴来感慨于撤地建市以来，池州的旅游业发展迅猛，他说："市委、市政府一直把旅游业作为战略性、先导性和支柱性产业来培育和发展，围绕将池州建成国际生态休闲旅游城市的目标，深入实施'旅游兴市'战略，全方位打造'山水池州·圣境九华'目的地旅游品牌，实现了旅游业的快速健康发展。"

江兴来介绍，截至目前，全市共有国家 A 级景区 39 个，其中 5A 级景区 1 个，4A 级景区 16 个；星级旅游饭店 31 家，旅行社 81 家，导游 2000 余人，星级农家乐 265 个；全市旅游直接从业人员 12 万人左右。我市旅游接待人次、旅游收入、入境游客连续 3 年位于全省第四、第三、第二的位次，旅游业已经成为我市重要的支柱产业。

30 年的经历、30 年的谋划、30 年的坚持不懈。江兴来说："30 年来，全市对旅游业的认识经历了一个逐步深化的过程。从外交事业到经济产业，从经济产业到综合性产业，从主导产业到支柱产业，旅游业的性质逐步变化，功能逐步丰富，政策也逐步深入。各级党委、政府高度重视旅游业发展，推动旅游发展力度不断加大，在全省率先召开全市旅游业发展大会，成立了市政府主要领导担任组长的促进旅游业改革发展领导小组；各级人大、政协多次组织视察调研，提出许多好的意见建议，破解了一批重点难题；工业、农业、林业、水利、国土、文化、体育等相关部门、产业与旅游加强合作，联合出台多部关于旅游用地、文旅融合等方面政策文件。旅游发展的体制机制已初步完善，‘旅游兴市’战略已经成为全市共识。”

令江兴来引以为骄傲的是，我市成功创建了中国优秀旅游城市和国家级旅游业改革创新先行区，整市入选国家全域旅游示范区创建名单和皖南国际文化旅游示范区核心城市。九华山成功创建国家首批5A级旅游景区，牯牛降景区创建国家5A级景区正在稳步推进，九华天池景区成功创建国家生态旅游示范区；贵池区、青阳县成功创建“安徽省旅游强县”，石台县成功创建全国休闲农业和乡村旅游示范县；新增省级旅游度假区1个，省级体育旅游产业基地1个，首批省级中医药康养示范基地2个、省级研学旅行基地4个；池州国际会展中心获批“皖南国际文化旅游示范区展销中心”……面对这些成绩，江兴来如数家珍。

谈起旅游市场主体的发展，他说：“30年来，我们围绕皖南国际文化旅游示范区建设和国家全域旅游示范区创建，坚持不懈主攻旅游产业、文化创意产业、高端服务业，成功引进安徽投资集团、安徽嘉润、江苏雨润等一大批大企业、大集团来池投资。安徽九华山旅游发展股份有限公司在上海证券交易所上市交易，实现了池州企业主板上市‘零’的突破。加强与资本市场合作，与省投资集团签订战略合作框架协议，在全省率先设立总规模达40亿元的旅游产业发展基金。石台县秋浦河旅游股份有限公司、青阳县龙泉圣境有限责任公司在三板成功上市。青阳县富贵陵阳文化旅游股份有限公司在四板挂牌上市。这些成绩，都来之不易。”

在新的起点上，他表示，将尽全力做好旅游产业这篇大文章，把池州的旅游产业推上一个新的台阶。

让百姓尽享财政“阳光雨露”

——访市财政局局长徐树生

□ 记者 石泽丰

1988 年，池州财政收入只有 6830.2 万元，是典型的仅保工资“吃饭型”财政，经过 30 年的改革发展，池州财政实现了向“建设发展财政、民生财政、绿色财政、创新财政、绩效财政、阳光财政、法治财政和廉洁财政”等“八型财政”转变。日前，记者专访了市财政局局长徐树生。

谈起 30 年前的池州财政，徐树生颇多感慨。他说：“改革开放初的 1978 年，池州经济总量只有 2.9 亿元，财政收入只有 5000 万元。这样的基础，当时池州即使想做点事，也苦于财力有限。”历经 40 年的改革开放和复建 30 年的艰苦创业，池州从一个相对闭塞、经济后发的传统农村地区，发展成为一个全面开放、快速崛起的“三优”之城。他介绍，全市财政收入由 1988 年的 6830.2 万元增长到 2017 年的 102.1 亿元，30 年增长了 148 倍。特别是 2000 年撤地设市以来，收入增长步伐进一步加快，年均增长 22.3%，增值税、所得税、契税、消费税成为全市财政收入的主体税种，收入结构渐趋合理。在收入快速增长的基础上，全市财政支出由 1988 年 8691 万元增长到 2017 年的 142 亿元，30 年增长了 162 倍。财政支出在规模扩大的同时，结构日趋优化，“三农”、科技、民生等重点支出得到有效保障。

徐树生认为，30 年来，财政工作取得了好成绩，得益于全市财政按照“科学化、精细化”管理要求，不断探索科学理财的新机制、新举措，重点在“生财、理财、用财”上下功夫，狠抓财政收入，优化财政支出结构，强化财政公共保障，着力改善民生，深化财政改革。他说：“增收，是财政永恒不变的主题，对于池州这样一个经济总量小的地级市而言，增加财政收入是永恒不变的主题。近 5 年来，市财政局科学制定收入计划，硬化征管部门责任，强化收入目标考核，严格依法组织收入。突出税收征管重点，积极挖掘税源潜力，防止财政收入流失。加大综合治税力度，积极推动第三方涉税信息平台建设，加强重点税源监控，整顿规范征管秩序，不断提高征管质量。规范非税收入管理，合理界定非税收入范围，严格执行‘收支两条线’管理，确保全额纳入财政预算，在全市财政系统和相关部门的通力配合下，经受住了经济下行压力考验，财政收入实现了稳定增长。”

徐树生说：“近5年来，市财政局通过兴财源、抓征管、重争取等方式，着力壮大财政实力，我市税源企业队伍不断壮大，全市税收过亿元企业发展到8户，5000万元到1亿元的企业发展到6户，1000万元到5000万元的企业发展到83户，为全市经济社会发展提供了坚实的财力支撑。2017年，全市财政收入完成102.1亿元，同比增长2%。一串串数字，见证着池州财政取得的一个又一个辉煌的成绩。”

在池州财政人的努力下，全市财政收支规模不断攀升，财政增收与经济增长呈现出良性互动的发展态势，徐树生对此感到非常高兴。他说：“有了财力，我们考虑的就是发展，为三区建设打下基础。”如何发挥好财政支持经济的杠杆作用，把好钢用在刀刃上，这是池州财政人面临的课题。徐树生介绍，面对加速发展的迫切要求，市财政局充分发挥了财政资金的导向作用，一方面，抢抓长江经济带、皖江城市带承接产业转移示范区、皖南国际文化旅游示范区、国家生态文明建设示范区建设的战略机遇，促进经济结构调整和产业转型升级，推动经济社会平稳较快发展；另一方面，大力支持工业园区及承接产业转移示范区建设，充分发挥财政带动效应，有力提升承接产业转移能力。同时，大力扶持旅游业发展，根据池州市政府下发《关于促进旅游业发展的若干意见》，为大力实施“旅游兴市”战略，加快推进皖南国际文化旅游示范区建设，安排和争取旅游发展资金投入，全市景区景点及配套基础设施建设不断加快，旅游服务功能、市场营销、旅游管理等各方面工作不断提升，旅游人才队伍不断扩大，池州全市旅游整体发展态势迈入全省旅游第一方阵，提升了旅游业发展活力。此外，努力保障招商引资和重点项目建设，主动服务招商引资，积极向上争取资金，市本级调度资金，为招商引资工作提供财力支持；安排拨付重点项目资金，为“433”工程等重点项目的顺利实施提供了保障。在徐树生看来，积极扶持企业做大做强、促进企业技术创新和科技成果转化也是财政义不容辞的责任，为此，市财政设立了产业培育发展引导基金、战略性新兴产业发展引导资金、中小企业发展资金、民营经济发展基金、污水处理、能源节约利用等专项资金，清理和取消不合理收费项目，创造更好的营商环境，扶持企业转型升级、做大做强；争取和安排拨付国家技术创新工程试点项目、科技成果转化、企业技术创新资金等科学技术支出，出台《池州市专利资助与奖励办法》《关于印发池州市专利权质押贷款贴息办法（试行）的通知》等一系列专利奖励扶持政策，鼓励企业加大技术创新和科技成果转化力度。

财政资金取之于民、用之于民，这是最大的民生，一定要让百姓享受财政阳光雨露，这是徐树生的工作观，他说："这么多年以来，我们坚持把每一分资金都用在实处。"据他列举，近年来，困难群众搬进新房，公共场馆免费开放，农村娃接受正规学前教育，城乡低保标准提高，城镇居民医保水平跃升，农村清洁工程全面完成……一项项民生工程的投入和收到的实效，得到群众的认可与支持。习近平总书记特别关注困难群众生活，高度重视脱贫攻坚工作，我市财政部门不断加大扶贫资金投入，2015 年投入扶贫资金 4836 万元，2016 年投入 1. 48 亿元，2017 年达 2. 35 亿元，连续迈上 1 亿元、2 亿元台阶，确保 2020 年如期脱贫。徐树生说："这些年以来，各级财政积极调整优化支出结构，不断加大对公共服务领域的投入。教育、卫生、文化和体育等社会公共事业以及医疗、交通、生活、住房、就业等基本保障均有长足发展，基本公共服务均等化建设的目标如期实现。此外，全力投入生态文明建设，设立'水清岸绿产业优'专项资金，全面开展水环境、空气环境、人居环境、交通环境等综合整治，让全休居民共享城市发展成果。"

一座小城的华丽蜕变

——访市住建委主任张良浩

□记者 邓 柱

池州，一座古老而又年轻的城市。

说她古老，因为自唐武德四年设立州府建制以来，池州已有近1400年历史，文化底蕴深厚；说她年轻，因为她撤地设市才18年，成为真正意义上的城市。

“晴天是灰州，雨天是池州，物价是贵州”，这句上世纪八九十年代流行的顺口溜，真实再现了当年池州城市建设的落后情形。当时整个池州主城区只有11平方公里，人口大约六七万人，两条主干道（长江路、秋浦路），一个十字路口，一个红绿灯，见不着高楼，就是一个小县城。到了晚上，用当时老百姓的话说，拿一根竹竿子到大街上一扫，都打不到一个人。就是这样一座不起眼的千年古城，经过建市以来特别是近年来的春风化雨，如今已发生了翻天覆地的变化，齐山脚下，平天湖畔，一座天蓝、地绿、水清、街净、路畅、灯明、楼美、商兴的现代化新城已经展现在人们面前，连土生土长的“老池州人”也很难找到旧城的痕迹。

“中国优秀旅游城市、国家园林城市、全国双拥模范城市、中国人居环境奖城市……诸多“国”字号光环一揽入怀后，池州，正阔步前行在江南美丽田园城市的康庄大道上。”市住建委主任张良浩接受记者专访时说。

党的十八大以来，全市完成市政基础设施投资47亿元，完成房地产开发和住房保障投资382亿元，完成建筑业产值369亿元；全市城镇化率由2012年的47.5%增长到现在的52.3%，城区绿化覆盖率由2012年的40.41%增长到现在的43.12%，供水覆盖率由2012年的98.2%增长到现在的99.5%，燃气覆盖率由2012年的98.4%增长到现在的99.3%。使美丽池州从一个相对闭塞、经济后发的传统农业地区发展成为全面开放、蓬勃发展的新型滨江城市，成为中国改革开放一个精彩而生动的缩影。

张良浩说，在2013年召开的中央城镇化工作会议上，习近平总书记指出："要建设自然积存、自然渗透、自然净化的海绵城市。"我市积极响应，2015年成功申报全国首批海绵城市建设试点城市。在试点建设中坚持"老城区以问题为导向，新区以目标为导向"，综合运用"渗、滞、蓄、净、用、排"等手段，全力打造海绵道路、海绵广场、海绵公园、海绵小区、海绵学校，构建全区域、多层次、立体化的城市"海绵空间"。截至目前，已实施并基本完成项目117个，完成投资50.025亿元。从已建成的项目看，连片示范效应已经凸显，人居环境逐步改善，人民群众反映良好。2016年顺利通过了住建部、财政部、水利部联合组织的海绵城市试点建设现场考核，考评成绩位居全国前列。齐山大道海绵改造工程被住建部列为全国21个海绵城市建设典型案例之一。

清溪河，曾经是池州的痛。曾经的"水色异诸水"，化为"龙须沟"。经过4年多的努力，清溪河整治一新，成为省内治理城市河流的一个成功范例：沿河100多万平方米的生态环境得到改善，新增了47万平方米的公共绿地，城市绿化率提高了6个百分点。

如今的清溪河，已经成为城市中心的绿色长廊，来过池州的人，无不对清溪河之秀丽啧啧赞叹。为进一步激发市场活力，引进社会资本参与城市建设，我市按照政府主导、市场运作的原则，大力推行PPP模式。通过将黑臭水体整治、海绵城市改造、湿地生态整治等项目打包，经过谈判和招投标选定建设单位，着力解决主城区水环境、水生态、水安全等问题，推进"五水共治"。截至目前，已推出主城区污水处理及市政排水、滨江区及天堂湖新区棚改基础设施、清溪河流域水环境综合整治三个PPP项目，总投资近30亿元。

清晨，健身的市民漫步在幽静的林荫道上，享受着绿的清新、花的芳香；白天，驱车行驶在市区的马路上，扑面而来的是路的洁净、景的震撼；入夜，映入人们眼帘的是高科技催生的火树银花、流光溢彩。如果把整座城市比作乐章，那么城市环境管理就是其中的"音符"。我市通过改革创新不断强化城市管理，奏响了一曲人城和谐的乐章。党的十八大以来，共新建、改造城市道路56条、226公里，完成农村危房改造36550户，申报中国传统村落18个、安徽省传统村落35个、列入全国重点镇8个、省级美丽宜居小镇（村庄）18 个、省级特色景观旅游名镇名村 30 个，整治老旧小区 22 个，完成城市易涝点整治 26 个，建设排涝泵站 5 个。目前主城区建成区绿化覆盖率达 43.12%、绿地率 34.46%、人均公园绿地 17.08 平方米，建成绿道 125 公里，积极推进沿平天湖城市园林风情线、沿月亮湖—南湖现代都市休闲线等 10 条精品线路建设，营造天蓝、地绿、水清、城美的生机盎然城市环境。

千年古城展新姿。池州这座江南小城，正在变为一座水在城中，山水相依、文脉相承、人与自然相亲的绿都。“下一步我们将在市委、市政府的坚强领导下，深入贯彻习近平新时代中国特色社会主义思想，围绕‘五先’发展目标，以海绵城市建设为抓手，扎实推进‘人居城市、新型城镇化、美丽乡村’三大建设，稳步发展房地产和建筑两大产业，积极创建全国文明城市，奋力争当绿山青山和金山银山有机统一的排头兵，为建设‘三优’池州作出更大的贡献。”张良浩表示。

打好“组合拳” 汇聚“新动力”

——访市招商局局长胡东生

□记者 邓 柱

“招商引资，是一个地区产业转型升级的重要抓手，更是一个城市发展的后劲所在。”市招商局局长胡东生表示，改革开放四十周年以来，池州经济社会发展取得了令人瞩目的辉煌成就，特别是招商引资、重点项目建设成绩显著，由改革开放之初的小水泥、小轮窑、小食品加工等乡镇企业经济架构发展成为现代装备制造、现代化工、金属非金属材料、绿色有机农产品加工及电子信息、大健康、全域旅游“4+3”产业体系。

池州市招商局成立于2006年5月，通过连续开展“招商引资项目建设年活动”，坚定不移实施开放兴市战略，先后引进海螺水泥、九华发电、贵航特钢、超威电池、长九灰岩矿等一批重大项目。“十一五”期间全市引进项目933个，累计招商引资到位资金624亿元。“十二五”期间全市引进项目1900个，累计招商引资到位资金1820亿元。2016-2018年9月，全市新引进项目1714个，到位资金1198亿元。

胡东生说，近年来，市招商局围绕市委、市政府工作部署，按照“精准招商、增量提质，强化服务、推进落地”的总体要求，不断强化招商宣传，精心组织招商活动，狠抓项目督查调度，总结出宝贵的“池州经验”和“池州做法”。

市招商局及时更新编制《投资池州指南》《重点招商项目册》《在外成功人士名录》等招商资料，录制《投资池州》招商宣传片，全方位多途径介绍池州人文历史、生态优势、旅游资源、投资环境、承接平台和产业规划等。利用外商座谈会、中国国际徽商大会、世界制造业大会、全经联产业运营大会等重大招商引资平台以及商会、协会、网站、微信等渠道开展招商宣传和项目推介，持续扩大池州影响力。

围绕先进制造、文化旅游、健康养生养老、新兴服务业态等领域，市、县党政主要领导靠前指挥，既挂帅、又出征，常年赴长三角、珠三角、京津冀等重点区域走访重大项目，推进项目落户；积极走出去开展招商，成立电子信息、装备制造、现代服务业、现代农业、文化旅游等多个招商小分队，分别由县级领导挂帅，赴重点区域搜集招商信息，开展上门招商，推进众多项目在池州落地建设；狠抓产业链整体招商，充分发挥省、市两级产业集聚基地平台作用，抢抓皖南国际文化旅游示范区、长江经济带、长三角城市群等重大战略机遇，立足池州特色优势，在电子信息、大健康、全域旅游等重点产业，聚焦龙头企业引进带动、核心项目支撑、产业完善配套等关键环节，开展强链、补链招商；突出以商招商，紧紧围绕我市主导产业，依托产业龙头企业，通过已落户的外来投资者，加大项目信息挖掘力度，引进上下游企业落户池州，拓展招商新途径；倾力开展亲情招商，充分利用信息资源、人脉资源，通过上门拜访、电话书信等方式，密切关注池州在外成功人士，宣传推介池州社会经济发展取得的成就和重大项目建设，邀请他们回乡投资兴业。

根据市委、市政府确定的年度目标任务，市招商局学习借鉴合肥、芜湖、马鞍山和淮北等地先进工作经验，结合我市发展实际，完善年度招商引资考核考评办法。定期召开招商引资工作调度会，落实招商引资调度机制。实施招商引资“四季攻坚”行动，开展集中签约、集中开工、竣工活动，快速推进一批重大招商项目落地建设。加大招商项目督查力度，实行“月通报、季督查、年考核”，对新引进亿元项目逐一进行现场核查，准确掌握项目的进展情况并予以通报。主动深入企业了解情况、开展调研，持续开展全程代办和“四送一服”双千工程，努力创优“四最”营商环境。耐心受理企业投资咨询、考察、投诉工作，梳理落户企业历史遗留问题，尽力帮助协调解决。收集整理落户我市企业名录，推动企业互联互通，互帮互促，上下配套，共同发展。制订完善外来投资商服务绿卡管理规定，丰富绿卡服务内容，努力营造亲商、安商、富商的浓厚氛围。

“引得来，还要留得住、能发展。我们将着力营造亲商、爱商、扶商、护商、安商的良好氛围，全力打造优质营商环境，推动招商引资项目落地发展，不断为全市经济社会发展注入源头活力。”胡东生表示。一个个项目的落地开工，一家家企业的竣工投产，池州正在谱写奋力发展的新篇章，招商引资的丰硕成果也必将惠及每一位池州人民。

守住绿水青山　赢得金山银山

——访市林业局局长王枞红

□记者 邓　柱

改革开放 40 年来，池州始终坚持“生态立市”发展战略不动摇，加快实施国土绿化、生态公益林补偿等建设，不断夯实林业建设基石，全市森林资源得到有效管理和保护，林业改革、国土绿化、退耕还林、生态补偿、自然保护区建设、森林防火、林地林木采伐管理、野生动植物保护、森林病虫害防治、农村能源建设、林业科技、预防和打击森林犯罪维护林区社会稳定等取得突出成绩。“守住绿水青山，赢得金山银山。改善生态和改善民生是林业转型升级的核心，也是林业建设的一体两翼。”日前，市林业局局长王枞红在接受记者专访时表示。

池州市是安徽省重点林区，3 县 1 区均为省重点山区县。新中国成立初，全市森林覆盖率仅为 21.28%，改革开放初期全市森林覆盖率也只有 22.7%。池州复建以后我市林业进入了一个历史高速、高效的发展阶段，在此期间，完成了“七五”包干造林任务；组织实施了“五八”造林绿化规划，1991－1994 年，通过四年的艰苦努力，以占全省 2.5% 的人口，完成了占全省 16% 的造林绿化任务，并提前一年实现基本消灭宜林荒山的目标，连续四年受到省委、省政府的表彰。随之开展了全面绿化达标活动和林业建设第二次创业，经过 3 年努力，1997 年全面实现绿化达标任务，成为全省“五八”造林绿化先进市。与此同时，从 1991 年起，林业逐步对外开放，利用国外资金造林绿化，高标准、高质量地实施了世界银行贷款国家突破性进展造林项目、森林资源发展与保护项目、贫困地区林业发展项目和德国政府援助的中德合作长江防护林建设项目。

改革开放 40 年来，林业改革发展突出“好”字，更加注重生态环境建设，更加注重森林的社会、生态、经济三大效益的同步发挥。全市重点实施了退耕还林国家重点工程、森林生态网络工程、长江防护林造林、兴林抑螺血防林、世行项目贷款造林、绿色长廊等林业重点工程，全社会办林业蓬勃发展、方兴未艾。至2018年全市集体林地面积763.05万亩，其中公益林275.3万亩、商品林487.75万亩，森林总蓄积2928万立方米。林地面积占全省1/8，森林蓄积量占全省1/6，是全省5大山区市之一。2017年全市林业产值已达291.18亿元，是复建初的290多倍。

池州复建以来，全市共完成造林面积395.9万亩，其中人工造林335.9万亩；完成封山育林274.8万亩；完成义务植树3977.3万株、四旁植树4420.3万株；建设森林长廊示范段193.9公里，城市（镇）绿化1593公顷，绿化覆盖率为53.06%，江河堤渠绿化220公里，农田林网3.4万亩。点、线、片相结合的森林生态网络建设基本形成。建成各类用材林和经济林基地183.1万亩，占人工造林57.1%。值得一提的是，2013年9月18日，池州市荣获"国家森林城市"称号，成为安徽省首个"国家森林城市"。2017年在全国森林旅游节上获得首批"全国森林旅游示范市"称号。2018年6月25日，继国家森标产品销售平台体系落户池州之后，池州被正式授牌成为"国家森林生态产品生产基地创建试点市"。

"建立了市、县、乡、村全覆盖的林长制组织体系和制度体系、森林资源持续稳定增长，古树名木、野生动物资源得到进一步保护，林业'三防'逐步提升，基本建立了森林病虫害监测、检疫、防治队伍体系。"王枞红介绍说，截至2017年，林下种植类面积达到366800余亩，林下经济总产值达42.3亿元，占林业总产值的14.52%，同比2012年全市林下经济总产值的12.57亿元增长近2.5倍，比2001年林下经济总产值增长了10倍。

"改革开放40年特别是池州复建30年来，我市生态建设与林业发展成果丰硕，功在当代、利在千秋。"王枞红表示，我们将继续深入践行习近平新时代中国特色社会主义思想，抢抓机遇、开拓创新，以保护修复林业生态、提升森林质量效益为重点，构建林业生态保护发展机制，实现森林面积和蓄积量持续稳定增长，森林资源得到有效保护和合理利用，生态产品和林产品供给能力全面增强，基本形成布局合理、结构优化、功能完善的林业生态体系，更好地实现绿水青山与金山银山有机统一，为子孙后代留下天更蓝、山更绿、水更清的优美环境。

医疗事业大发展　百姓健康添福祉

——访市卫生和计划生育委员会党组书记、主任刘保权

□ 记者 汪玉芳

家住贵池区梅街镇的65岁老人方迎春刚刚在市人民医院做完胆囊结石手术，这次的看病经历，让老人亲身感受到我市医疗卫生事业的进步与发展。

看病时不需要排队，女儿帮方迎春老人通过网络挂的专家号，按照约定的时间，不用排队她就做好了各项检查。住院后确定需要手术治疗，方老还紧张得偷偷流眼泪，没想到一个小时就出了手术室，因为是微创手术，创伤小，伤口只需要贴个创可贴，第二天她就能下地走路了。住院一个星期时间，本以为要花不少钱，可出院后才知道，农合报销后个人支付仅2000多元。

在农村长大的方迎春老人，经历过缺医少药的时代，在他们一代人的心里，小病扛大病熬，医院上不起也看不起，5个姐妹如今只留下2人，方老不无感慨地说："那时候哪能跟现在比，现在有那么多医院、社区卫生服务中心、卫生院，看病很方便，再加上医疗技术水平也大大提高，很多当时无法诊断的疾病或是不容易治愈的疾病都不再是疑难杂症了。"

从1978年到2018年，改革开放正式迈入第40个年头，也是池州地区复建30周年。"这30年来，池州医疗卫生事业发生了翻天覆地的变化。"市卫生和计划生育委员会党组书记、主任刘保权说。从最初看病老三样"听诊器、血压计、体温表"，到如今的"血气分析仪、四维彩超、螺旋CT"等先进医疗设备；从群众患病找医生，到享受签约家庭医生上门服务；从看病远看病难到网上预约挂号；从1988年全市医疗机构数190个，发展到如今医疗卫生机构数为1006个、卫技人员7213人、床位6169张……池州医疗基础设施不断改善，医疗设备更加先进，医疗政策更加惠民。

过去池州是血吸虫病重疫区，即使到20世纪80年代，全市血防任务仍然占全省血防任务的40%。经过这些年的努力，池州血吸虫病疫情得到有效

控制。目前全市2个乡镇达到传播阻断标准，78个村达传播阻断标准，全年未发现感染性钉螺，无急感病例发生。

“30年来，我们公共卫生服务体系快速健康发展，许多危害人民健康的严重疾病基本消灭或得到有效防控，人民健康水平有了较大提高。同时我们持续深化医药卫生体制改革，加大了对医疗基础设施的投入，百姓看病不再难。”刘保权说。

“发展的最终目的，还是为了老百姓公共的健康。”刘保权告诉记者，国际上衡量一个国家居民健康水平的主要指标是人均预期寿命、婴儿死亡率和孕产妇死亡率。数字最有说服力，2017年我市孕产妇死亡率5.88/10万，较2001年下降了89.95%；婴儿死亡率3.29‰，下降了76.7%；5岁以下儿童死亡率4.65‰，下降了73.5%。

在过去30年的卫生事业发展历程中，医疗救治能力建设成为重点工作之一，各级医疗机构的基础设施建设和内涵建设，使得全市医疗救治能力得到了大幅度提升。2009年以来，我市争取到中央预算内投资项目251个，中央投资共下达48763万元，而这些项目从市本级到县再到乡镇、村实现了全覆盖。

家住贵池区里山街道的徐皓轩，因急性肺炎，经卫生院医生紧急转诊，一路“绿色通道”住进了市第二人民医院，经过一周治疗，病情好转，下转至里山卫生院，在该院巩固治疗一周后康复出院。2016年，贵池区启动“县域医疗服务共同体”试点，以县级医院为龙头，“牵手”乡镇卫生院组建医共体，实行“基层首诊、双向转诊、急慢分治、上下联动”的分级诊疗机制，努力提升基层医疗服务能力。

“方便群众就医，是我市推进分级诊疗的初衷之一，更是目标所在。”刘保权说，近年来，我市全面启动多种形式的医联体建设试点。建立起以市人民医院为龙头的城市医联体、实现县区全覆盖的7家县域医共体和2个独联体，实现城乡资源的共享。全市有5家乡镇卫生院升格为二级综合医院，9家乡镇中心卫生院申报一级甲等综合医院，11家乡镇卫生院获全国群众满意乡镇卫生院称号。医联体建设的不断推进和完善，使分级诊疗上下联动机制逐步建立。

此外，以需求为导向，做实家庭医生签约服务。对百姓来说，家庭医生如同贴心的健康管家。截至目前，全市家庭医生签约服务45.62万人，签约率 31. 61%，完成目标任务的 106%。全市开展家庭医生签约服务和示范点创建工作，共创建 1 个省级示范点、4 个县级示范点。

30 年来我市医疗卫生事业的巨变增进了民生福祉，老百姓最直接的感受是：家门口的卫生院越来越有规模了，去大医院就诊住院更方便了，医疗环境越来越温馨舒适了，看病可以报销了……这样的感受年年在变化，一年更比一年幸福。

努力让每个孩子享受公平优质教育

——访市教体局局长胡学慧

□ 记者 汪玉芳

70 多岁的退休教师陈建曾在贵池区梅龙街道教书 35 年，从自己教书到如今是关注孙女上学的家长，他既是池州教育事业发展的见证者，也是参与者。

“孙女们赶上了教育发展最好的时代。”回忆起刚到学校时的情节，陈老师感慨万分。“那个时候的学校，教室都是土房子，没有窗玻璃，屋顶漏水。冬天外面下大雪，里面下小雪，老师冻得手都不能伸出来写字。”如今孙女就读的贵池区梅龙中心学校，过去也是一所名副其实的薄弱学校，可现在校容校貌发生了彻底的变化，不仅有着漂亮的教学楼，还配备了实验室、图书室、多媒体教室等。

梅龙中心学校的变化是池州教育发展的一个缩影。“改革开放 40 年暨池州复建 30 年，全市教育发展从不均衡到基本均衡，正朝着优质均衡的目标迈进。”市教体局局长胡学慧告诉记者，池州教育的发展可以分为几个阶段，1978 年到 1988 年是我市教育的恢复时期，1989 年到 2000 年是调整和稳步发展期，2001 年到 2009 年是快速发展时期，从 2010 年到 2018 年是教育深入发展时期。

“回顾改革开放初期，全市中小学办学条件几乎是一穷二白。”胡学慧说，40 年来基层教育的每一步变迁，都是池州教育领域取得显著成就的印证与缩影。1981 年全市开始启动校舍建设，开展“一无两有”达标创建，改善办学条件，实现了学校无危房、校校有教室、班班有课桌凳。1988 年池州复建后，全市先后实施中小学危房改造、校园“六配套”建设、“普室”县争创等建设项目，全市办学条件从基本满足教育教学需要到迈向现代化发展。1996 年全市所有县区实现“两基”目标，义务教育质量得到稳步提升，基本解决了孩子们“有学上”的需求。

“‘两基’解决了学生有学上的问题，但怎样巩固提高，怎样推动教育均衡发展的问题又摆在我们面前。”胡学慧说，百姓不仅希望孩子“有学上”，更盼“好上学”“上好学”，因此近些年池州教育改革的重心就转移到推动城乡教育均衡发展上，让偏远乡村的孩子享受到城镇孩子一样的优质教育，成为池州教育部门的主要职责。2006 年，针对全市广大农村中小学的基础条件、教师队伍等方面存在诸多问题，我市启动了首轮薄弱学校改造，随后校安工程、国家薄弱学校改造计划、城乡学校标准化建设等一系列重大教育项目紧锣密鼓地相继实施。2015 年全市 3 县 1 区争创全国义务教育基本均衡县一次性整体通过国家评估认定，我市义务教育均衡发展水平迈入全省第一方阵。

“优质的办学条件是实现教育均衡发展的重要条件之一，我市教育改革同时取得历史性突破，池州教师队伍整体水平大幅提高。”胡学慧说，这得益于各项改革措施的落实到位。教育管理机制改革顺利进行，2007 年以来，通过撤销乡镇教委（办），组建乡镇中心校，我市建立并完善了“以县为主”的教育管理体制。同时教育人事制度改革也在深入推进，全市教师队伍结构得到优化，广大教师的积极性进一步调动。基础教育课程改革和初中毕业升学考试、高中招生制度改革都在逐步深入。2007 年首次将省级示范高中 60% 录取指标分解到农村初中，2009 年增加到 70%，2014 年增加到 80%，优质高中“指标生”向更多农村孩子倾斜。

30 年来，持续增加的财政投入为池州教育的改革与发展提供了坚实保障。从数字看变化，1988 年全市教育经费投入仅有 2000 万元、财政性教育经费投入仅 1838. 45 万元，到 2018 年全市教育经费投入增加到 25. 95 亿元，财政性教育经费投入增加到 22. 87 亿元；1988 年，全市教育项目建设经费不足 50 万元，2018 年增加到 1. 5 亿元。

数字的背后是池州教育发展的生动变化：1988 年到 2018 年，全市幼儿园由 4 所增加到 181 所，在园幼儿由 3270 人增加到 35936 人；全市学前教育 3 年毛入学率由 13% 提高到 86. 47%，“三残”儿童入学率由 35% 提高到 90%，小学毛入学率由 73. 23% 提高到 104. 11%，初中学龄人口毛入学率由 80% 提高到 112. 86%，9 年义务教育巩固率由 65% 提高到 99. 74%，高中阶段毛入学率由 41. 2% 提高到 96. 64%。

青山沃野绘新景

——访市农委党组书记、主任张寿锋

□ 记者 陆寒芳

“我市是传统的农业大市。改革开放40年来，我市农业经历了从治山治水到产业结构调整、从传统农业生产到发展现代农业的历程，初步走出一条具有池州特色的现代农业发展新路子。”市农委党组书记、主任张寿锋说。

改革开放以来，历届市委、市政府高度重视“三农”工作，采取了一系列强农惠农富农政策措施，持续加大农业基础设施建设力度，着力提高农业技术装备水平，夯实了农业基础；持续优化种植结构、产业结构，大力推广新品种、新技术，深化农业供给侧结构性改革，推动农业提质增效；不断深化农村改革，培育新型农业生产经营主体，转变农业增长方式，促进农村一、二、三产业融合发展，农业现代化扎实推进。

“40年来，我市农业产能逐年增加，生产条件大大改善，农业综合生产能力和水平显著提升，农村面貌焕然一新，农民获得感明显增加，农业农村发展取得了巨大成就。”张寿锋说。

农产品产量高倍增长。我市立足资源禀赋和比较优势，大力发展粮食、油料等优势农产品生产，大宗农产品高倍增长。2017年全市粮食总产量68.8万吨、油料产量7.2万吨，较改革开放前49万吨、1.2万吨分别提高了4成和6倍，蔬菜、水果、茶叶等产品供给逐年稳步增加，供求总体基本平衡。

产业结构不断优化升级。粮食、油料等传统优势产业种植结构进一步优化，茶叶、果蔬、中药材等特色农产品得到进一步开发，打造了一批包括九华黄精、九华佛茶、西山焦枣等区域公共品牌，形成特色产业集群。截至2017年，全市优质粮油生产基地建设规模达50万亩，专用、特色粮油生产规模取得新突破，全市“三品一标”产品总量达165个，产地认证面积40万亩，产品认证覆盖率超过40%。黄颡鱼、加州鲈、螃蟹等名优特色水产品养殖面积达30万亩，年产值达20亿元以上。

经营方式不断改进和完善。鼓励和支持农村承包经营权流转，发展多种形式的适度规模经营；全市耕地流转规模超过64.4万亩，占二轮承包面积的51.9%，规模以上粮食生产大户2297户。累计培育各类家庭农场2415家、农民专业合作社1743家，新型经营主体规模逐年扩大。

农业机械化水平取得新突破。截至2017年，全市农机总动力达到128万千瓦，各类农业机械保有量17.5万余台套，全市主要农作物耕种收综合机械化作业水平达到61.89%，其中水稻耕种收综合机械化作业水平达88.45%，逐步将农民从“面朝黄土背朝天”的高强度农业生产劳动中解放出来。

农业绿色发展势头强劲。在农业综合生产能力稳步提高的同时，池州农业突出优质化、标准化、特色化的发展重点，积极引进农作物优良品种，大力推广绿色生产增效技术，实施化肥农药减量行动，促进农业绿色发展。全市主要农作物品种优质率稳步提高到85%以上，化肥、农药等投入品实现零增长。同时，以皖南国际文化旅游示范区建设为契机推进休闲农业发展，推广“特色农业+乡村旅游”联动发展模式。2017年，全市以休闲农业为主题的各类经营主体已发展到近1200余家，共接待游客1125万人次、营业收入29.7亿元。

农村综合改革持续深化。我市基本完成农村土地承包经营权确权登记颁证试点工作，全市52个乡镇609个村共完成承包耕地确权面积163.19万亩，确权登记并颁证32.19万农户。整市推进农村集体产权制度改革试点工作，通过农村资源变资产、资金变股金、农民变股东“三变”改革，促进农村集体经济发展，实现改革红利农民共享。“劝耕贷”试点工作在4个县区44个乡镇全面推开，有力推动了农村经济发展。

农民收入大幅提高。改革开放初期，农民生产经营活动单一、收入来源单一。随着市场经济发展、农村就业结构的变化和体制改革深化，农民收入大幅提高，收入结构呈现新的特点。农民人均收入由1978年的102元提高到2017年的13476元，增长了132倍。农民生活持续改善，农村贫困状况大幅改善，全市贫困发生率已下降到2017底的2.79%。

“40年来，我市农业发生了深刻变化，但发展不平衡不充分的问题仍然存在。进入新时代，我们将以习近平新时代中国特色社会主义思想为统领，坚定不移实施乡村振兴战略，持续深化农村改革创新，大力推进农业现代化、产业绿色化，不断促进农民持续较快增收，努力实现农业强、农民富、农村美，助推‘三优’池州建设。”张寿锋说。

大交通　大格局　大变化

——访市交通运输局党组书记、局长朱树林

□ 记者 潘世鹏

30 年前的池州生活是慢节拍的摇摆，那时的交通基本靠走。30 年后，水、陆、空构建的立体交通枢纽网络，让池州交通实现了历史性跨越发展。

“30 年来，池州的交通格局发生了翻天覆地的变化：九华山机场、城际高铁开通运营，高速公路从无到有，干线公路扩容升级，农村公路步伐加快，景区交通快速便捷……四通八达的‘水、陆、空’交通网络已经形成。交通的变迁，不仅引领着池州这座城市的扩张，见证着池州这座城市的崛起，也悄然改变着群众的生活。”市交通运输局党组书记、局长朱树林谈起池州地区复建 30 年交通事业发展变化时说。

新中国成立后，池州交通首经“皖南急需公路大整修”，至 1957 年底，市内修复公路 330 公里，基本达到晴雨通车。

自 1966 年池州港务局成立之日起，长江干线客轮“江和号”即首泊池州外江港口，当年池州港客运站客量 22. 7 万人次。

1993 年，池州港客运站的客运量达到 200 万人次。

2008 年 9 月 1 日，铜九铁路开行客运列车，结束了池州不通客运列车的历史。

2013 年 7 月 29 日，池州九华山机场建成通航……160 万池州人民的“蓝天”梦想，终于成真。机场通航后，推动池州形成了完备的水陆空交通体系，使池州成为皖南交通网络枢纽城市、承接产业转移的黄金地带。

2015 年 12 月 6 日，宁安高铁开通运营，池州正式进入“高铁时代”。

2016 年 12 月 30 日，八百里皖江上游第一座公路大桥——望东长江公路大桥正式建成通车，标志着全长 2000 多公里的济南至广州高速公路在我省跨越长江，实现在安徽省境内全贯通。2014 年 12 月开工建设的池州长江公路大

桥，不仅是国家高速公路 G3W 跨越长江的关键性工程，也是省高网济祁高速的重要组成部分，2019 年 6 月，大桥建成通车后，池州的内外交通结构将进一步得到优化。

2018 年 7 月 6 日，位于石台县仁里镇缘溪村的 G3W 德上高速池州段重阳二号隧道开工建设，标志着 G3W 德上高速池州段正式进入施工阶段。石台人民多年来魂牵梦萦的“高速公路梦”，梦圆在咫尺。

……

这些标志性进展串起的是池州交通 30 年的发展史，更是池州交通的成长史。历经 30 年发展，池州交通已进入发展的快车道。

千古百业兴，先行在交通。“30 年间，池州的交通运输事业经历了发展、加快发展、大发展的历程。全市交通运输部门以满足人民群众对便利美好出行的需求为目标，加速推进交通基础设施建设，全力推进交通运输事业高质量发展，全市交通运输事业得到了长足发展，全市交通运输事业发展形势十分看好。”朱树林说。

晴天一身灰，雨天一身泥，出门远行坐车不方便曾是很多偏远地区民众出行的真实感受。“便宜、准时、舒适。”这是东至县龙泉镇居民张华民对开通的龙泉镇至东至县城公交的感受，“以前票价是 18 元，现在有空调才 15 元，而且车子很宽敞，坐得舒服。关键是准点，每天有 22 个来回，再也不用像以前那样有时候等两个小时都没车。”为切实改善农村出行条件，交通运输部门坚持在“建好”农村路的同时“运营好”农村路，全市开通城乡公交线路 54 条，建制村公交（客车）通达率达 99.6%，便捷高效的农村客运网络体系使农村群众向往的“出门走上水泥路，抬脚坐上公交车”的生活成为现实。

2017 年底，全市公路总里程达 8780 公里。建成高速公路 244 公里，通车里程居全省第 11 位。普通国省干线 1140 公里（一级 187 公里、二级 643 公里），高等级公路占国省干线总里程 16.4%。农村公路县乡村道总里程 7396 公里（县道 816 公里、乡道 2169 公里、村道 4411 公里）。

朱树林介绍说：“交通崛起，规划先行。‘十二五’以来，市交通运输部门按照规划引领的要求，下好交通规划‘先行棋’，努力争取一批项目进入了国家和省发展规划。一批高速公路和普通国省干线列入了国务院批准的《2013—2030 年国家公路网规划》和省政府批准的《2016—2030 年省道网布局调整规划》。一批项目列入部省规划为我市交通建设发展奠定了坚实基础，池州交通运输事业的发展必将迎来更加有利的契机。"

道路通畅，百业兴旺。随着交通运输条件的日新月异，池州这座生态文明之城焕发出青春和活力。如今，纵横交错、四通八达、便捷高效的交通网络，为城乡经济社会发展创造了优质条件。展望新时代，随着交通运输条件的进一步改善，池州的发展之路必将拓展延伸，越走越宽广。

创新扬帆风正疾

——访市科学技术局局长曹霞

□ 记者 潘世鹏

今天的池州，正大踏步跨入创新驱动发展新阶段——

坚持创新驱动，致力在打造区域创新体系建设上取得新突破；

科技综合实力逐步增强，创新人才团队不断集聚；

培育科技企业，加强校企合作，企业创新意识和创新能力有较大提高……

一张张名片，承载着池州科技创新的生动实践，见证着池州坚实的发展脚步。

"池州地区刚刚复建时，池州的科技发展可以说是一穷二白，当时是一张白纸等待描绘。30 年来，自主创新的种子在池州大地生根发芽，全市科技发展日新月异，为全市经济社会持续平稳健康发展，提供了重要的动力引擎和支撑。"市科学技术局局长曹霞说。

据档案记载，新中国成立后，池州现代加工制造业才刚刚起步。1988 年前，池州在茶叶加工、印刷、重工、采矿、冶金、机械、化工、轻工、纺织等领域技术、装备相对落后。直到 20 世纪 90 年代末，工业开始进入发展期，在冶金、机械制造行业开始有新产品研发机构。到 2018 年，全市工业企业建立各类国家、省、市级技术研发平台近 300 家，科技型企业都配备专职科技人员。1963 年，池州只有青阳县和贵池县两个农科所。2003 年 12 月，全市已有各类技术推广机构 274 个。

曹霞介绍说："无论是科研院所，还是企业科技研发中心，池州都走过了从无到有，从少到多的发展历程。尤其是近年来，市委、市政府对科技工作更加重视和支持，对企业技术创新工作提供了更多的扶持，全市科技创新发展环境越来越优越，一大批科技型企业得到快速成长。"

安徽艾可蓝节能环保科技有限公司董事长刘屹就是池州市在科技型企业发展中取得卓越成就的杰出代表。今年11月1日上午，中共中央总书记、国家主席、中央军委主席习近平在京主持召开民营企业座谈会，刘屹有幸成为10位企业家代表之一发言。

安徽艾可蓝节能环保科技有限公司是池州科技型企业的一个缩影，还有许许多多企业的科技研发走在了全省乃至全国前列。安徽铜冠铜箔有限公司研发的6μm双面光电子铜箔生产工艺技术达到国际先进水平。安徽安芯电子科技股份有限公司与与安徽大学合作的汽车发电机芯片，承担了安徽省科技重大专项，填补了我国整车市场高端汽车发电机芯片制造的空白。池州邦鼐机电科技有限公司在滚珠丝杠副设计、制造工艺、应用技术上国内领先，具备全面替代进口水平。安徽池州百川液压坝科技有限公司经过5年多的发展，在全国各地成功建成400多座液压升降坝，同时出口到缅甸、孟加拉国等国家。

曹霞说："全面实施创新驱动发展，离不开科技项目的支撑。我市依托重点科技骨干企业，实施重大科技项目，突破共性关键技术，强化对外交流合作，加速科技成果转化，培育攻关了一批新项目、好项目，为池州经济社会发展注入了强心剂。"2018年1—9月，我市高新技术产业产值增幅为23%，超过全省平均水平6.8个百分点，居全省第8位；高新技术产业增加值增幅为15.7%，超过全省平均水平1.2个百分点，居全省11位。高新技术产业增加值占规上工业增加值比重达到51.8%。全市共授权发明专利109件，同比增长72.6%，超过全省平均水平45.3个百分点，居全省第4位。每万人发明专利拥有量5.32件，居全省第9位。企业自主创新取得新突破。

为鼓励企业创新创业，我市出台了《池州市人民政府关于印发支持科技创新若干政策的通知》《池州市人民政府关于印发支持三重一创建设若干政策的通知》《池州市人民政府关于印发加快建设创新发展四个支撑体系实施意见全市科技部门的通知》《池州市科技创新券实施办法（试行）》等政策，鼓励企业加大投入，积极培育高新技术企业，对高新技术培育企业进行分类指导，实行点对点辅导帮扶，高新技术企业由2008年的3家增加到2018年的88家。认真落实国家高新技术企业所得税减免优惠政策，2017年共减免8266.37万元，落实市科技激励政策，兑现2017年奖补资金2358万元。

创新驱动发展，科技引领未来。曹霞表示，"当前，区域竞争日益演变为创新驱动的竞争。池州是皖江城市带的新兴城市，在加速工业化、城镇化，加快转型发展进程中，大力推进自主创新、不断增强科技实力，正努力走出一条创新驱动、内生增长的创新发展之路。我们将以思想解放引领池州创新发展，加快科技创新体系建设，增强科技创新对高质量发展的支撑作用，助推各类创新创业主体做大做优做强，全力推动池州构筑起更加优越的发展环境，为‘三优’池州建设发挥科技工作的应有力量。”

优化营商环境助力经济高质量发展

——访市工商质监局局长曹先林

□记者 徐 婷

改革开放40年来，尤其是池州复建30年来，伴随着社会主义市场经济的蓬勃发展，市工商质监局认真落实各项改革措施，促进了我市经济社会平稳健康发展。近日，记者专访了市工商质监局局长曹先林。

“3年多时间，我市新增市场主体数相当于前30年的总和。”市工商质监局局长曹先林介绍，商事制度改革前全市共有市场主体数量为58065户，从2014年3月商事制度改革正式启动到2017年年底，全市新登记注册市场主体为52287户，截至2017年底全市实有市场主体104083户。近年来，我市先后实施了注册资本改革、“先照后证”改革、“多证合一、证照分离”改革、简化经营场所登记、简易注销改革和企业登记全程电子化改革等一系列商事制度改革，力促政府各部门取消和下放审批事项618项，精简了85%的工商登记前置审批，企业办理注册登记申领相关证照从原来的40多天，缩短到现在的只需3天。为进一步推进注册登记便利化，2018年我市在全省率先实施了一项市场主体登记颠覆性改革，委托全市各大商业银行41个营业网点代办营业执照，为市场主体准入打开了更加方便之门。

市场，在“放得宽”的同时必须“管得住”。2016年，我市按照“谁审批、谁监管，谁主管、谁监管”的原则，进一步明确了各有关部门事中事后监管职责。2017年全市135家执法单位通过事中事后监管平台，建立了“一单两库”，实现了“一次抽查、全面体检、综合会诊”，避免了各执法部门重复检查、随意执法的现象。近年来，随着一批虚假广告案件、无照经营案件、商标侵权案件的查处，“皖剑系列”“红盾护农”等专项活动的深入开展，全市市场秩序持续向好。

面对各种花样百出的侵权行为，我市持续开展消保维权活动，整合

12315、12365 投诉举报平台，推进 12315 电话座席向县区延伸；完善消费投诉处置机制，落实经营者“首问责任”和“赔偿先付”制度；持续开展“放心消费”创建活动，使全市消费环境更加和谐。2016 年以来，全市消费者投诉举报中心共受理消费者投诉咨询 8056 件，解决 7923 件，解决率为 98.35%，为消费者挽回经济损失 370 余万元。

加强安全监管，守住质量安全底线。针对居民小区电梯故障高、投诉多等问题，组织开展专项整治行动，整改“问题电梯”12 部。认真汲取特种设备安全事故教训，加强危险化学品包装用压力容器、油气输送管道隐患整治。近年来全市未发生一起重大特种设备安全责任事故。与此同时，高度重视涉及人身、财产安全的重点消费品质量监管，2016 年以来，先后开展了家用电器类、装饰装修类、学生用品类等质量安全专项整治，全市没有发生区域性、系统性产品质量安全事件。

“下一步，我们将进一步聚焦改革创新的源泉，努力在深化改革上实现新突破。按照‘放管服’改革的要求，切实落实好深化商事制度改革的‘最后一公里’，全面推进“多证合一”“证照分离”等改革，营造更加良好的市场营商环境。要进一步聚焦服务发展的宗旨，坚持以人民为中心的思想，将职能服务理念融入市场准入、质量安全监管和消费维权的各个环节，积极回应广大人民群众的新期待、新诉求，不断优化营商环境和消费环境，促进地方经济更好发展。”曹先林表示。

逐梦新时代　扬帆再起航

——访市发展改革委主任张江南

□记者 钟　斌

今年，是改革开放40周年，也是池州复建30周年。岁月流金，时光更迭。30载筚路蓝缕，30载风雨兼程！池州这座千年古城上演着沧桑巨变。清溪河畔、平天湖边，杨柳依依，绿草如茵，休闲市民络绎不绝；城市建设日新月异，道路交通四通八达，城区四季鲜花盛开，百姓生活安居乐业……

从告别“地无寸铁”的历史到进入“航空时代”“高铁时代”，从全国双拥模范城、中国优秀旅游城市到国家森林城市、中国人居环境奖城市，从国家节水型城市到国家首批海绵城市试点市，池州复建30年来，历届党委、政府立足本地实际，坚定不移地实施“生态立市、工业强市、旅游兴市、商贸活市、文化名市”发展战略，一个生态环境优美的绿色池州、产业结构优化的创新池州、群众生活优越的幸福池州正朝我们款款走来。

“池州虽然起步晚、基础差、家底薄，但我们发扬‘艰苦创业，负重拼搏，开明开放，务实创新’的池州精神，紧跟国家改革发展的步伐，我们无论在综合实力、产业结构还是城乡面貌、人民生活都发生了巨大的变化。”市发展改革委主任张江南认为，经过40年的不懈努力，池州发展正处于历史最好时期，为我们加快建设现代化“三优池州”打下了坚实的基础。

综合实力突飞猛进。地区生产总值由1988年的11.4亿元增长到2017年末660.65亿元；城乡居民人均收入由几百元增长到2017年的28362元、13464元，财政收入由0.7亿元增加到102亿元，年均增长18.9%；三次产业结构由50.9：27.2：21.9调整到11.21：45.95：4243.94；池州已从一个农业地区发展成以工业、旅游为主要支撑的三四线城市。

工业经济风生水起。池州复建前，工业一直是池州的软肋。经过近30发展，池州产业定位逐步明晰，已形成现代装备制造、现代化工、金属非金属材料、绿色有机农产品加工四大主导产业以及电子信息、全域旅游、大健康三大高成长性产业“4+3”产业体系。工业园区以占全市不到0.7%的土地面积，创造了近8成的工业增加值和税收收入，成为池州经济发展的主要驱动力。截至2017年底，全市共有省级及以上开发区6家，4个园区产值突破百亿，产值超亿元企业达到185家，其中产值超10亿元企业达到10家，4家企业进入全省制造业百强和民营企业百强，企业主板上市实现零的突破。

交通优势日益凸显。曾因交通瓶颈制约着城市发展的池州，随着九华山机场、宁安高铁、东九高速、望东长江公路大桥、池州港新旅游码头等重大基础设施建成运营，先后跨入“游轮时代”“航空时代”“高铁时代”。池州水陆空立体交通网络的构建，不仅为市民出行提供了多种选择，而且将吸引着人流、物流、资金流、信息流源源不断向池州汇聚。目前据介绍，池州中心城市建成区面积达48平方公里，常住人口城镇化率达52.53.7%。

改革创新成果丰硕。整市列入皖南国际文化旅游示范区核心区，成为第二批国家旅游业改革创新先行区。旅游综合执法体制、农村承包地确权登记颁证、国有林场、不动产登记、公共资源电子交易平台试点等改革走在全省前列。市政排水及污水处理PPP“池州模式”、劝耕贷“东至标准”在全国推广。成功入选全国海绵城市试点市和全国低碳城市试点。

民生福祉持续改善。覆盖城乡居民的社会保障体系基本建立，义务教育基本均衡提前5年实现县域全覆盖，文化、卫生等社会事业全面进步。截至2017年底，城镇新增就业13.27万人，城乡居民人均收入分别达283622元、13464元，居民人均存款4.12万元、居全省第6，人民群众获得感、幸福感、安全感明显增强。脱贫攻坚取得重大进展，42个贫困村出列，7.4万贫困人口稳定脱贫，贫困发生率由2014年的7.8%下降到2017年的2.7%。

“回望是为了更好的出发，30年的峥嵘岁月，30年的砥砺前行，成绩来之不易，经验弥足珍贵。”张江南表示，立足新起点，走进新时代。，我们将以习近平新时代中国特色社会主义思想为指引，贯彻新发展理念，按照高质量发展的要求，着力打好“三大攻坚战”，加快“三优池州”建设加快打造水清岸绿产业优美丽长江经济带（池州段），确保2020年与全国全省同步全面进入小康社会。

完善社会保障　促进就业创业

——访市人力资源和社会保障局党组书记、局长汪茂耀

□ 记者 汪玉芳

近日，在贵池区汇景花园小区的健身广场，记者见到了72岁的老人黄河，虽然头发已花白，但老人精神矍铄，说话声音清亮。“我们全家都是社保改革的受益者。”黄河对记者说。

黄河从企业退休，现在每月从社保机构领取养老金；老伴参加了城镇居民养老保险，如今也在按月领养老金；儿子在省城合肥一家企业上班，单位帮他买了五险一金。

黄老一家的经历，正是改革开放40年来，池州社会保障制度改革进程的一个缩影。

“复建30年来，池州不断推动社会保障制度从企业到社会，从单一层次到多层次保障转变，取得了突飞猛进的发展。”市人力资源和社会保障局党组书记、局长汪茂耀说，如今覆盖城乡的多层次社会保障体系基本建立。

20世纪70年代，退伍复员的黄河回到了老家，在池州化肥厂成为一名国有企业的工人。那个年代，就意味着有了“铁饭碗”，不但每月有工资，生老病死都由国家管。

黄河记得，大概在80年代末企业要求与他们签合同，他的身份也变成了“合同工”，但当时大家没有感受到啥变化，干的还是原来的活儿，领的还是原来的工资。

但在专家们看来，1986年前后是不一样的。

“1986年是社会保障制度真正进入转型时期的标志性年份，社会保障制度开始进入真正意义上的改革年代。”汪茂耀说，此后十余年间，池州相继探索并初步建立起社会保障的制度框架。

退休后，黄河实实在在感受到改革的好处：由于自己参加了社会养老保

险，即使他以前的企业没有了，但都没有影响他的退休待遇。

儿子黄平大学毕业后在合肥找到一份工作，单位给他办理了五险一金，养老、医疗、购房都有保障。让他更没有想到的是，妻子也有了养老保险。2011年6月，国务院颁布《关于开展城镇居民社会养老保险试点的指导意见》，为城镇居民参加社会养老保险提供了政策保障。之后，黄河为妻子补缴养老保险，妻子也有了养老保险和医疗保险。

“在这背后，恰是池州社会保障制度的日渐完善。”汪茂耀说，这一时期，池州逐步建立起养老保险市级统筹制度，实现政策、缴费费率、基金管理和使用、业务经办流程的统一，实现城乡居民养老保险与城镇职工基本养老保险制度有效衔接，城乡居民基本养老保险统一实施，启动了城镇居民基本医疗保险大病保险，覆盖全市所有居民的城乡基本养老保险体系形成。

数据显示，截至2016年末，全市参加城镇职工养老保险14.5万人（其中在职10.88万人）、职工医疗保险13.58万人、失业保险7.01万人、工伤保险10.44万人、生育保险8.84万人。城乡居民养老保险参保84.2万人，基本实现应保尽保。逐步建立和完善企业退休人员基本养老金正常调整机制，“十二五”期间实现养老保险待遇五连调，人均月养老金现已达到1735元。

同时，30年来，我市实现从统包统配就业向市场导向就业转变，就业创业局势保持稳定。2012以来，全市城镇新增就业累计11.57万人，城镇失业人员再就业累计4.3万人，就业困难人员再就业累计0.73万人，农村劳动力转移就业累计11.3万人，历年城镇登记失业率均控制在4.5%以内。

30年来，全市大力实施人才强市战略，人才人事工作得到全面加强。2012年以来，我市积极实施“百名高层次人才引进计划”，组织实施人社部万名专家服务基层行动计划。以企业为主体、职业院校为基础，启动实施了高技能人才培训基地等项目，全市新增技师666人，新增高级工13898人。截至2015年底，全市专业技术人才总量近4万人，新增专业技术人才1.44万人，完成“十二五”规划确定目标。

30年来，我市不断加大执法维权力度，劳动关系始终保持和谐稳定。2012年以来，全面建立劳动用工登记备案制度，推进劳动保障监察“两网化”管理试点工作，受理群众举报、投诉案件结案率达100%。在全省率先实行农民工工资保障金双向收缴制度、劳动用工管理员制度、劳动用工登记制度，扎实开展农民工工资支付情况专项检查活动，清欠农民工工资3.6亿元，涉及民工人数2.87万人。

文化惠民为百姓幸福生活加码

——访市文广新局局长林芳

□ 记者 汪玉芳

在池州博物馆一号七星墩展厅，来自贵池区城关小学6年级的学生吴陈辰认真听着讲解。池州博物馆她还是第一次来。“七星墩遗址模型里展示的都是旧石器与新石器时代的文物，真没想到，池州也有这么多珍贵的文物，我太自豪了。”说这些话时，孩子的脸上洋溢着幸福的光彩。

一旁的吴敏看着女儿兴奋的表情，眼里是羡慕和满足。吴敏说他从小就喜爱文学，但生长在一个小村庄里，几乎很难找到任何文学方面的书籍。“小时候看得最多的书是《新华字典》，再大一点家里有了收音机，每天在收音机上听评书和小说就是最幸福的时光了。”

改革开放40年，池州复建30年，我市文化从封闭、单一中艰难启程，并不断向开放、繁荣、多元发展。最直观的改变来自人民的生活方式，从基本吃饱穿暖的物质需求，到追求更健康更快乐的精神生活，多元化、多层次文化消费格局逐渐形成。

“池州是个古老而又年轻的城市，复建30年来，文化事业发展一直保持着蓬勃的生命力。”市文广新局局长林芳说，从单纯依靠政府投入的文化事业到政府主导、社会参与的现代公共文化服务体系，从短缺的文化生产供给到繁荣活跃的现代文化产业，从较为封闭单一的对外文化交流到多层次、宽领域文化开放格局……池州文化事业呈现出大发展大繁荣的喜人局面。

11月7日，贵池区举办的“非遗进校园展演”活动正在城西小学开展。当清亮有力的锣鼓声和悠扬激越的唢呐声响起时，戴着彩绘面具的演员们跳起傩舞，夸张的造型、幽默的表演，鲜艳的服装和散发着浓郁乡土气息的唱腔，立刻引来了全场如雷的掌声。同学们不仅近距离欣赏了原汁原味的傩戏，还听专家们详细讲解了傩戏的知识。

“让非遗文化走进课堂，走近孩子，一方面能帮助孩子了解传统文化，另一方面也能让非遗文化更好地传承下去。”林芳说，非物质文化遗产是祖先留给我们的宝贵财富，我们不仅要发掘、保护、传承它，还要不断创新拓展非遗传承发展途径。到目前我市有国家级非遗项目 4 个、省级 27 个、市级 51 个，建立全市 25 个市级非遗项目传承人信息数据库。

30 年来，我市文化遗产保护力度不断加大，优秀传统文化得到弘扬。2012 年，肉身宝殿、齐山摩崖石刻等 9 处入选全国文物保护单位，实现了我市国保单位零的突破。贵池七星墩遗址、东至华龙洞遗址等 12 处入选第六批省级文物保护单位、石台胡氏后祠入选第七批省级文物保护单位。公布了第三批市级文物保护单位 26 处，第四批市级文物保护单位 29 处。完成我市全国第三次文物普查工作，全市共普查文物点 1044 处。同时还争取 400 万对章氏宗祠等一批省级文保单位进行了抢救性修缮，对第二、三、四批市级文保单位立碑竖牌、确定保护范围与建设控制地带。目前，我市拥有国保单位 9 处，省保单位 45 处，市保单位 70 处。今年，在全市范围内开展文物大普查大保护工作，截至目前，全市新发现文物点 149 处，复查文物点 549 处。

“文化的繁荣兴盛离不开文化产业的发展壮大。”林芳说，改革开放以来，文化产业发展从无到有、从有到优。随着文化市场准入逐步放宽，市委市政府把培育和发展文化产业摆在突出位置，一系列文化产业政策出台，市场主体、经营方式日趋多元，文化产业规模不断扩大。30 年来，各地整合特色文化资源，大力挖掘佛文化、茶文化、诗文化等丰富内涵，突出文化与创意、旅游、金融、科技融合发展。到 2017 年我市已建设完成全市文化产业项目数据库，编制文化产业项目 120 余个，特色文化产业示范乡镇、特色文化街区和特色文化村项目 9 个。全市拥有 4 个省级文化产业示范基地、2 个广播影视基地、7 个市级文化产业示范基地。总投资约 20 亿元的九华山大愿文化园建成开园。全省最大的民营博物馆秀山门博物馆完成扩建工程并投入运营。

“文化发展的首要目标是满足百姓的精神文化需求。通俗地说就是要让群众看书有去处、演戏有舞台、活动有场所。”林芳说，30 年来，我市积极推进公共文化服务标准化、均等化建设，从 1988 年到 2004 年期间，我市一直没有市级图书馆，近些年公共文化服务设施建设实现历史性突破。市文化馆、图书馆和博物馆相继开放，填补了市级“三馆”的空白。全市形成市有“三馆一院”、县有“两馆”、乡有一站、村有一屋的四级公共文化服务网络；文化惠民工程惠及城乡，2012 年以来，累计完成 315 个广播电视村村通建设任务，建成乡镇综合文化服务中心 6 个、农民文化乐园 27 个；全市群众文化辅导员人数达 1132 人，群众文化活动日趋活跃……老百姓看书不再少、看戏不再远、休闲不再难，文化生活变得越来越丰富，日子过得越来越有滋有味。

六、向上向善
（各条战线上的代表人物访谈）

传承非遗的八旬“老功臣”

——访全国著名民歌手、安徽省非物质文化遗产罗城民歌传承人姜秀珍

□ 记者 刘方婷

文艺是时代前进的号角，能够反映一个时代的风貌，引领一个时代的风气。

改革开放40年以来，池州各项文化事业蓬勃发展，其中，罗城民歌虽沉寂了一段岁月，却在一位老人的不辍努力下，于新世纪再放芳华，大展风采。这位老人名叫姜秀珍，今年84岁，是全国著名民歌手、安徽省非物质文化遗产罗城民歌传承人。近日，记者通过与姜秀珍的对话了解到，她与罗城民歌的缘分要追溯到其孩提时代。

“我8岁开始放牛，将牛背当歌台，学会了上百种山歌小调。歌声伴我在牛背上度过了整个童年。”姜秀珍说，1958年，她参加安徽省第一届音乐周会演，歌声自此响彻江淮两岸；1960年出席全国第三次文代会，受到时任党和国家领导人毛泽东、周恩来、朱德等接见，并照相留念。至今让她记忆犹新的一幕是：在人民大会堂宴会厅向周总理敬酒时，周总理问她是哪个省的，她激动地唱道：“家住安徽幸福州，从小山歌不离口，一日三餐歌拌饭，夜里睡觉歌枕头……”周总理听后哈哈大笑，让她回去后为人民多编多唱。

此后数年，姜秀珍不负众望，为家乡人民编唱出大量充满地方乡土气息的作品，有效提高了池州的知名度和美誉度。

1980年，姜秀珍从田间走出，进入贵池区文化馆从事罗城民歌的传帮带工作。“罗城民歌是池州不可多得的文化名片，要继承和发扬好它，既要保持其原汁原味，又要因势利导，融入新的内容和艺术表现形式，更亟须培养和造就一批热爱民歌事业、有一定艺术造诣的中青年优秀民歌手。”姜秀珍告诉记者，有了这个目标后，她积极创作，多方奔走，终于，遇到了一个难得的

好机会。

2000年，贵池一企业家柯芳春热爱罗城民歌并心系其传承发展，几次登门邀请年过六旬的姜秀珍为罗城民歌选拔“新苗”。姜秀珍回忆道：“我虽说退休了，但既然让我出山，我就想着定要做出点成绩。党和政府给了我这么多荣誉，我若是在能干的时候多干点，才是最大的报答。”

姜秀珍是个爽利人，立马付诸行动，从贵池区墩上许桥小学挑选了8位小歌手，专门写了一首罗城民歌教孩子们唱。柯芳春则出钱，每天下午派车去接放学的孩子到墩上街道的一个大礼堂跑台步、练唱歌。经过一段时间的训练，8位小歌手在当年的池州国庆晚会上一鸣惊人。“之后，罗城民歌到处受邀，变成‘老腌菜’，走哪儿端哪儿。”姜秀珍笑言。

罗城民歌在新世纪火起来后，于2006年入选安徽省非物质文化遗产名录。2008年，姜秀珍被推荐为省级非物质文化遗产传承人。成为省级“非遗”传承人后，她深感肩上的使命重大，自2009年参加完安徽省国庆60周年晚会便再也没有登台独唱过，而是将生活的全部重心放在了培养接班人上。

2015年，姜秀珍被授予非遗带徒名师称号。“当初的8个孩子，如今有4个去了剧团工作，大多活跃在池州的各大演出活动中，但我还是感到有点遗憾。”姜秀珍向记者透露，过去的罗城民歌都是自写自唱自导，注重发音位置，唱腔原汁原味，现在创作人才却后继乏力，反映新时代人民心声和愿望的优秀民歌仍十分有限。罗城民歌值得继续深度整理、挖掘、传承其精华，绝不能只取皮毛，浅尝辄止。于是，80高龄的她至今仍坚持教唱编写罗城民歌，积极做好传帮带，想方设法挖掘人才。

采访当天，姜秀珍在家中向记者分享了她伴随新中国成长的一张张演出照片，以及关于罗城民歌的宝贵经验和记忆。“为罗城民歌付出青春，发挥余热，是我的既有满足，也是梦想。眼下，我还有个想法，那就是将池州的山山水水、风景名胜写进罗城民歌，邀请符合条件的导游在为游客介绍时唱上几句，让更多人了解罗城民歌，传播罗城民歌。”姜秀珍如是道，将文化和旅游无缝对接起来，可以更好地宣传池州，提升池州的影响力。

传递向上向善的力量

——访池州市政协常委、池州市黎虎水泥制造有限责任公司董事长王伟

□记者 刘方婷

国庆节前夕，王伟特别忙碌。身兼池州市政协常委、池州市江苏商会会长、池州市黎虎水泥制造有限责任公司董事长、华亚矿业有限公司控股股东、池州市黎虎新型材料有限公司董事长、池州汇金国际投资有限公司董事长等多个头衔的他，时间几乎以分钟来规划。但是，王伟更愿意向媒体展示他的另一重身份——投身慈善事业的热心人。

王伟是江苏海门人，上个世纪 90 年代初创办上海市黎虎贸易公司，主营水泥和建材，2002 年来池投资创立池州市黎虎水泥制造有限责任公司。“这些年，我亲历了池州发生的可喜变化，对这片土地了解、熟悉，与这里的人相处和睦、融洽。致富思源，池州让我收获了财富和荣誉，我更应尽己所能地反哺这座城市。”王伟说。

前阵子，王伟刚以个人名义捐赠了 47 万元，用于石台县仙寓镇占大中学物理、化学、生物 3 个实验室的仪器设备采购。在他看来，教学楼建好了，没有实验设备不行，再穷也不能穷了孩子！

一位好人，就像一盏明灯，引领我们向上、向善；

一位楷模，就像一棵大树，把榜样的力量深植池州大地。

16 年来，王伟将人生中最充沛的爱心都献给了池州人民。

2004 年起，他每年年底都要为贵池区马衙街道林芝村的 60 岁以上老人以及特困家庭发放补助金，每年 10 万元左右，至今从未间断。

2006 年，马衙灵芝村小学建校资金紧张，他立即送去价值 80 万元的水泥，并连续两年包下了该校 200 多名学生书本费；2008 年斥资 3.5 万元，更换了 6 个班的课桌椅，为每个班配备了一台饮水机；2009 年开始，每年为灵

芝小学的学生发放人均50元补助金，给予教师500元奖金。

2007年，他发现公司附近的灵芝村河西、河东、刘村和茶亭村民组还是泥巴路，先后筹措106万元修建水泥路，受惠人口达千余人。

2009年3月，公司一位职工生病需手术，经本地多家医院治疗无果后，他得知情况立刻为这名职工捐赠6万元，并通过熟人帮对方联系了上海的医院接受治疗。

2011年起，他每年向池州仁众教育基金会捐款10万元，用于帮助池州勤奋好学的寒门学子成才。

同年，他捐资设立了池州市慈善协会黎虎基金，每年定向捐赠20万元，缓解受助白血病患者家庭的困难，并在原有下设青少年儿童重大疾病救助项目（助医）的同时增加了助老、助学、济困、赈灾项目。

2015年9月，他组织池州市江苏商会理事以上单位开展捐资助学活动，帮助解放小学筹建电教室，为梅村中心小学学生改善学习环境。

……

扶持弱势群体、支持新农村建设和教育事业发展，诸如此类的爱心善举，王伟做过太多太多，可当记者询问其这些年究竟捐出多少善款时，他霎时愣住了，好半天才说道："做慈善就像我的业余爱好，能够把企业和个人积累的财富转化成社会和谐与进步的推动力，是利国利民的一件好事。至于究竟捐了多少钱，这并不重要，关键是要永葆一颗向善的心。"

至今，王伟办公室的抽屉里还收藏着一封感谢信。尽管信纸已发黄，但他却视若珍宝。"这封信是我资助多年的一位东至女孩在刚参加工作时写给我的。女孩名叫方芳，靠吃村里百家饭长大成人，成绩优异考上本科，却因村里没钱，凑不齐学费，正要放弃大学回炉读中专。我知道了这件事，为她的遭遇感到痛心，遂决定资助其上大学。大学期间，方芳读书很争气，随后顺利考上中山大学研究生，我又继续资助了她3年，直到她毕业分配到无锡药监局工作。"王伟透露，这封感谢信让他切身感受到，慈善是一种美好的力量，它给人心带来温暖，滋润着世间一切美好事物，并能帮助万物成长、发展。"人活于世，如果有人因为你的些微帮助，得以摆脱眼前的困难或不幸，扭转人生轨迹，岂不是一件非常有成就感且积福的事！"

记者了解到，王伟在池州投资创业以来，不仅为地方经济做出一定贡献，在慈善事业方面累计捐款捐物更是多达2000余万元，展现出了一名企业家心怀大德、立身博爱的胸怀。他先后荣获池州复建20周年“突出贡献者”称号、“池州市首届道德模范”提名奖，入选池州市十大杰出人物、安徽省第三届优秀中国特色社会主义事业建设者，被授予“安徽省光彩事业奖章”等多项荣誉。

“改革开放为我们企业家提供了发展的舞台，企业家有义务回报社会。”王伟说，只有我们的身旁流淌出更多爱的旋律，我们的社会才会蕴含更多爱的力量。在他看来，每个行业，都可以做慈善。无论在哪，关键要用心。

在慈善事业这条路上，王伟，确实用心了！

不忘初心　方得始终

——访省劳模、安徽信发齿轮机械有限公司员工黄木根

□ 记者 周劲风

改革开放40周年暨池州复建30年以来，池州干部群众积极投身经济和社会建设的浪潮中，涌现出一大批业绩显著、贡献突出的先进模范人物，他们用实际行动唱响了劳动最光荣、劳动最崇高、劳动最伟大、劳动最美丽主旋律。省级劳动模范、安徽信发齿轮机械有限公司员工黄木根就是其中的一个代表。

第一个跨进21世纪的先锋

1987年底，高中毕业的黄木根招工进入原东至齿轮厂，被分配到齿坯车间从事车工工作。熟悉机械行业的人都知道，车工是一项十分精细的技术活，如果技术不过硬，稍微出现一点点失误或差错，加工出来的产品都将会前功尽弃。为了尽快掌握车工技术，学徒期间，黄木根坚持每天提前到车间，做好生产前的各项准备工作，虚心跟着老师傅学习，从磨刀到看图纸，从车削小零件到车齿轮，不懂就问，不会就学。“车工一把刀”，刀具刀刃的好坏，直接影响工作效率和产品质量。他初学磨刀具时，经常磨不好，于是他就捡用报废的刀具进行反复试磨。不懂就请教老师傅和技术书籍，有时整天泡在磨刀房里，脸上和身上布满了砂轮灰，但他毫不在乎，尽管他的手变得愈发粗糙，但“绝活”硬是这样练成。

黄木根始终认定：说千道万，不如实干，只有劳动才能创造效益。出师单独操作第一个月，黄木根完成340个工时，名列全车间第一。光争车间第一还不行，“要争就争全厂第一”，他暗暗下了决心。为实现这个目标，黄木

根几十年如一日，一心扑在生产上，勤勤恳恳，任劳任怨，除1989年请几天婚假外，其他时间很少请假。1995年、1996年东至县遭受两次特大洪水的袭击，齿轮厂被洪水围困，厂房和设备被淹，他家里也进了水，一些木材被冲走，田地禾苗被毁。为了企业的利益，黄木根把家里的一切都交给妻子去处理，自己却日夜奋战在车间。据了解，东至齿轮厂一直实行计件工资制，每个操作工年任务量2400个工时，但黄木根每年完成7000至8000个工时，相当于一个人干了三个人的工作量。1997年完成了7200个工时，超过了3年的任务，被誉为是全公司“第一个跨进21世纪的先锋”。黄木根进厂30多年，年年先进，多次被厂、县评为劳模、优秀党员，以优异的工作业绩赢得了厂领导和工人们的交口称赞。1997年他荣膺“安徽省劳动模范”光荣称号，并当选县政协委员。

精益求精铸就工匠之心

黄木根出身于贫苦家庭，对党对企业都有着深厚的感情。“我的技术是东齿厂培养的，我要用精湛的技术回报工厂”。

在东至齿轮厂车工岗位工作的20多年里，黄木根加工的产品没有出现一次废品和疵品，产品合格率达100%。几十年的冷加工经验使他练就了这样的绝技——凭肉眼就能判断毛坯车过后的齿轮硬度范围。他每天上班的第一件事，就是将上道工序转来的齿轮进行分类，硬度高的归一类，硬度低的归一类。加工时，硬度高的走刀打慢点，硬度低的走刀打快点。如果不分情况统一走刀速度，硬度高的齿轮就有可能将钻头打掉。所以黄木根使用的钻头数量比别人少，可产品质量却比别人好，工时比别人高，道理就在这里。同时黄木根对钻头质量也掌握得一清二楚。有一次钻头质量有问题，黄木根分析是钻头生产厂家的问题，经再三联系，厂家派来了人，开始他们不承认，黄木根就在现场试给他们看，终于使来人心服口服了，并表示了歉意，从而为公司挽回了经济损失。黄木根从不把技术经验视为己有，经常帮助他人解决生产中的技术难题，如精锻车间没固定钻工，常常临时抽人干钻工活，有的职工由于技术不过关，钻头难磨得好，就经常找黄木根帮忙，不管多忙，他总是有求必应，尽心尽力地做好。

黄木根十分珍惜用汗水换来的劳动成果，见到厂里的利益损失就心疼。他常发现废品库里丢了许多不应该丢的东西，为了减少浪费，他经常从废品库捡来旧钻头、毛刷等，重新修复后再用，仅此一项每年要为公司节约千元以上。每年，他完成7000多个工时，领用钻头仅20根；加工12型大驱动齿轮10000余件，而加工该产品所需的Φ38cm钻头，他一根没领，全部是用旧钻头，又为公司节约千余元。

不变的情怀无悔的追求

在企业工作几十年来，黄木根原所在车间早已一分为二，班以上干部和管理人员换了一茬又一茬，可他却从不动心。有人说他是“傻子”，他却说：“共产党员，党叫干啥就干啥，有没有职务并不要紧”，就是在这种朴实的思想支配下，他在车工岗位上一干就是20多年。2006年，东至齿轮厂进行改制，成立了安徽信发齿轮机械有限公司。考虑到黄木根在车工岗位工作时间达20多年，公司领导安排他从事质检工作。在新的岗位上，黄木根依然保持劳模本色，身处最基层、干在最实处，勤勤恳恳、任劳任怨地做好本职工作。

改革开放40周年，东至县和其他地方一样发生了天翻地覆的变化，对此黄木根看在眼中喜在心中。他告诉记者，这些年，党和政府没有忘记他们这些劳模，除了邀请他们参加相关会议外，有时还组织他们参观市政和工业园区。黄木根记得当年他刚刚进厂的时候，东至县的工业还相当落后，全县仅有东至齿轮厂、东至纺织厂和自强化工厂3家中型企业。而现在，东至县规模以上企业已近200家，建成了东至经济开发区、大渡口开发区、东流工业园区等工业园区，一大批工业企业落户。“只有坚持改革开放，才有国家繁荣富强”，黄木根感慨地告诉记者，现在经济和社会发展了，但社会心浮气躁现象却频现，普遍追求“短平快”，从而忽略了脚踏实地。党的十九大提出“建设知识型、技能型、创新型劳动者大军，弘扬劳模精神和工匠精神，营造劳动光荣的社会风尚和精益求精的敬业风气”等论述，可谓是恰逢其时。“不忘初心，方得始终。劳模的初心就是爱岗敬业，精益求精，勤勤恳恳地劳动，为国家创造财富，为国家建设贡献力量。”

由吃饱到吃好　由增产到增效

——访贵池区农技推广中心粮油站站长叶北朝

□ 记者 余永平

1978 年，党的十一届三中全会召开，我国开始了以家庭联产承包责任制为主体的农村基本经营制度改革。正是这场伟大的变革，拉开了贵池区粮食生产快速发展的大幕。40 年来，在中央一系列富农、惠民、搞活农村经济政策的指引下，贵池区农业实现了由计划经济向市场经济、由传统农业向特色效益农业的重大转变，顺利实现了越过温饱、迈向小康的目标。

贵池区农技推广中心粮油站站长叶北朝，提起贵池粮油生产发展变化，一连串数字脱口而出：1978 年，全区作物总播种面积 115. 7 万亩，粮食作物 77. 6 万亩，总产 19. 39 万吨；2017 年贵池区粮食种植面积 74. 5 万亩，全年粮食产量 29. 9671 万吨，总产比 1978 年增加 10. 6 万吨，单产比 1978 年增加 373 公斤。特别是 2012 年以来水稻单产记录更是不断刷新，双季稻亩产突破 1150 千克，单季稻亩产突破 900 千克，油菜单产 220 千克。粮食生产的快速发展，使全区农民的温饱问题得到彻底解决，以粮油为主的农产品实现了由长期短缺到供求总量大体平衡，丰年有余的历史性跨越。

叶北朝说，和全国所有粮食产区经历一样，一开始他们与天斗、与地斗，虫口夺粮……粮食生产的产量逐年攀新。但随着丰产工程不断推出，年年增产在市场经济大潮中遭遇了“幸福的烦恼”——卖粮难。他至今记忆如昨，1984 年出现一波卖粮难后，面对农民那一幅幅眉头紧锁的面孔，艰难迈出了结构调整步伐，进行耕作改良，实行西瓜、玉米+水稻轮作，提高效益；2002 年再遭新一轮卖粮难，倒逼着走出一条抛弃大路货、推广新品种新路子。

近年来，贵池区在稳定发展粮食生产的同时，依托地域优势，沿江圩区种植优质水稻、专用品种，南部山区专门发展高档优质稻生产区，种植业结构进一步优化，品种内部优质率逐步提高，其中粮、棉、油大宗作物优质品种占有率分别达到90%以上。与此同时，农村土地承包经营权流转总体呈规模扩大、速度加快趋势，贵池区现有水稻种植新型主体740余户，家庭农场261个，水稻种植合作社41个，经营面积22万亩。农业基础设施和装备水平不断提高，截至2017年，贵池区农机拥有量4万余台（套），总动力42万千瓦。

为进一步提高农业标准化、产业化水平，贵池区专门出台了加快推进农业产业化发展实施方案，设立农业产业化发展基金，力争到2021年建成优质专用粮食基地17万亩、全区种植业标准化覆盖率分别达到70%。目前全区已培育省级安全优质农产品标准化生产基地7个，农产品“三品”认证总数达128个，其中有机食品、绿色食品、无公害农产品认证产品数分别为21个、57个和50个。梅里生态米业有限公司围绕富硒资源开发生产的富硒大米，在第八届、第九届、第十届中国优质稻米博览交易会上连续3届被评为“金奖大米”，2010年在上海世博会荣获安徽周主题博览会“最佳商标展示奖”，2011年被评为安徽省名牌产品。

同时身兼农技推广研究员、贵池区农村专业技术协会副会长的叶北朝，先后参与了2006—2011年国家粮食丰产科技工程——沿江江南双季稻丰产优质高效技术集成研究与示范项目，2007—2009年富硒米研究项目，2007—2012作物养分资源综合管理示范，2010—2011年承担沿江地区低产田双季稻生产能力综合技术研究与示范等项目，每一次的技改和创新都留下了他的付出。近年来以主导品种和主体技术的集成推广为主攻方向，积极开展“六统一”服务，全区水稻优质率大幅上升；结合职业农民科技培训、科技示范户项目，加大水稻群体质量控制技术、湿润灌溉技术、精准施肥技术、测土配方施肥、水稻防灾避灾技术及病虫害综合防治技术等6大关键技术措施的推广力度，通过集中培训和现场指导等方式，全面提高了全区的科技入户率和到位率。

1984年，风华正茂的叶北朝从皖南农学院毕业，来到了梅街农技站当上一名农技员。那一刻，他就坚定地把根深深地扎进泥土，吸吮“三农”的芬芳。转眼35年过去了，叶北朝由当初的毛头小伙变成现在的半百老汉，仍坚守着当初那一份诺言，做一个与农民心贴心的农技人，无悔无怨地抛洒汗水和辛劳。粗略算下，他每年有 110 多个工作日是在田间地头指导农民生产和攻克一个个技术难关中度过的。他说，当前贵池区正处于加快扶贫开发、全面建成小康社会、建设生态文明示范区的关键时期，打造集富硒农产品生产、加工、销售、旅游、养生为一体的生态富硒产业集群，可以促进贫困地区农业增效、农民增收，切实将富硒资源转化为富民资本，将富硒资源优势转化为产业优势、发展优势和竞争优势，努力实现“农业强、农民富、农村美”的中国梦。

新中精神立标杆　艰苦创业结硕果

——访石台县丁香镇新中村原党支部书记查显寿

□ 记者 石泽丰

40 年前，石台县丁香镇新中村穷山恶水，地瘠人贫，经过几任村党支部书记接力带领全村人艰苦奋斗，实现了“高山栽树、缓坡种茶、石缝植棕榈、屋边布果木”的发展规划，走出了贫穷，并创造了“新中精神”，查显寿作为新中村第三任党支部书记，见证并参与了全村上下艰苦奋斗的历程，在继承前任艰苦创业精神的同时，还承担了进一步探索发展，带领全村致富，并为后人树立榜样的使命。日前，记者专访了查显寿。

现年 70 岁的查显寿至今仍旧为屋后的山地精耕细耘，不辍劳作。记者见到他时，他正在屋后的茶园里打理茶树。回忆起 30 多年前的新中村，他颇多感慨。查显寿说：“新中村坐落在海拔 500 多米的石头山上。全村怪石嶙峋，土质贫瘠，是远近闻名的贫困村。全村百姓长期以来以‘刀耕火种’方式，在石头缝里‘轮垦轮荒’种粮度日。由于植被破坏、水土流失，村里到处是裸露的岩石。群众烧无柴，吃无粮，饮无水。不少村民逃往他乡，另谋生路。”

面对这样的境况，查显寿 1976 年担任队长后，号召群众向荒山进军，向大自然挑战，他带领一班人翻山越岭，实地勘察。“当时，有些群众对此信心不足，深有疑虑。我便和队干部分头深入这些农户家中，做深入细致的思想发动工作，组织骨干到茶科所学习种茶经验，到湖北广济县学习鱼鳞坑栽杉术，到福建同安学习种果方法，到休宁县学习栽桑养蚕技术，学习一项技术，进行一次试点，成功了，就发动群众干，逐年逐项推开。”查显寿如是说。

正因有着这样的干劲，新中村的村民幸福指数不断上升。据他回忆，上世纪 70 年代初，新中村的村民年人均收入只有 80 元，经过坚持治山发展，到 1988 年，全村人均年收入达到了 840 元。他说：“那些年间，我们对全村

4450亩山场全部进行了绿化，共发展杉木林1100亩，茶园835亩，棕榈450亩，蚕桑、毛竹、果木、生漆等多种经济林1010亩。自修公路7公里，架高压电线3.5公里，建蓄水池4个，铺管道7000米，全村农户用上了自来水。”新中村之所以发生巨大变化，就在于新中村党支部是一个真正的艰苦创业的战斗堡垒。1988年，安徽省委印发了《关于学习新中村党支部带领群众艰苦创业精神的决定》，并指出，这种精神是自力更生、艰苦创业的精神，是坚持改革、勇于开拓的精神，是尊重科学、实事求是的精神，是坚忍不拔、持之以恒的精神，是党员带头、无私奉献的精神。

在查显寿眼里，荒山并不可怕，他说：“治好了荒山，成为绿水青山，它就是金山银山。我们关键是要发挥党组织的战斗堡垒作用，激发村民的主观能动性。”1985年，他接任新中村第三任党支部书记后，制定了一整套适合新中村情的经营管理制度。他提出“宜统则统，宜分则分”的原则，注重抓了双层经营中的统一经营，做到“统而不死，分而不乱”。在林业生产上，他利用一切机会，教育群众自觉保护森林资源，强化林政管理，木材间伐，由村里统一计划，护林员统一号字、检尺，有效控制乱砍滥伐；造林上，村里统一规划，统一购运种苗，分户栽植管理，连片经营，茶叶生产，实行分户管理采摘，统一加工出售；化肥、农药、蚕种等农业生产资料及粮食购销，均实行统一购运，分户分项结算；科技推广、林山管护、公路修管等公益事业，由村里统一安排。这些措施帮助农民解决了实际困难，方便了群众，调动了群众的积极性，解放出大批劳动力投入治山治水。在林茶多种经营取得一定成效后，他又办起了茶叶初制厂、棕榈家具制品厂，利用本地资源优势发展加工业，进行深加工，大大拓宽了群众致富渠道。

如今的新中村，风景如画，村民收入逐年稳步增长，村党支部继续弘扬“新中精神”带领村民奔小康。看到这样的现状，查显寿欣慰地说：“我非常高兴！虽然年纪大了，仍会发挥余热。相信全村上下齐心协力，大家的日子会越过越红火！”

一座商场铸就池州人心中的地标

——访池州商之都购物中心总经理陈功

□记者 秦 峰

11 月 4 日中午，在站前区长途汽车站附近上班的张洋“舍近求远”，开车近 20 分钟来到商之都四楼的一家火锅店，与几位远道而来的朋友美餐一顿。“这一带有美食又有我喜欢的购物环境，交通还很便捷。虽然我工作和生活的重心在站前区那边，但商之都商圈已经吸引我来了好多次。”张洋说。短短九年，这个商圈已汇集了多家国内外知名商业企业，成为池城的一个重要地标。

池州商之都购物中心总经理陈功告诉记者，池州商之都城市广场项目由安徽商之都股份有限公司投资建设，2007 年 2 月立项，用地 89 亩，整个城市广场建筑面积约 15 万平方米，总投资约 6 亿元，是商之都成立以来第一个在异地实施综合性开发的大型商业地产项目工程，也是商之都从百货经营迈向地产开发全方位发展的重要旗帜。该项目受到市政府和省商务厅领导的高度重视，被省政府列为省“861”工程，是池州市政府“十一五”期间市政重点工程建设项目之一。整个项目工程分为三期建设，一期购物中心项目主体结构工程于 2008 年 11 月完成结构封顶，二、三期为高档住宅、商业街、星级酒店、写字楼、餐饮街等也于 2011 年前后陆续竣工。

商之都城市广场项目的重心是购物中心，按现代化综合性百货商场设计建设，配备完善的变配电系统、中央空调系统、电视监控系统、消防自动报警喷淋系统、自动扶梯等，购物中心建筑面积近 5 万平方米，分地上 5 层，地下 1 层，其中 1 ~4 层部分为自营的百货、家电主力店，负一层为永辉超市，四五楼配套经营休闲、娱乐、餐饮等综合业态。

2009 年 11 月 28 日购物中心开业，当即取得了良好的销售业绩，大大提高了商之都品牌的知名度，一举奠定了商之都在池城零售业的核心地位，

2010 年 10 月，在香港著名影星温碧霞助阵下，大地影院开业，12 月永辉超市营业，各类餐饮、游乐城等也陆续进场营业，至当年年底，整个购物中心各种类业态经营已基本成型，汇集购物、休闲、娱乐、餐饮为一体，是池州首家也是至今经营面积最大、品牌最集中、管理最规范的商业综合体。

2011 年 5 月，为适应商之都上市需要，池州商之都城市广场项目进行了分拆剥离，成立池州商之都购物中心有限公司，专门运营商之都购物中心，住宅、商业街、星级酒店、城市广场、写字楼等资产上交徽商集团商业地产中心经营。目前，购物中心的职能机构设综合服务部、财务信息部、运营管理部、物业招商部四个部门，在岗职工 92 人，整个购物中心吸纳就业人员约 1500 余人。

自池州购物中心有限公司成立以来，针对商业综合体的主题定位，“咬定青山不放松”，充实完善购物中心“吃喝玩乐购”一站式服务功能，近些年来，每年上一个新台阶，公司的销售规模、盈利能力、聚客能力、服务环境和团队素质等都取得了不俗的成绩：销售额从 4000 多万到 1 个亿，利润从亏损到赢利 300 多万，消费者从观望到顾客盈门，购物中心软硬件服务年年都有提升。

在发展过程中，池州商之都内强管理、外树形象，2010 年在行业内首家通过质量管理体系、环境管理体系和职业安全健康管理体系“三标一体”认证，并陆续获得“全国和谐商业企业”“安徽省百城万店无假货活动示范店”“安徽省诚信示范单位”“全国绿色商场示范店”“池州市优秀商贸流通企业”“池州市诚信守法示范单位”“希望工程“热心支持单位””等数十项国家及省、市荣誉称号。开业以来，池州商之都规范经营，品牌已深入人心，是池州商界的标杆性企业，得到了广大消费者的认可和相关部门的高度评价。

陈功介绍，为适应市场变化，公司以变应变，每年都进行品类布局调整，优化品牌结构，不断将审美疲劳、适销度差的品牌剔除，引入消费者喜爱的品牌，重点扩大穿着类商品尤其是女性商品的经营比重，综合业态又引入了肯德基、屈臣氏等，凸现龙头品牌，提高集客能力，经过年年的推陈出新，购物中心整体形象进一步提升，市场竞争优势更加巩固。

家　乡　情

——访全国著名主持人赵普

□ 记者 潘世鹏

谈起主持人赵普，在全国几乎无人不知无人不晓。作为一个池州人，赵普更是令池州人民引以为豪。他通过自己一步一步地艰苦努力，成长为全国人民喜爱的著名主持人；他热心公益，时刻关注家乡困难群体，身体力行回报桑梓，为家乡的发展贡献自己的力量。

采访央视前著名主持人赵普，他言谈谦和，言语中充满了对家乡人民的热爱。时不时冒出的家乡话令人倍感亲切。赵普说："我是在池州长大的，这里有我最温暖的记忆。不管身在何方，我都会关注家乡的发展。我13岁离开池州的时候，池州跟个乡镇差不多。近几年，我经常带着朋友回到家乡参加一些公益活动，都会听到他们对家乡的赞美，我都会感到由衷地喜悦。"

赵普说："如今的池州，各方面在全国享有盛名，影响力也越来越大。作为一个池州人，最大的心愿就是为家乡的发展多做些多力所能及的事情。"

1971年4月，赵普出生在安徽省太平县（原池州地区管辖县）一个贫穷的小山村。后随父母在贵池生活，曾在贵池东方红小学（现实验小学）、池州三中（原港口中学）读书。1987年11月，16岁的赵普在合肥入伍，成为北京某部的一名士兵。新兵连一次联欢会上，酷爱朗诵的赵普给首长留下深刻印象。新训结束后，他就被分配到部队广播室，当上了一名广播员，从此点燃了他内心深处播音主持的火种。

退伍后，为了练好普通话，他除了参加汉语言文学高等教育自学考试，还会利用一切空闲时间，将新华字典上的字连同拼音抄满6页，并将其折成小卡片，放在衣兜里，一有时间就一个字一个字地进行练习标准音。

功夫不负有心人。1994年，安徽省气象台面向社会公开招聘一名临时气象播报员，赵普应聘成功。为系统学习和掌握有关播音主持知识，赵普又报名参加了北京广播学院的专业学习，于 1995 年 9 月被北京广播学院播音系录取（安徽省仅招 1 人），赴京求学。1997 年，他以优异表现通过试用期考核与北京电视台签订聘用合同。2001 年，他又取得北京电影学院管理系学士学位。

在随后的职业生涯里，他陆续获得了中国广播电视学会奖、中国新闻奖现场直播奖、全国法制节目“金剑奖”、北京电视艺术最高奖“春燕杯”、中国广播电视作品奖一等奖、第 6 届金话筒奖提名等奖项。但他没有满足，又开始攻读北京师范大学艺术专业硕士研究生。2009 年取得中国首届艺术硕士（MFA）学位。

2006 年，中央电视台举办史上迄今以来唯一一届男主持人大赛，赵普从千余名选手中脱颖而出，最终成为中央电视台新闻主播之一。在央视近 10 年的主播生涯中，他先后担任《朝闻天下》创始主播，《晚间新闻》改革版主播等职务。2012 年，他爆出“明胶事件”，被誉为正直敢言的良心传媒人。

2015 年 11 月，赵普从央视辞职，开始了创业历程。赵普说：“在京求学和工作的很多年，我对家乡的感情一直没变。我辞职后，自由支配的时间多了，为家乡发展出力的想法就更多了。虽然我的努力可能不会给家乡带来多大的变化，但我想能多做一点就多做一点。只要家乡有需要，我都会义无反顾地去努力去参与。”

赵普辞职央视主持后，几乎将全部的公益重心都放在了池州，为池州争取到了很多社会捐助，为池州的扶贫助困事业起到了很大的推动。

2015 年 11 月 16 日，赵普来到石台县仙寓镇占大中心学校，启动石台县“免费午餐”公益活动。石台县 7 所农村中心学校 1735 名学生，全部吃到营养可口的“免费午餐”。

2016 年 9 月 23 日，赵普以新农人身份，参加首届西山焦枣开园节暨普哥西山焦枣天猫新品首发活动。赵普表示：“我为乡亲们吆喝卖枣，用互联网卖向全国，以信息技术使农用地升值，让打工者返乡种枣，希望留守儿童拥有完整的家，让更多的农村家庭受益。”为了将品牌助农的愿望变成现实，赵普指导年轻的徽园生态互联网电商创业团队，让渡为人所熟知的“普哥”昵称，成立“普哥”品牌，希望通过严格的品控、标准化的管理和规范的服务，让西山焦枣真正成为人们放心、熟知并喜爱的食品，从根本上解决优质农产品滞销问题。

2016年10月16日，2016中国·池州环平天湖国际半程马拉松比赛。赵普不仅担纲赛事开幕式的主持人，还与广大跑友一起赛跑，他的亮相引发众多跑友的欢呼。

2016年12月27日，赵普及“普哥”团队一行到贵池区棠溪镇中心学校、石台县占大中心学校开展鸿基金“爱的背包”发放活动，共为我市29所学校、1487名留守儿童发放“爱的背包”并捐赠29个信箱，总价值151244元。

2017年11月2日，在赵普的牵线下，爱心企业家钱福卿先生捐资40万元改建的贵池区侨隆小学揭牌。

为支持杏花村文化旅游区建设，他积极对外推介，并联合山水间微酒店品牌创始人陈熙，在杏花村文化旅游区著名景点“黄公酒垆”建设高品质的“山水间·醉里头”精品微酒店，为旅游区再添新景观。

……

点点滴滴，不胜枚举。赵普用自己的实际行动践行着对家乡和家乡人民的深厚情谊。赵普说：“我个人的力量是微薄的，但我会全力以赴地去努力。我希望池州的未来能够越来越好！”

“贫困村”华丽转身“旅游村”

——访九华乡代村村党支部书记戴国兵

□ 记者 余永平

11 月 9 日上午，坐在村部宽敞明亮的会议室里，九华乡代村村党支部书记戴国兵说起代村改革开放以来变化，一口气重复了好几遍“翻天覆地”。他说，代村现如今家家住的是整齐划一的别墅，过着城里人都羡慕的日子，但在 40 多年前，这里却是九华山乃至池州市的一个有名贫困村。

代村紧挨九华河，现有人口 1167 人，325 户。40 年前，村里连接外面只有一座小木桥，村民出入只能肩扛手提，全村老百姓都只靠种田为生，人均不足 1 亩田。每逢雨季，河水泛滥，村舍和农田都浸泡在水里，村民苦不堪言。那时，因生活艰苦，外村姑娘都不愿嫁进来，是出了名的“光棍”村。包产到户后，大家才渐渐过上了吃饱的日子。为了过上更好的生活，村民尤其是青壮年都选择出去打工，中学毕业后的戴国兵当兵退伍后也和大家一样，步入了外出务工的行列。

2001 年，九华山风景区管理委员会正式成立，将代村村包括九华乡整体并入景区，实现山上游山下住的联动发展，这给代村人带来千载难逢的发展机遇。根据旅游发展需要，景区投资近亿元，沿九华河修建了观光大道，并实施集防洪、河道整治、绿化、亮化以及娱乐、休闲等设施建设为一体的九华风情河工程。九华风情河工程，不仅改善了生活环境、提高了防洪标准，也为代村加快发展提供了有利的条件。

代村依托旅游交通优势，大力发展旅游接待业，彻底改变传统单一的农耕生活方式。在风景区管委会强力推动下，全村实施整体规划，统一标准，建成了具备食宿设施配套的二层洋楼，专门从事餐饮、住宿等旅游服务。为提高服务水平，代村专门成立餐饮管理协会，外请国家等级厨师对经营户进行业务指导培训。为满足不同游客需要，每户都有一至两个特色风味菜肴，形成“乡土风味、一户一特”餐饮格局，全村每年餐饮收入逐年攀新高。村里许多像戴国兵一样年轻人带着打工的积蓄和技术返乡捣鼓起了农家乐。

戴国兵说，我是2002年到村里任职的，先后担任过文书、民兵营长、村委会副主任、主任、支书，村里一步步甩掉贫困落后帽子他是见证者更是参与者。刚到村里时，当时村部就在代村小学8间平房，别说办公设施，就连窗户玻璃都没有。村里当时就抓住毗邻柯村新区、距大愿文化园近、田园风光优美良好区位优势，抢抓九华新区发展良机，确定了全村以旅游业为主导产业、以农家乐服务为主要特色的产业定位。一方面借助美丽乡村建设，狠抓村庄环境整治，另一方面由村两委牵头成立“农家乐”服务中心，通过协会联盟、旅行社加盟、互联网推广的经营模式，凝聚各经营户“抱团”发展乡村旅游。

2012年10月24日，时任安徽省省委书记张宝顺来代村视察指导，提出代村要朝着“黄山脚下有西递宏村，九华山脚下有代村”这个目标努力，把代村打造成为全省美丽乡村建设的一个先进典型。代村人深受鼓舞，围绕领导指示精神，一是结合产业结构转型升级，加快农民增收，二是结合村庄环境整治，展示良好的农村社区形象，三是结合社会管理创新，实现和谐稳定。目前全村共创建农家乐示范户有73户，从事旅游服务、旅游商品开发经营的有100余户。2017年，全年共接待游客2.66万人次，实现经营性收入558.6万元，全村人均收入16400元，位居全市前列，成为远近闻名的“旅游村”和“富裕村”，代村已经成为宜居宜业宜游的美好生态家园。

随着物质生活不断提高，村里组建了健身舞队，有专业老师进行指导。每晚华灯初上时，忙碌一天的村民们，都不约而同来到村部前的广场，伴随着音乐旋律，跳健身舞、交谊舞。有的来到村农家书屋，看报看书，或下棋打牌，享受着“文化大餐”。为推动村文化活动广泛开展，每逢重大节假日，村里都要组织村民和游客参加文体娱乐活动。

2011年荣获“全国文明村”称号，2012年荣获“安徽省人居环境范例奖”……近日，代村村喜获全国第七批“全国民主法治示范村（社区）”，戴国兵指着会议室四面墙上挂满的牌匾，代村近年来获得的表彰太多，这既是一份份荣誉，更是一份份鞭策。他表示，下一步要将当前发展的势头保持好，充分发挥支部战斗堡垒和党员先锋模范作用，建设特色农家乐，迎接美丽新家园。

从“贫困村”到“旅游村”，见证了代村的发展变化的村民深信，代村将和其他农村一样，在党的乡村振兴发展战略指引下，一定会走向更加美好的明天。

创新研发创佳绩

——访安徽瑞泰汽车零部件有限责任公司技术总监张李华

□记者 邓 柱

今年38岁的张李华是安徽瑞泰汽车零部件有限责任公司技术总监，主要负责新产品开发、技术管理和专利管理工作。2007年以来，张李华带领一支优秀的团队，主持新产品开发，成功开发冲压件360余种，汽车标准件2000余品种、万余种规格，为公司创造产值近亿元，节约费用达近千万元。

面对今天所取得的成绩，张李华深感到他当初的选择是对的。11年前，他主动放弃了城市里良好的环境和丰厚的工资待遇，毅然来到青阳加入瑞泰公司。当时瑞泰公司刚刚起步，他凭借这个平台，利用自己丰富的知识和实践经验，开发奇瑞汽车、江淮汽车等公司新产品，不到一年，所开发的数项产品得到了客户的一致认可，让瑞泰公司在奇瑞、江淮等客户中获得了良好的口碑。

创新研发之路充满着艰辛和挑战。进入汽车主机厂并不简单，首先必须要获得ISO/TS16949质量管理体系认证。当时公司各部门对“ISO/TS16949”这个名词还比较陌生，张李华主动把这个重任担起来，及时联系质量体系咨询老师，按照咨询老师的要求迅速开展工作，加班加点编写质量手册和程序文件，把编好后的文件经各部门多次审核，最后经过咨询老师最终审核通过后发布实施。同时，在审核老师的指导下，张李华带领技术、质量、生产骨干开展学习培训，现场实施，发现问题不断整改，直到审核老师满意为止。

研发工作一定要确保制度创新和制度跟进。张李华在工作之余不断学习新的技术管理方面的知识，先后主持建立完善了公司产品研发管理制度、研发人员绩效管理体系、技术资料档案管理制度、专利管理制度等20余项相关制度。2007年，开发新车型的一个配件的时候，技术部仅3人，张李华连续20余天，每天晚上加班到11点，后来，连续半个月都在生产线跟踪情况。

2008 年该车型顺利上市，瑞泰公司产值得到了很大提升，张李华的努力也得到了回报。

在张李华开发的产品中，成功获得 219 项国家专利，其中发明专利 3 件、实用新型专利 211 件、外观设计专利 5 件，申请受理发明专利 30 余件。2008 年至 2010 年期间，实现科技成果转化共计 14 项，年均转化 4 项以上；2011 年至 2013 年间，实现科技成果转化共计 86 项，年均转化 28 项以上。其中，有 5 种产品被评为安徽省高新技术产品，分别是一种发动机传动系统倒挡换挡的组件、汽车喷灌上支架总成、车用蓄电池安装总成、粉末冶金法兰面螺栓、粉末冶金螺母。

张李华的辛勤劳动不仅得到了公司的一致好评，也得到省、市、县有关部门的认可。2010 年至 2012 年连续三年被青阳经济开发区评为优秀技术工人；2009 年度荣获池州市自主创新“先进个人”称号；2013 年度被评为“安徽省优秀企业专利联络员”；2014 年当选“池州市十大创新杰出工人”；2018 年当选“安徽省第十三届人民代表大会代表”。“我觉得我赶上了青阳经济发展的好时候，我会把我自己积累多年的知识和技能利用起来，将科技创新与新产品研发进行到底，真正让公司技术中心逐步向省级、国家级方向发展，为公司的发展做出自己的一份贡献。”张李华说。

老厂房成了“中国20世纪建筑遗产”

——访安徽国润茶业有限公司董事长殷天霁

□ 记者 石泽丰

2017年12月2日，安徽国润祁红老厂房获选第二批中国20世纪建筑遗产项目，这个上个世纪50年代筹建的新中国祁门红茶第一厂——原“中国茶业公司贵池茶厂”，历经行业变化曲折，在岁月的沉淀中，成为池州一颗活化石。11月13日，记者专访了安徽国润茶业有限公司董事长殷天霁。

殷天霁说：“祁红老厂房有近70年的历史，在这里加工生产走向世界的祁红，走过了计划经济时代，亲历了改革开放。我是1986年进入原贵池茶厂的，看到了茶厂的变化。尤其是1994年以前，因祁红倍受消费者青睐，茶厂成为经济效益好、社会评价佳的加工厂，包括厂房在内的基础设施完整齐备。随着市场经济的变化，1994年之后，原贵池茶厂和全国其他红茶厂家一样，进入了萧条阶段，先后许多茶厂因亏损都已倒闭。记得我接手时工厂运营状况已陷入低谷。尽管如此，我们没有放弃，没有推倒茶厂重来，而是修缮利用老厂房，老工艺，在阵痛中以重振雄风的信念务实生产、务实发展。2003年，贵池茶厂整体改制为安徽国润茶业有限公司，并沿用了润思商标。”

殷天霁认为，任何一幢建筑都抗不过岁月风雨的洗礼，安徽国润祁红老厂房也不例外。他说：“在生产经营中，我们不仅‘修旧如旧’，还保持了原建筑功能。”据介绍，这些建筑群均建于上世纪50年代初。其中的老机房建于1951年，作为原贵池茶厂加工车间，它采用的是苏联设计的锯齿形工业厂房，面积近3000平方米，承担着当时全省祁门红茶唯一出口拼配厂。这里面的机器全部是木制的，其设备都不是在茶叶机械厂购买的成品，而是老茶厂的机修车间工人和制茶车间工人自己翻砂制作的，并且自己设计形成了联装流水线。这在中国茶叶行业是绝无仅有的一条生产线，它见证了祁红精制从手工到机器到联装生产线的历程，见证了祁红产业工人的聪明才智和自力更生的精神风貌。经历了半个多世纪，这里的厂房和设备依然在完好的使用，而且至今一直在源源不断地生产加工祁门红茶。殷天霁说："在全国像这样的工业建筑不在少数，但是用于农产品加工这一特殊的行业，且一直完好无损并发挥着功用的，绝无仅有。"这一点，也受到了中国文物学会20世纪建筑遗产委员会副会长金磊的高度赞誉，他评价池州人留住的不仅是建筑，更是浸润茶香的厂房"味道"。

殷天霁感叹，如果没有改革开放，没有文化自信的意识，安徽国润祁红老厂房也不可能成为"中国20世纪建筑遗产"。

深山里的坚守

——访全国交通系统劳动模范巩光跃

□记者 秦 峰

阳光正好，秋风不燥。

退休老人巩光跃坐在池城红光新村小区的靠椅上，享受着他的午后时光，回忆他在贵池棠溪管护乡村公路的“光辉岁月”。

巩光跃是池州为数不多获得全国交通系统劳动模范的修路工人，60位新中国成立以来感动交通人物，全国道德模范提名奖获得者。他从事公路养护工作41年，在“一个人的道班”里数十年如一日，精心呵护着那条崎岖的砂石山路。蓝天白云下，雨雾缭绕中，十多年来，巩光跃那沧桑的身影始终闪动在这条路上。

“组织上把这段路交给我，我就要把它养好、管好，保证常年畅通。”巩光跃告诉记者，1992年，随着一纸调令，40岁的他人生从此改变：棠溪三改道班负责养护的8.6公里砂石路地处崇山峻岭，沟壑纵横，自然条件十分恶劣，晴天一身灰，雨天一身泥，是贵（池）石（门）线上养护难度最大的公路。艰苦的工作生活条件让很多人打起了退堂鼓。到1996年，班里其他4名工人都先后调走，只剩下巩光跃一个“光杆司令”。

“既然都不愿意到这里干，那就我一个人承包干吧!”从此，三改道班成了巩光跃一个人的道班。过去五个人干的活，现在一个人干，加上随着山区矿产资源开发，车流量、超载车辆增多，路面损坏严重，养护工作面临前所未有的压力。看到早出晚归、一天天消瘦的丈夫，妻子吴益菊十分心痛，毅然来到山上给丈夫当帮手，成为一名编外养路工。

眼看靠平板车拉料养护效率太低，巩光跃决定买辆拖拉机。妻子十分惊讶：“哪有私人拿钱为公家干事的，家里上有老、下有小，房子破了还没有修，哪有钱买拖拉机修路。”然而，经不住巩光跃死磨硬缠，又不忍心看见丈夫太苦太累，吴益菊最终还是从家中不多的积蓄中拿出4000元钱，买了一台二手拖拉机，每天与丈夫一起忙碌地养护着公路。

一天黄昏，天下起大雨，巩光跃开着拖拉机在崎岖山路上行驶时不慎翻到沟里，忍着伤痛，巩光跃从沟里爬起来发现妻子腹部被戳出一个大口子，肠子都滑了出来。送到医院紧急抢救，生命保住了，却留下严重后遗症，花去4000多元医药费，巩光跃没向组织上提过，公路局领导得知后，送去1000元慰问金并报销了3000多元医药费。

从1971年当上养路工2012年的41年时间里，在三改道班深山里多年如一日，巩光跃一个人与公路为伴，与艰难困苦为伍，养护路段好路率年年上升，晴雨畅通，从未发生过交通阻塞事件。三改道班也多次被评为先进道班。他的事迹继去年被编成现代黄梅戏在全省公演后，被编成故事参加全省职工故事会比赛。

棠溪镇村民感谢巩光跃，过往的司机们感谢巩光跃。因为这深山之中，还有这么一条平整的乡村公路。因为有这条路，通向山外的路始终畅通无阻，深山坳里逐渐换上了新貌。

深山里，老巩一如既往地养护公路。这条山路要一直伴着他以后的岁月，而他的肩上，也注定要牢牢负着这条纤绳一般的山路。

大山无言、质朴、坚毅，老巩为人，也如这厚重的大山一般。

皖北小伙的池州情

——访石台县小河镇党委委员、武装部长王效龙

□ 记者 潘世鹏

在无数条崎岖蜿蜒的山间小路上，在无数场脱贫攻坚大小会议上，在每一次走村串户的征兵宣传动员中，我们都会看到一个年轻的身影，他就是石台县小河镇党委委员、武装部长王效龙。

王效龙所在镇是山区贫困镇，脱贫攻坚任务十分艰巨。王效龙还联系着贫困村，他身上的担子更是沉重。为了扶贫和镇里工作，如今已是两个小孩父亲的王效龙往往一个月都回不了一次家，工作忙起来的时候也顾不上按时吃饭，却一直毫无怨言，面对大山深处的寂寥，沉得下去，干得好。

王效龙介绍说："我是 2008 年从安徽农业大学水产养殖学专业毕业后，参加全省大学生村官考试，被录取到池州市石台县从事大学生村官工作，这一干就是 10 个年头。10 年时间过得很快，回想当时来到池州和石台的样子，再看看今天的样子，真是发生了翻天覆地的变化。"

10 年时间，王效龙从皖北平原到皖南山区任职，从一名大学生到一名村干部再到一名乡镇干部，他用对池州的热爱和对乡亲们最朴素的情感写就了一曲青春奉献之歌。他先后获得安徽青年五四奖章、安徽省十佳大学生村官标兵、全省畜牧科技进万家活动先进个人、全省十佳农村青年信用示范户、全国奋斗在林改一线的十佳大学生村官等光荣称号，他的创业事迹在《人民日报》《农民日报》、新华网、中央电视台《致富经》、安徽电视台《安徽新闻联播》等媒体宣传报道。

"我是全省第一批大学生村官，我与池州的结缘也缘于大学生村官这项工作。我从事大学生村官工作整整 8 年多，算得上全省服务时间最长时间的大学生村官了吧！"王效龙说，他刚到石台县小河镇龙山村时，村里基础设施落后，村级集体经济发展水平低下。这些年来，在上级党委政府的关心支持和

一批批帮扶干部的共同努力下，村里的发展水平有了很大提高。

石台县是国家级贫困县，龙山村更是资源匮乏，人均耕地不足1亩，种点粮食仅够自己吃，当地农民的收入水平很低，大多是靠外出务工来增加收入，生活异常艰辛。面对村情，王效龙萌发了“自己先创业积累经验，再带领群众共同致富”的想法，并打算自己投资创办龙山土鸡养殖场。

市、县委组织部知道他的创业想法后，十分重视，协调解决有关问题；镇党委、政府大力帮助，借给他2万元启动资金；村“两委”全力支持，协调解决养殖场地。2009年4月初，石台县会主家庭农场兴办起来了，养殖场占地面积300余亩，首批引进鸡苗4000只。2009年养殖场共产销土鸡蛋15万枚，出栏老母鸡3300多只，纯收入达3万多元。有了成功创业经历后，王效龙开始带动农户一起发展。

2013年初，王效龙注册成立池州市原石埭绿色农业发展有限公司，成功注册了“会主”“卉竹”“原石埭”商标，一改当地养殖业传统沿街叫卖的方式，整合销售池州的特色农产品，设计制作了包装盒，推出了山野菜、兔子、富硒大米等特色农产品，走连锁化和电子商务的新型销售渠道，成功开拓上海及周边城市市场。通过几年的示范创业，石台县会主家庭农场已发展成年出栏土鸡2万多只，年产值近300万元的养殖企业。2018年公司带动100多户贫困农户发展生态养殖，养殖土鸡近30万只，产土鸡蛋1500万枚。

在组织的关怀下，2016年3月，王效龙在镇党委换届中被选为小河镇党委委员，成为一名国家干部。王效龙说：“作为一名新池州人，我已跟池州人民结下了深厚的情谊，我会在本职岗位上继续努力奋斗，勤奋苦干，为石台县脱贫攻坚工作贡献更大力量。”

“最美护士”树榜样

——访市第二人民医院护士徐晓霞

□ 记者 邓 柱

2012年3月23日下午3点左右，家住墩上街道步岭村64岁周友如老人骑电瓶车上街去买稻种，在骑行过程中因避让行人摔倒在地，当场昏厥。此时，正在休产假的市二院的儿科护士徐晓霞恰巧途经此地，她二话不说，将手推车中三个多月大的宝宝放在一边，快步上前，招呼周围围观群众将老人抬到平地。随后，徐晓霞跪在地上，为老人进行心肺复苏术。经过十多分钟的努力，奇迹终于发生了！老人发出了呻吟声，手脚也有了感觉。徐晓霞马上叫人找车把老人送到了茅坦卫生院，经卫生院治疗一个小时后，老人完全清醒。“徐护士在抢救时，我和很多人都认为是老人的女儿，我想她在抢救时根本不会想到有人赞扬她，真是一个了不起的人！”市民王女士说她当时看到了整个救人过程。

“太感谢徐护士了，要不是她，我现在可能已经不在这个世上了。”周友如老人说，“那天，我骑一辆电瓶车从街道供销社买稻种回家，当骑到邮电局附近时，发现前面有一老太太摇摇晃晃地走着。”周友如向记者详细介绍了事发时的情况，“当时老太太也知道后面有车，我走左边他就走左边，我走右边她也走右边，眼看就要撞上了，我赶紧刹车。”正是这一紧急刹车，差点要了老周的命。“刹车后不料车轮打滑，当时我整个人失去平衡摔了出去。”至于被摔出后发生了什么，老周则一点不记得了。

“这真的没什么。”朴实的话正如她朴实的外表一样。徐晓霞介绍，事发当天下午，她陪同小侄子从茅坦街卫生院打预防针准备回家。途中突然看见一位老人倒在地上，“他躺在地上一动不动，出于职业本能，我立即把手推车中不到四个月的宝宝放在路边，跑了过去。”

徐晓霞招呼周围围观群众将老人抬到平地。她摸摸老人的鼻子，发现已经没有了呼吸，并且其心脏也停止了跳动。情况危急！徐晓霞立即跪在地上，双手交叉为老人进行心肺复苏术。但任凭徐晓霞怎么按压，老人丝毫没有反应。

徐晓霞依旧不停地做按压，但几轮按压下来，尽管她本人累得够呛，但老人依然没有一点反应。“怎么办？难道就这样看着可怜的老人离去?”“不行，我要再努力。”徐晓霞脑海中不停跳动着救人的方法。

“对！人工呼吸！”职业思维立即让徐晓霞想到这点。此时，让路人吃惊的一幕出现了，徐晓霞跪在老人身边，口对口对着老人做人工呼吸。一分钟过去了，两分钟过去了，老人依然没有反应，“算了吧，肯定救不活了。”

但是徐晓霞并未放弃，经过十多分钟的心脏复苏术后，奇迹终于发生了！“两次人工呼吸后，老人发出了呻吟声，手脚也有了感觉。徐晓霞马上叫人找车把老人送到了乡镇卫生院。在卫生院治疗一个小时后，老人完全清醒了。

2012年3月29日上午，被救老人周友如给徐晓霞所在单位池州市二院送来一面锦旗“起死回生，终身感恩”。经过媒体报道后，徐晓霞的先进事迹引起了社会各界的广泛关注和高度赞扬，被誉为“最美女护士”，并光荣当选4月份“中国好人”。但是作为一名医务工作者，由于医院儿科人手紧缺，徐晓霞同志坚决服从组织安排，提前结束了产假回到工作岗位，体现出一名护理人员一贯训练有素、严谨踏实的工作作风。徐晓霞说，做护士工作的确很辛苦，但既然选择了这个行业，就要时刻以最饱满的热情、最真诚的态度对待患者、对待工作，继续将“燃烧自己，照亮别人”的南丁格尔人道主义精神发扬光大。

徐晓霞是1984年出生，2003年从巢湖卫校毕业后进入池州二院工作，先后在肿瘤科、儿科担任护士。“晓霞做好事我们一点不觉得奇怪。她平时就是个善良、朴实、热心的人。”徐晓霞的一位同事说，平时在科室里干一些脏活时，她也从不抱怨。池州二院护理部主任杨丽萍也告诉记者：“晓霞工作细致踏实，勤勤恳恳，在怀孕甚至妊娠反应很厉害期间也从未请假，一直坚守工作岗位。”她还透露，因为徐晓霞工作出色，之前甚至出现过几个科室抢着要她的事情。

徐晓霞的先进事迹得之于瞬间，但这瞬间本能的举动，体现出的却是良好职业道德与崇高精神品质的素养。在这个追求经济价值、追求多元化生活方式的时代，徐晓霞是一股清新的风，她吹醒的是世人的道德良知，是人性中的真善美。

把“以青山清水为本”的牌子一直挂下去

——访全国文明村霄坑村党委书记、村委会主任王建伟

□记者 李 玲

在一只飞鸟的眼里，霄坑真的就是一个坑，落下去，便跌进了一个群山环抱的巢。

在一只青蛙的眼里，霄坑更像是一口井，跳出去，才发现天空根本就不是那一小块圆。

王建伟是那只跳出去的青蛙，更是那只飞回来的鸟儿，在漫山遍野的茶树丛中跳跃欢唱、锻炼翅膀，然后带领乡亲们一飞冲天。

王建伟是从贵池区梅村镇霄坑村走出来的一名老兵，1989 年退伍的时候，池州地区刚刚复建不久，百业待兴。“还是回去吧，老家也许更需要我。”王建伟内心挣扎了一段时间，终于还是放弃了在广东发展的大好机遇。时至今日，回想起当年的选择，王建伟有点遗憾，却不后悔。“留在广东，对个人发展可能更好，回到家乡，却能为更多的人做出贡献。”

回到霄坑的王建伟当了两年代课老师，然后成了村里的文书。“每天的工作就是砍树、记公分。”现在说起来虽然已是云淡风轻，但是在 20 多年前的那段时间，胸怀抱负的王建伟相当郁闷。

霄坑多山，人均只有三分冷水田，种什么收成都不好。没有其他收入来源的霄坑老百姓把靠山吃山变成了靠山“吃”树。

1992 年的一天傍晚，收工后的王建伟和村委会的一位副主任走路回家，他深有感触地说：“你看这山上的树越砍越少，越砍越小，这样下去可怎么得了！”

这一年，村里建了第一个集体茶厂，发展茶叶经济。这代表着霄坑村的产业结构开始从以林茶为主向以茶为主转变。

这种转变并不是一帆风顺。“那时候山是集体的山，茶是集体的茶，厂是集体的厂，老百姓只出工不出力，茶叶的产量和品质都不行”，王建伟回忆说。

也是这一年，王建伟在全村第一个把自家的一亩半田地改成了茶园。乡亲们都很好奇，但是谁也不会想到，王建伟的这一举动，为后来各家各户稻田改茶园埋下了伏笔。

2001 年到 2003 年，霄坑实行分“茶”到户。“到 2010 年，茶园面积突飞猛进，从 1000 亩扩大到四五千亩，茶叶产量从 1 万多斤增加到十几万斤。”

“霄坑是个很不可思议的地方，山上的茶叶不需要人工种植，能自然生长出来”，也正因为如此，“砍一亩山，什么都不要管，三年之后就是 5000 到 1 万块钱的收入”。那几年，毁林种茶在霄坑时有发生。

所幸，毁林种茶只是个别现象，也没有持续多长时间。

2008 年，王建伟上任霄坑村党总支书记兼村委会主任，村两委做的第一件事就是禁止毁林种茶。霄坑生态环境开始得到修复。

但是种茶的诱惑实在是太大，尽管上有国法、下有村规，还是有极个别人偷偷地剥树皮。树被剥了皮很快就会枯死，树死了就能“光明正大”地砍掉种茶。

治乱必用重典。2011 年，“严禁毁林种茶，保护生态环境”被写进了霄坑村《村规民约》。“印了 400 本，一户一册”，王建伟对此记忆犹新。极个别毁林种茶的农户，也被移交林业派出所依法处理。

2012 年以后，茶园发展就进入了良性循环，不再毁林种茶，而是变成了稻田改茶园，农户 90% 的收入来自茶园，人均年收入不断攀升，一直到现在的 17000 多元。霄坑村每年出产 7 万公斤茶叶，产值达到上千万元。

“其实，霄坑民风向来淳朴，过去那是穷怕了”，王建伟说。

霄坑老百姓因青山绿水而富裕，富裕起来的霄坑老百姓更加懂得保护青山绿水的重要性。从上世纪 90 年代开始，霄坑村严格执行林木限伐制度，采伐审批一支笔，记录一本账，砍一块，造一片，封育一片。现在，霄坑村森林覆盖率已经达到 95% 以上。

1999 年，霄坑村实行小流域治理，在村口做了一个门楼，两边刻有一副对子：“以青山清水为本，走水保生态之路”。王建伟说，“这副对子挂了 20 年，还会再挂 20 年，一直挂下去。”

美丽乡村建设，发展乡村旅游，霄坑村走的都是“小而精”的路子，不搞大拆大建。“霄坑生态环境得来不易，还十分脆弱，需要我们精心呵护，如果发展旅游要以牺牲环境为代价，我们宁可不搞”，王建伟说。

这几年，霄坑村声名大噪，先后被评为全国一村一品示范村、全国生态文化村、全国特色景观旅游名村、全国美丽乡村示范村，去年再次获评全国文明村。王建伟本人也光荣地当选为全国劳模和第十三届全国人大代表。

在今年的全国“两会”上，代表们热议乡村振兴，王建伟在接受记者采访时说，乡村振兴关键要靠产业的带动，霄坑村的主导产业是茶叶，目标就是追求高质量带来高效益，高效益带来高收入，让老百姓在致富路上走得更稳更远。

爱心常在　公益常青

——访中国好人、安徽省道德模范、最美池州人丁常青

□记者 钟　斌

从儒家主张的“仁者爱人”到道家崇尚的“累善积德”、佛家倡导的“慈悲为怀”，中华民族的慈善文化源远流长。伴随着国家改革开放的步伐，池州人民见贤思齐、崇德向善，一批批池州好人和道德典型像一缕缕阳光点亮了城市的“道德星空”。而中国好人、安徽省道德模范、最美池州人丁常青无疑是其中杰出的代表。

“做公益并不难，难的是跨出第一步，难的是一如既往地坚持。”8 月 30 日，回乡参加池州青年徽商大会的丁常青，在他下榻的酒店和记者相向而坐，慢慢地回忆起他与公益的初次结缘：“2007 年 7 月，池州发生特大山洪灾害，驻京办发动在京老乡募捐，我当时捐款 5000 元，说实在的，作为一个白手起家的创业者，第一次从自己口袋往外掏钱确实有点不舍。”

丁常青是东至县大渡口镇八都湖村人，初中时因家庭困难被迫辍学，刚满 15 岁就踏上社会谋求生路。1991 年，他随一个卖菜的朋友进入北京闯荡天下，肩挑手提，批进卖出，星夜兼程，在倒卖蔬菜这个利润微薄的行当里，一干就是 4 年。之后卧薪尝胆的丁常青开始了创业之路，从高档海鲜配送商到奥运装饰，从北京贝盟国际建筑装饰有限公司执行总经理到北京青时尚文化传媒有限公司董事长，丁常青事业越做越大。

“赠人玫瑰，手留余香，我从公益事业中收获了感动，得到了快乐，体现了人生价值。”迈开慈善事业第一步的丁常青，逐步把公益当成了自己的“主业”。

2008 年，他出资 40 万元为乡亲们修路；同时，倡导发起成立北京池州籍慈善助学基金会，资助 50 名贫困大学生完成学业；

2009 年，捐款 100 万元，帮助东至大渡口镇修葺学校，改善教学环境；

2010 年，向东至县实验小学捐赠 15 万元，用于完善学校的硬件设施；

2011 年，向团省委捐资 50 万元，支持开展“关爱服刑在教人员未成年子女公益活动”；

2012 年，向池州市希望工程捐赠 50 万元，成立池州市常青青少年成长公益基金，致力于对贫寒学子、贫困家庭、特困人士实施爱心资助；

2014 年，向安徽省道德基金注资 50 万元，建立“常青公益基金”，帮扶生活困难的道德模范；

……

公益不止步，爱心不停歇。随着自己企业实力的不断增强，丁常青将更多精力和财力投入到公益事业。从参与扶贫攻坚、慰问百岁老人，资助抗日、抗美援朝老战士，到关注“两癌”患病母亲、留守儿童、贫困道德模范，他的合作对象从民间协会、各类商会、公益组织、志愿者到政法委、团委、妇联、文明办、工商联、民政局、教育局等党委、政府部门，哪里有需要，哪里就有丁常青的身影。据不完全统计，2007 年至今，丁常青累计向社会公益事业捐款近 1000 万元，他的善行义举惠及 5000 余户家庭。

“中国好人”“全国农村青年致富带头人”、北京市“创业青年首都贡献奖”金奖、“安徽省道德模范”“安徽青年五四奖章”“池州市十大杰出青年”“最美池州人”“池州市人大代表”……丁常青在帮助别人、奉献社会的同时，也收获了一系列荣誉称号。

作为池州公益事业的一面旗帜，丁常青不仅获得了社会的认可，而且得到家人的理解和支持。“财富不传代，不劳而获会害了孩子，给孩子物质财富，不如给孩子馈赠精神财富，我希望用我的行动给孩子传递一个正确的价值观。”

公益，不是看你捐了多少钱，而是看你唤醒了多少人的爱心。丁常青说；“‘位我上者，灿烂星空；道德律令，在我心中。’道德星空，需要每一颗星星的光亮，我希望更多的企业家、商会与协会组织和个人积极加入池州的公益队伍，让社会多一份温暖、多一米阳光，共同点亮池州的道德星空。”

七、沧桑巨变

（亲历池州发展的池州市民访谈）

提包过江筑文化基石

——访原池州地区文化局局长吕光群

□ 记者 石泽丰

回忆起池州复建，一批特殊的工作人员不得不提起，他们就是1988年池州地区成立时，从安庆提包过江，为池州经济、文化教育、社会发展贡献智慧和力量的过江干部。10月21日，记者专程赴安庆，采访了原池州地区文化局、广播电视局局长、文联主席吕光群。

吕光群在回忆当时到池州工作时，仍然心生感慨，据他回忆，各单位全部过长江到池州办公是1988年11月15日。他说："车过了轮渡，长长的车队在长江南岸的大堤上蜿蜒前行，我心里有种说不出的感觉。到了池州，一看，条件非常差。根据组织安排，池州地区文化局、池州地区广播电视局、池州地区文联三个单位合署办公，由我负责主持工作，办公地点是原贵池市教委借给的三间办公室，每间12平方米，我进去看了看，房子空空，什么也没有，只有电灯的灯头还吊在天花板上，连灯泡都没有，这就是现实。"尽管如此，吕光群和其他过江干部一样，以一颗忠于工作的赤诚之心，一到池州就忙着创立家业，他认为：既然过来了，就要做点事情，就要对组织负责、对人民负责，对得起池州的父老乡亲，把池州建设好。

"记得池州地委召开的第一次各单位负责人会议上，我提出了自己的工作设想：就是组建文艺队伍、抓创作促繁荣、抓活动促发展，组建好剧团，创作几台戏，拍几部电视剧，抓好文化馆站与群众文化，建立池州电视台，给职工建宿舍楼解决好住宿问题。这一番发言，受到了主持会议的黄长林顾问的赞赏。"吕光群如是说。既然目标已定，接下来就是干。他说："在安顿好同志们的生活后，我就到各个县市文化局、广电局调研，看设施、设备及人员和工作情况，并选调人员，后又深入到各县的乡镇村调查文化馆站、广播站和农网情况，摸清家底，以此进一步明确工作思路，提出工作意见，上报地委行署。”

1989年是池州地区成立的开局之年，吕光群认为，文化广电在开局之年中要有所作为，于是，在时年8月20日至30日，由文化广电主办的“池州地区首届美术摄影书法展”在九华山隆重开幕，展出了美术、摄影、书法作品近400幅，吸引了大量的游客前来参观欣赏，得到了各界的高度赞誉，对宣传池州起到了很好的作用。同年国庆节，一场文艺晚会在秋浦影剧院成功举办，再一次让池州的文化事业现出了生机。吕光群说：“我深知重新组建的新池州，经济、文化、教育等都是要加快发展的，剧团是文化艺术的一个重要组成部分，在某种程度上是一个地区的门面，在几经曲折的情况下，我们终于建立了池州地区黄梅戏剧团。”在他看来，文化事业的发展，不仅需要有好的硬件，更要有软实力，在一手抓硬件建设的同时，他一手抓创作项目，在文艺演出、剧本创作等上下功夫，并取得了一系列的成就。吕光群介绍：“池州有贵池傩戏、青阳腔、目连戏等优秀非物质文化遗产，要让它们走出去，也是我们义不容辞的责任。为此，我带头开展对贵池傩戏调查研究，挖掘、继承、改编排演、出版画册，先后参加全省、全国演出。1997年为庆祝香港回归祖国和参加安徽省第5届艺术节，策划演出《池州古戏曲展演》节目有九华民歌、青阳腔《拜月》、目连戏《戏罗卜》、傩戏《和番记·分别》《孟姜女·结配》、傩舞《钟馗与小鬼》《醉胡腾》等，演出成功。荣获演出、演员、美术等11项奖，省委领导盛赞这台节目‘再现了古代戏曲的风采，是本届艺术节的重大收获。’傩舞、傩戏还走进新加坡、韩国、德国、奥地利等多个国家，使贵池傩走出了山村，演到北京，走向了世界。”

吕光群告诉记者，池州地区文联，是有名无实，只有一枚公章，底下没有队伍，1989年召开首次文艺工作者大会时，他组建了“戏剧家”“摄影家”“美术家”“书法家”“音乐舞蹈家”等5个协会，1991年又组建了“作家协会”“电影电视家协会”等，并创办了《大九华》杂志，改造了秋浦影剧院，建立了池州电视台，给剧团、剧院、干扰台建了11间职工宿舍。吕光群感慨地说：“我在池州工作了12年多，总算为池州的文化事业做了一点实事，如今，看到池州文化事业蓬勃发展的局面，我感到由衷高兴，衷心祝愿池州的明天会更加美好！”

游子看家乡　点赞新池州

——访池州籍少将何世德

□ 记者 刘玉琴

“少小离家老大回，乡音无改鬓毛衰。儿童相见不相识，笑问客从何处来。”这首简短的小诗，千百年来让无数漂泊的游子心灵震颤，勾起无限思乡之情。

故乡，对长期在外学习、工作的人来说，总是一份温馨的记忆、一种特殊的情愫。这种情愫，常常萦绕在何世德少将的心头。

何世德，1946 年出生在贵池区马衙镇马衙村，家里有一个姐姐和两个妹妹，因为家庭贫困，他的姐姐和妹妹都没有上学。在何世德上初中时，他的父亲去世了，这让本就贫苦的家庭雪上加霜。

虽然生活艰辛，但母亲坚持送何世德读书。何世德少时聪慧，从小学、初中到高中一直成绩优异。1964 年，他考入北京外国语大学法语专业，毕业后被分配到北京总参机关，不久被派到中国驻法国大使馆工作，从此开始了长达 21 年的外交生涯。

第一次赴法国使馆武官处时，何世德担任翻译和秘书工作，因为工作出色，1982 年，他第二次赴法国使馆工作，先后担任驻法使馆武官助理和副武官。1986 年，他被任命为中国驻刚果使馆武官，在非洲工作了两年。1995 年，他又被任命为中国驻意大利使馆武官，在罗马工作两年多。1999 年，他第三次赴法国工作，担任中国驻法国使馆国防兼海空军武官。1998 年，何世德被提为副军职，1999 年被授予少将军衔。

少小离家，在国外工作 21 年，可何世德的故乡情结一点没变。池州老家，有他的姐妹，有他的乡亲，还有他熟悉的山水，他一直牵挂着家乡的经济、社会发展。在法国工作期间，他积极为家乡撤地建市、经贸合作牵线搭桥，努力推进家乡经济发展。回国退休后，他还在为家乡的对外交流奔走，在他的举荐下，池州参加了中法市长第四次圆桌会议，通过这一平台，让法国市长更多地了解了池州，也让池州走向法国、走向世界。

退休前，何世德一直在国内外奔波，工作节奏快，最忙时他10年没有回过故乡。虽然远离家乡，可何世德心里一直牵挂着家乡，“我幼时家里穷，若不是恩师和乡亲的资助，我可能上不了大学。”何世德说，当年，乡亲们从“牙缝里”省出钱来供他读书，他铭记在心，没齿难忘，退休后，他思乡之情愈发浓烈，每年都要回乡好几次。

从北京到池州，每次回来，何世德都能感受到家乡的新变化。感受最深的当属交通。何世德18岁离乡去北京读书时，坐火车走了四天三夜，列车从芜湖到南京，再到济南转德州，每次转车都要等好几个钟头；现在，他从北京回池州，乘高铁要六七个小时，坐飞机只要1小时40分钟。交通便捷了，池州的经济发展和城市变化也日新月异，何世德记得，当年他在贵池读书时，贵池只是一个小县城，面积小、人口少，除了小茶厂基本上没有工业，池州复建后，池州的经济迅速发展起来，几个经济园区发展形势喜人，池州城的规模扩大好几倍，城市功能也愈加完善，宜居宜游，是江南的一块“碧玉”。

从偏居一隅到四通八达的立体交通，从节衣缩食到衣食无忧，从一穷二白到工业园区初具规模，何世德为家乡的变化感到欣喜。在点赞之余，何世德也谈了自己的想法。他说，池州山清水秀，九华山、平天湖、齐山等都是大自然的馈赠，也是池州的靓丽“名片”，大家一定要树立保护好生态环境的意识，大力发展旅游和生态农业，让绿水青山变成金山银山。

“我工作37年，在国外工作达21年。”何世德说，作为一名军事外交官，他始终牢记周恩来总理对外交人员提出的“站稳立场、掌握政策、熟悉业务、严守纪律”要求，尽职尽责地履行驻外武官的职责。在刚果，他感受到黑人兄弟对中国人民的友好，也把中国人民和中国军队的友好情谊带给了非洲兄弟。在意大利，他深切感受到古罗马文明和欧洲文艺复兴对人类社会发展所做的贡献，作为东方拥有五千年古老文明的外交使者，他为中意两国和两军的友好往来而辛勤工作。

最难忘的当数法国，何世德先后3次赴中国驻法国使馆工作，时间长达16年。何世德对法国政治、经济、文化、军事、外交等方面颇有研究，在法国工作期间，他凭借出色的工作能力，为中法两国交往和两军交流做出了突出贡献，离任回国前，他还获得了拿破仑在19世纪初设立的法国国家荣誉军团骑士勋章。这一沉甸甸的殊荣，是法国人民对他的最高褒奖。

惠农春风持续吹出群众幸福感

——访贵池区殷汇镇汇丰村脱贫示范户汪玉琴

□ 记者 石泽丰

改革开放以来，党和政府先后出台了一系列惠农政策，尤其是池州复建以来，我市统筹城乡经济社会发展，力促农民增收，特别对贫困户，全市突出精准夯实基层基础，严格按照“一个不落”的要求，实施扶贫优惠政策全覆盖，确保每个贫困户如期脱贫。10 月 8 日，记者专访了贵池区殷汇镇汇丰村脱贫示范户汪玉琴。

今年 50 岁的汪玉琴，个头不高，面部黝黑。凭着一己之力，在党和政府政策的支持下，她靠养生猪致富，于 2017 年年底按时脱贫。汪玉琴说：“以前，我的家庭过得都很温暖，丈夫勤劳，靠卖肉维持着一家人的生计，日子在农村过得不算太差，每年下来，还有一点积蓄。可是谁也没有想到，2014 年，我的丈夫患了胃癌，高额的医药费用一下子拖垮了这个家庭；同年年底，年仅 50 岁丈夫被病魔无情地带走了。从此，我和儿子相依为命，一边谋生一边还债。”她感叹：“还是党和政府的政策好，想我们贫困户之所想，千方百计帮扶我们。”汪玉琴说：“在政府好政策的激励下，我们致富动力倍增，有了动力，就有了脱贫的希望。”2015 年年底，她反复思量，最终决定在家养猪，发展养殖业，靠自己的努力和汗水致富。在殷汇镇党委政府及汇丰村两委帮助和大力支持下，她参加了多期农业种植及禽畜免疫技术培训班，逐步掌握了生猪养殖的常用技术和防疫措施。一年后，她慢慢地将规模一点点扩大，整猪价位好时，就将生猪转手卖给猪贩，不划算时，她选择自己杀猪、自己卖肉。2016 年，恰逢殷汇镇政府实施易地搬迁政策，经村民委员会核实、申报，为她争取了一套面积 48 平方米的易地安置房，解决了她家无房的问题；2017 年，她年收入达到了 3 万元。

“如果没有政府的支持，没有一系列产业扶贫扶持政策和奖补办法惠农，我脱贫也没有这么快。”汪玉琴说。据她回忆，自己自小到现在，先后见证了交公粮、农业税、免农业税、种田补贴、小孩上学免学杂费等政策的实施。她说：“过去，我们每年都要上交农业税，是在2004年，政府实行减征或免征农业税的惠农政策。2005年岁末，免除农业税的惠农政策以法律的形式固定下来，我们是直接的受益者。尤其是从2004年起，国家又拿出钱来直接补贴给种粮农民，这个政策一直实施到现在。到2006年，又多了一项新综合补贴，且所有九年义务教育适龄孩子都不收学费、杂费。现在，为了帮助农民脱贫，政府还推出了易地扶贫搬迁集中安置点，向贫困户家庭在读学生发放春季教育补助，实施了‘180’‘351’政策等，有了这些保障措施，农民的日子是越过越幸福。”汪玉琴心生感激。

面对自家曾经出现的困难，她说：“各家有各家的问题和不幸，政府的好政策，解决的是我们这些家庭一时的困难，我们不能指望政府解决我们一辈子的困难，脱贫不能靠等、靠要，只要自己有手有脚，就应该艰苦奋斗，自己努力，勤劳致富最光荣。”

乡村教育沐阳光

——访东至县张溪镇中心小学副校长王孝纯

□ 记者 石泽丰

改革开放以来，尤其是池州复建以来，池州教育规模不断扩大、教育改革不断深化、教育质量不断提升。为了教育事业的发展，为了带好每个娃，池州许多热爱教育事业的人，把毕生甚至几代人的精力都倾注在教育事业上，东至县张溪镇葛仙村欧阳家族就是教育世家的一个典型，五代人相继从教。11 月 2 日，记者专访了东至欧阳氏教育世家第五代从教人、东至县张溪镇中心小学副校长王孝纯。

1973 年出生的王孝纯是欧阳氏教育世家第三代从教人欧阳庆的长女欧阳南南的儿子。据了解，欧阳庆的祖父欧阳荣，是这个家族第一代从教者，他自费创办晋阳乡两等学堂，开创当地办新学的先河；欧阳庆的父亲欧阳祺，毕业于武汉大学英语系，先后任原徽州中学、贵池中学教导主任，原安庆师范大学教务主任，原东流县教育局局长、师资养成所所长、菊江小学校长；1925 年出生的欧阳庆，继续站上讲台，与妻子章芳青同时在小学任教，并教育自己的儿子欧阳桐生，致力于教育事业，欧阳桐生最终没有辜负父母的期望，曾任坦埠中学总务主任等职，成为东至县优秀教育工作者。受家族的影响，欧阳庆的大女儿欧阳南南要求自己的孩子王孝纯，欧阳庆的小女儿欧阳小荷要求自己的孩子何珊继续从教，致使王孝纯和 1994 年出生的何珊成为欧阳家族第五代从教人。

王孝纯说：“我是 1992 年走上教师这个岗位的，亲历了农村教育的变化。”他认为，从 1989 年到 2000 年，是我市教育的调整和基础发展期，教育基础张力得到加强，2000 年池州撤地设市后，全市又提出了“科教兴市”战略目标。到 2007 年，是全市教育事业改革不断深化，工作不断创新、教育事业得到持续、健康、快速、协调发展的全面快速发展期。

王孝纯回忆起20年前在大山从教的经历时说："那时，我对着连绵起伏的大山，在心里许下了一句诺言，就是要老区的子弟多读些书，多受点教育，多一些人走出大山。"1997年，从教5年的王孝纯被任命为东至县张溪镇陡岭完小的校长。他说："陡岭村地处皖南山区，沟壑纵横，居民分散，是革命老区，也是县级扶贫村。因为条件过于艰苦，山村小学难以留住教师，有人宁愿放弃公职也要离开这个穷山沟。"越是这样的环境，王孝纯越要求自己立足于此，要带好这里的每个娃。

据他回忆，上世纪末，山区百姓读书意识不强，一些适龄孩子不能如期走进教室，有些孩子上了几年学就辍学在家务农或者外出打工。王孝纯深感痛惜。每个新学期开学，他都要带领教师跑遍全村每一个山旮旯，走进贫困家庭做工作，努力让孩子们一个都不少地回到学校。他感叹："教育的发展，离不开改革开放。"王孝纯说："2000年，池州撤地设市，根据小学制改革实施意见，当年秋季开学全市城镇、农村各完小（含教学点）一次性由五年制过渡到六年制，2003年，全市所有县区小学开始进行基础教育新课程改革，劳动技术课和社会实践环节开始纳入教学内容，2004年，全市小学取消统考和分数排名，学生开始实行素质教育考察等级制，到2005年，全面实施素质教育不断深入，新课改全面铺开并取得阶段性成果，全市小学适龄儿童入学率和巩固率均达到100%，2006年，全市开始农村中小学薄弱学校改造，通过改造小学危房、对口帮扶，市县（区）和单位共建，薄弱小学基础设施建设得到加强，标准化程度进一步提高。"提起这些改革的成果，王孝纯非常欣慰。

在教育好孩子的同时，王孝纯时刻没有忘记给自己"充电"，如今的他，已成为池州市小学语文学科带头人、池州市青年骨干教师，主持或参与过多项省、市重点课题研究，多篇论文被多家权威杂志刊登，且多次获省、市级奖项。

“洗腿”上岸乐享生活

——访贵池区江口街道办事处上岸渔民闻望雄

□记者 邓 柱

闻望雄是贵池区江口街道办事处的一位渔民，2014 年，得益“渔民上岸”民生工程，被政府统一安置在位于贵池区政务新区的迎宾花园小区，这里是他的“新家”。

“一条船、一家人、一辈子”曾经是传统渔民一生的写照。闻望雄今年 59 岁，上个世纪 40 年代，他的父辈从江苏来贵池从事捕鱼，主要在长江贵池段和秋浦河等内河从事生产。他子承父业，一直过着“水上漂”的生活。随着自己 3 个孩子的先后出生，一条捕捞船上已容纳不了一家人，只好在秋浦河河口租住着一个建于上个世纪 70 年代的破砖瓦房里面。回忆起那段日子，老闻说现在还常常从梦中惊醒。他说最怕刮风下雨、下雪，由于房屋破旧，一碰上下大雨，常常需要用桶往外运漏下来的雨水，怕孩子在家不安全，一碰上复杂天气都没有心事搞生产。

由于历史原因，闻望雄常年待在水上，一度成了被社会遗忘的“边缘人”。连孩子上学都要找人，当年 3 个孩子光学校借读费就花掉几千元，别提其他的社会福利了。包括孩子在内一家人都很自卑，在外面常常都不敢标明自己的渔民身份。

在“水里求财”，碰上大雨或年成不好的时候，一家人生活就比较困难了；即使年景好，一年纯收入也只有 1 万元左右；现在自己年纪大了，再打鱼有点吃不消。闻望雄一边回忆过去的日子，一边又打开紧邻 308 室的 307 号房间的大门，一边领着记者参观。他掩饰不住内心激动介绍，得益政府的“渔民上岸”工程，他做梦都想不到，在有生之年居然还住上这样的好房子，要不是政府补贴，他这辈子怎么也买不起房子。现在好了，小区出门左拐就是幼儿园、学校，他的孙辈在家门口就能上学，再也不用东奔西走了。

“能上岸生活，当然比船上好啊，风刮不到，雨淋不着!”和闻望雄一样，年过四十的邻居胡松青也彻底告别了昔日拉网捕鱼的谋生方式，住进了迎宾花园小区，开启了上岸后温馨幸福的新生活。胡松青现在已经很少打鱼，有时间就在附近工地打打零工。他的爱人刘秀珍是贵池区梅龙街道人，从她记事起，父辈们就在水上生活，现在兄弟姊妹六个都靠打鱼为生。74 岁的老母亲和她住在一起。忆起“水上漂”的生活，刘秀珍感慨万千。曾经家里 8 口人挤在一艘船上，生活十分不便。她的几个哥哥都是 30 多岁才结婚，“在船上生活的，结婚都很晚。没有稳定收入，吃住都不好，谁愿意跟你过?”

面对新的生活，闻望雄希望子女用功读书，从“打鱼郎”变身“上班族”，彻底告别往昔单纯水上谋生的日子，自己和老伴则在家带孙子，真正过上城里人的生活。渔民变市民，一直以来羞于自己是渔民的自卑一扫而光，终于挺直腰杆，也可以大大方方邀请远方的亲戚来家里做客了。

曾经的船上人家，如今依傍着长江，看见了池州的未来。

农户入股办旅游　村民吃上旅游饭

——访安徽怪潭旅游发展有限公司总经理胡晓华

□记者 江　志

11 月 4 日，来自安徽合肥、江苏南京的 400 多名游客刚刚抵达石台县横渡镇钓鱼台怪潭景区，就被这里优美的自然风光所吸引。南京游客向善青掏出相机，边走边拍，他说："这里的景色太美了，山清水秀，风光旖旎，我这是第三次来这个景区了，每年我都会和家人或朋友来这小住几日，拍拍皖南这如山水画般的秋景。"

安徽怪潭旅游发展有限公司总经理胡晓华告诉记者，每到周末，景区里汽车的马达声和游客的喧闹声总是如期而至，为偏僻而宁静的小山村注入了活力。说起农民办怪潭旅游他一下子打开了话匣子。他说："今年是改革开放 40 周年，池州复建 30 周年，我们的日子也是伴随着改革开放的春风日渐红火。"

钓鱼台是横渡镇横渡村的一个村民组，有 40 余户，150 多人，坐落于管溪、琏溪、鸿凌溪三河交界处。因其地理位置特殊，自古就成为商埠要津。以前，这里的村民们除了种田种地、售卖茶叶山货外，大都从事木材加工业，用他们自己的话说，这叫"靠山吃山"。由于当地的林业资源丰富，只要下力气干，倒也不用为过日子发愁。然而时间长了，林业资源渐渐开始显得匮乏，生产资料变得越来越有限。村民们意识到，长此以往，不仅破坏了良好的生态环境，而且更为严重的是，他们面临的将是"坐吃山空"的局面。

虽然钓鱼台方圆不过 1 公里，但其自然景观的秀美和地域文化的深厚在横渡镇乃至石台县独具一格。1986 年，钓鱼台 40 余农户利用当地丰富的水资源，入股办起了新桥电站，每户年底都能分红 1500 元。让农民入股办企业，农民得到实惠，劲头更足了。

2005 年，石台县秋浦旅游公司看中这里独特的旅游资源，在钓鱼台开发了漂流旅游项目，并取名“怪潭漂流”。2006 年 9 月，由钓鱼台村民发起成立的股份制企业“诗之河”旅行社收购了怪潭景区的经营权，并买断水电站经营权 30 年。

由全体村民推选的企业董事会经讨论决定进一步扩股增资，加大景区和电站的投入力度。截至目前，钓鱼台全组共有 49 户村民集资入股，村民变股民，共筹集资金 200 多万元，将漂流起点码头上移，使漂流路线延长 2 公里，同时在新建码头增设停车场、综合楼、钓鱼台酒店等基础设施，并对新桥电站的实施扩建技改，将装机容量从原来的 175 千瓦提升至 275 千瓦。

受益于得天独厚的旅游资源，加之后天的开发和宣传，怪潭漂流区吸引了众多的游客前来，昔日沉寂的小山村一下子变得喧闹起来。

在景区，记者看到，停车场停着 5 辆大巴车，游客在这里观赏风景和漂流。一位游客告诉记者，他们来自江西南昌。当记者问起他是否对此景区感到满意时，他说，这里有山有水，还有很多奇形怪状的石头，大家感觉很好，可以说是不虚此行。

公司总经理胡晓华介绍，去年一年，景区共接待了游客 13 万余人次，其中最多的一天是 3000 余人。随着开发和宣传力度的加大，景区在外界的影响力也会越来越大，今年到目前为止已经接待游客 11 万余人次。而这些游客大多来自本省、江苏、浙江、江西等省市，他们的到来，也坚定了公司的股东——钓鱼台村民们的信心，使他们看到了经营乡村旅游的美好前景。

胡晓华告诉记者，目前，公司已经安排了本村和周边 40 多位村民就业，过去，这些村民从事木材加工，年收入约 5000 元左右，而现在，他们工资年收入可达 3 万余元。

村民办起了“农家乐”餐馆，在旅游旺季生意很好，遇到游客多的时候，忙都忙不过来。乡村旅游不仅增加了农民收入，也彻底改变了农民的生产方式。过去守着“富山”却受穷，自办起乡村旅游后，“农家乐”餐馆、旅馆生意火爆，村民菜园里的绿色蔬菜、采摘的山果、野菜都成了“香饽饽”，一年下来，一户“农家乐”可挣约 15 万元。

随着各地乡村旅游的兴起，市场竞争也将日趋激烈。怪潭景区又将如何根据自身的资源条件，找准切入点，努力体现差异化、特色化和多样化经营，打造自己的乡村旅游品牌，在竞争中立于不败之地？胡晓华告诉记者，他们的景区现在仍在开发和不断完善之中，从长远考虑，怪潭景区的建设将向集观光、体验、休闲、度假、娱乐为一体的多元化方向发展。同时景区也加大人才培养力度，挑选一些自己的员工送到外面培训，提高专业水平，面向社会招贤纳才，聘请具备旅游专业知识和技能的人士加盟。随着政府支持力度的加大，政府除按政策给予一定扶持外，景区还多渠道、多途径，吸纳资金投入做大做强乡村旅游，让乡村旅游这艘小船，乘着改革开放的强劲东风扬帆远航。

五世同堂话变迁

——访贵池区梅村镇珍溪村村民江金兰

□ 记者 邓 柱

今年是我国改革开放的 40 周年，日前，贵池区梅村镇珍溪村江金兰老人迎来她 93 岁的生日，她是一位普普通通的农民，但她所经历的岁月并不普通。从这位九旬老人眼中的城市发展再到子孙后代的创业历程，五世同堂见证了这 40 个春秋池州翻天覆地的变化。

在一派喜气洋洋的生日祝福中，记者见到了江金兰老人，前不久，全家二十几口人陪着她一起游览主城区，感受池州城市发展变化。江金兰说："现在的池州城比以前漂亮多了，40 年前，这里楼房很少，许多人还都住在土房里，现在到处都是高楼，大家吃得好、穿得好、玩得好！"

"我母亲今年 93 岁，我大女儿 50 岁，大孙子 9 岁。"杨积银告诉记者，他们家五世同堂，杨晟睿是第五代。"别看江金兰老人已经 93 岁了，但身体特别好，没有摔跤之前经常在菜地干活。"附近一位村民告诉记者，老人身形笔直，特别勤劳，平时种菜、喂猪，采茶季节时还去摘茶叶。

"我母亲吃了太多苦。"杨积银回忆起往事，热泪盈眶。在他心中，他的母亲是一位伟大的女性。"我父亲在我 11 岁时就因为饥荒去世了，留下 3 个年幼的孩子。"杨积银说道，他的母亲既要照顾孩子，又要像男人一样出去干活，特别辛苦。

1978 年，改革开放的春风吹遍全国，而这阵春风，也吹进了江金兰的大家庭。江金兰老人说这些年让她最感欣慰的除了生活条件越来越好，就是子孙们很争气。"以前我们住的是土坯房啊！条件太苦了！"江金兰老人说，1973 年从山上搬下来后，住上了木头房。那时候出门都是泥巴路，1998 年之后，村里才陆续修通了水泥路，家家都住上了新楼房。

俗话说"家有一老，如有一宝"。江金兰的后辈们都说，是老人将这个家紧紧地团结在一起，在外工作的晚辈每次回家都会第一时间到老人这里来看看、说说话，心里就很满足。江金兰教育晚辈时经常说，勤俭节约、自力更生是根本。

“奶奶这么大岁数，身体还这么好，离不开我们这个大家庭的和谐气氛!”杨喜军笑着说，老人摔骨折之后，都是由她24小时贴身照顾。杨喜军强调，奶奶特别疼爱孩子们，但从不溺爱，还经常给晚辈讲做人的道理，而“勤俭节约、自力更生”8个字家训更是陪伴她成长至今。

跟老人聊天，她说的最多的两个词是“变化”和“奋斗”，她见证着这些年池州发展的点滴变化，也一直教育后辈想要更好的生活就要踏踏实实地奋斗。如今奋斗这一家风正通过年轻一代代代相传。江金兰孙女婿王光辉说：“改革开放给我带来了吃穿不愁的成长环境，家族的祖训一直教导我，从哪跌倒从哪爬起，不怕失败，努力奋斗，凭自身努力获得成功。作为年轻一代，我会在今后的工作中为池州发展竭尽自己的绵薄之力。”

如今五世同堂的江金兰最大的心愿，就是“一家人平安”。

采访中，子女们爱讲一些老人的生活习惯。生活好了，老人在接受一些新鲜事物时，曾闹过不少笑话。她第一次拿手机视频通话，竟说不出话来；第一次看见高铁，问它怎么拖着天线……

类似的话题，在老人身上很多。在儿女们心中，老人辛苦了一辈子，基本上连商场都未逛过，更不要说看电影，因为她的毕生精力都用在操持家务上。

从无到有，从落后到先进，老人见证了池州40年发展。从她的身上，也折射出时代在变迁，在进步。

蓝天下，五世同堂的江金兰一家是幸福的。

农场干活拿工钱　土地入股收分红

——访九华山风景区九华乡三九农场农场主陈三九

□ 记者 刘玉琴

“把土地给我种果树，你在农场里拔草、施肥挣工钱，等有收益时再分红，这样的事你干不干?”2007年，陈三九从上海回到九华山风景区九华乡二圣村狮形村民组时，这样对村民说。虽然土生土长的陈三九给村民承诺说让乡亲“零风险”，可村民对他的“游说”无动于衷，甚至有的村民宁愿撂荒，也不愿意把土地交给他种植。

村民的不理解和不信任，让陈三九很受打击。陈三九本来在上海做物流生意，收入比较理想，每次他带上海的朋友到家乡游玩时，他们都对九华乡的自然环境赞不绝口，认为在这里种植农产品，生产原生态的绿色食品肯定有市场。在朋友的一致建议下，考虑到母亲年纪大了需要人陪伴，陈三九放弃了上海的生意回到家乡，想在农村开辟一个新天地。

陈三九的勃勃雄心，还没实施就被浇了一盆冷水。有着传统思想的村民不接受他的“新思想”怎么办? 2008年上半年当选村民组长后，陈三九想到自费带乡亲们出去看看，让他们见识一下转变思想观念后，农村生产、生活方式的大变化。陈三九找好旅行社，从27户村民中邀请了27名代表，去江苏省江阴市华西村参观考察。到华西村后，村民参观了华西村的农业种植模式、听了华西村原党委书记吴仁宝的报告后，思想有了彻底转变，回来后主动找到陈三九，想把土地交给他规模化耕种。

2008年底，陈三九出资平整土地、改良荒地，2009年，他从国外引进一批优良品种，开始种植果树。从平整土地到种植果树，再到管理果树，陈三九都让村里人参与务工，村里六七十岁的老人在田间做一些力所能及的劳动，按劳动天数以市场价获得报酬。村民章根财原来自己种地一年收入2000元左右，把土地交给陈三九后，他在田间务工一年能收入7000元左右。像章根财一样，村民渐渐从这种经营模式中尝到了甜头。

“让村民零风险，经营出现问题我自己担。”陈三九说，刚开始种植果树时，因为经验不足，他只盯着优良品种却忽视了气候条件限制，导致第一批果树只开花不挂果，种植几年后，他只能忍痛处理掉这批果树，自己承担这笔损失。但对种植果树的盈利，陈三九在去除务工成本后，再将利润“三七分”，他占有三份，村民按人头分七份。

在种植生态果树的同时，陈三九还紧跟时代发展，努力拓宽经营领域，先后成立专业合作社、家庭农场、农家乐，让村民有更多的就业机会。“原来，村里妇女没事时喜欢一起打麻将，有时还吵架。”陈三九说，他成立农家乐以后，就把村里愿意务工的女性分成几组，有游客来就餐时，就把他们喊来烧农家菜，解决她们的就业问题。村里有一对夫妻，本来在家种田一年收入 2 万元，现在夫妻俩在村里务工，一年收入能达到 6 万元。

陈三九带领村民种果树、发展生态经济，保护了自然环境，也改善了村风。由于种植果树盈利慢，为了让村里高龄老人共享发展成果，陈三九每年给村里 70 岁以上的老人发红包，逢年过节他还组织包粽子、打糍粑，大家一起热热闹闹过节。村里有老人问他：“你花这个钱买面子干啥?”陈三九回答说，他花钱不是为了面子，是他的母亲辛苦劳作一辈子，他想孝顺母亲时，母亲却不在了，他现在尽点绵薄之力，带头孝敬老人，想给村里其他人提个醒，让他们不要再有“子欲养而亲不待”的遗憾。在陈三九的带动下，村里婆媳吵架的少了，孝顺老人逐渐形成氛围。

从不认可到积极参与，再到大力支持，九华乡二圣村狮形村民组村民的思想转变过程，是近年来新农村建设发展的一个缩影。在新的观念影响下，新式农民渐渐摆脱了“面朝黄土背朝天”的耕作模式，他们通过成立合作社、家庭农场、农家乐等形式，依托良好的自然环境，带领村民把绿水青山变成了金山银山，走上了致富路。

车在变　路在变　城在变

——访主城区29路公交车驾驶员纪秀珍

□记者 邓　柱

人们生活离不开衣食住行，公交车是人们出行最常用的代步工具，是一个城市的名片和窗口，与百姓生活密切相关。随着改革开放和城市建设的发展，池州公交也发生了深刻的变化。曾经拥挤憋闷的逼仄小巴变成了自带空调的宽敞大巴，曾经简陋的露天停靠站变成了功能完善的公交枢纽……在主城区29路公交车驾驶员纪秀珍眼里，公交的变迁不仅演绎着一座城市的历史，更折射了城市的发展变化。

40年，公交改善的当然不仅仅是车型、乘客在车厢内的环境，还有整个公交系统的科学化管理，简单说就是公交网络的日益完善。“我从2006开始，开过多种类型的公交车，每驾驶一种新车型，都能够感受到城市公交及这座城市的发展变化。”纪秀珍回忆说。“前几年，池州公交基本都还是老式车型，车子比较旧，车窗和玻璃密封性也不好，车一跑起来，哐当直响。由于方向盘没有助力泵，方向盘又大又重，一般人很难把持得住，我曾经一个月把一双皮鞋底给踩通了！”纪秀珍介绍，那时候车辆基本都是普通车，无空调，乘坐舒适性差，到了夏天由于车内温度高，不仅乘客叫苦不迭，驾驶员运行一圈下来常常从头到脚都被汗水浸透了。而如今，普通车逐渐退出了历史舞台，新能源混动空调客车成为这座城市客运的主角。不仅如此，车内的环境和过去相比也是焕然一新，安装了方便驾驶的监视器，还有移动电视，4G监控摄像头，实行GPS智能化调度管理。“这些变化，如果和10年前比，简直是天壤之别。”纪秀珍补充说。

每天开车穿梭在城市的大街小巷，纪秀珍深深感受着公交和这个城市的变化。“刚开公交车的那几年，城市道路比较窄，路面不平而且弯道多，基本都是水泥路面。特别是雨天路滑，开车总是提心吊胆的。”纪秀珍说，过去由于城市道路狭窄，路面状况不佳，公交车辆破旧，也容易引发交通事故。近年来，由于城市建设步伐加快，城市道路变宽了，市民素质提升了，车辆更新换代的步伐也快了，随着 GPS 系统、语音报站器的使用，无人售票车渐渐成为城市客运新的运作方式。不但减少了运营成本，而且也极大地方便了乘客。纪秀珍掰着手指告诉记者。

改革开放以来，变化的不仅是整个公交行业，还有市民们文明乘车的习惯。纪秀珍说，以前，由于公交车线路少，车辆也少，班次间隔相对较大，特别是到了早晚乘车高峰时段，车辆拥挤便成了一种常态。“以前乘客同时在前后门上下车是一种常态，甚至经常出现上车乘客与下车乘客在车门口起冲突的情况”。但伴随着经济的发展、政府持续增加公益性投入和市民素质的逐年提高，文明乘车，渐渐成为绝大多数市民的自觉习惯。记者乘车跟随纪秀珍从起点站出发，看到上车的乘客都会主动投币和刷卡，车辆靠站时“前门上车，后门下车”的秩序井然，遇“老弱病残孕”乘客上车时，会有乘客主动让座。拿纪秀珍的话说，这些点滴都体现了咱们这座城市在不断进步。而作为这些变化的见证者，纪秀珍觉得很荣幸。

春风化雨，润物无声。“改革的发展变化，就在你我身边，就在百姓的生活里，尽管还有一些不尽如人意的地方，但我相信我们的生活会越来越好，越来越幸福，中国梦一定会实现。”纪秀珍说。

当一座连着山里山外的桥

——访全国农村青年致富带头人杨益斌

□记者 李　玲

从名校毕业，到名企任职高管，当杨益斌在外度过多年的优渥生活以后，他深深地认识到："我的根在山里，最需要我的也是那里。"

杨益斌出生在贵池区棠溪镇的一个小山村，是受益于改革开放的一代人。改革开放让他和家人解决了温饱，一天天过上了好日子。"但是和山外比，差距还是相当大"，大山里的出路在哪里，这个问题曾经困扰了杨益斌很多年。

1996 年，杨益斌从合肥工业大学毕业后，分配到安徽黄山金马股份有限公司，任上海办事处销售经理，由于工作的出色，1999 年又被公司委派到广州分公司任经理。

在外打拼，各种辛苦自不待言，杨益斌甘之如饴。"家乡有句老话，把到大城市去叫做'见世面'"，从上海到广州，见过世面的杨益斌最大的收获是一个发现。"在老家无人问津的山花野草，在城里却成了市民热捧的保健食品"，杨益斌十分惊奇。这个发现，最终促成杨益斌做出了这一辈子最重要的选择。

2004 年，杨益斌交了辞职书，收拾好行李，悄然离开繁华都市，回到寂寞的小山村，开始放飞开发山区资源、改变落后面貌的美好梦想。

"那时候池州市成立才短短几年，正是百业待兴，对我们这些人特别欢迎。"杨益斌说，像他这样返乡创业的被叫做"凤还巢"。

对于这个透着"宠溺"、饱含希冀的称呼，杨益斌并不在意："既然回到家乡，肯定要为家乡做点事，我更愿意当一座桥，把山里和山外连接起来。"

新生的池州市实施"五大战略"，"生态"被作为立市之本。一手抓保护，一手抓开发。杨益斌接下来的创业之路正是建立在家乡优越的生态环境和优质的生态农产品基础之上。

杨益斌首先办起了有机茶厂，取名“棠溪山寨”。“一是勉励自己要扎根棠溪在山中营寨，二是告诫自己要打造生态品牌不出伪劣产品。”那时候，各种各样的“山寨”产品大行其道，杨益斌用“山寨”这个词警醒自己，作为自己的品牌。

通过几年的努力，杨益斌注册、生产的棠溪山寨有机茶获得“有机茶认证”和“QS 认证”，在茶叶市场风起云涌、品牌林立的池州脱颖而出，并逐步得到周边大中城市消费者的认可，销量也是节节攀升。

“做企业追逐利润并没有错，但是永远不要忘了肩上的社会责任。”完成了自身积累的杨益斌为回报家乡开始“二次创业”。

2006 年 10 月 31 日，《中华人民共和国农民专业合作社法》公布，在池州，这一新型生产经营主体也开始从无到有，星火燎原。

2009 年 6 月，杨益斌牵头组建起了棠溪山寨有机茶专业合作社，在农产品的品牌和深加工上做起了文章，并通过“公司+合作社+基地+农户”模式，走“产供销一条龙”之路，带领周边农户一起发展致富。

“既然是合作嘛，当然要有福同享”，俗语中“有福同享”的下一句其实是“有难同当”，为了保护农户利益和发展生态农业的积极性，杨益斌坚持有福大家同享。杨益斌说：“茶叶市场行情有时并不好，但是再亏我也不能亏乡亲们的。”

如今，棠溪山寨有机茶专业合作社已有成员 100 余户，主要生产、经营棠溪镇七山、芦山、杉山、东山等地高山茶叶以及西山焦枣、有机蔬菜、山野菜等土特产，主导品牌为棠溪山寨茶叶、九华山寨土特产品，合作社社员户年均增收超过 3000 元。棠溪山寨有机茶专业合作社也在 2012 年被评为国家级农民示范合作社。

2014 年，李克强总理提出“大众创业、万众创新”。也就在这一年，杨益斌与安徽农业大学合作，把历史上的茶叶生产技术利用工艺创新，研制出“安茶”，得到专家鉴定认可。目前，公司还设立了安徽省级企业技术研发中心，研发出九华安茶、曲毫等新品，成为中国生态原产地产品。

如今，家乡的“山花野草”不但已经走出了大山，而且走出了池州，走出了安徽，走向了世界。获益最大的还是当地的父老乡亲。杨益斌很自豪地说出了一个数字：从 2007 年至今，乡亲们实现农产品销售收入累计达到了 1800 万元。不仅如此，在杨益斌的鼓励和培养下，一大批枣树种植大户和优秀农民经纪人陆续涌现出来，成为远近闻名的创业致富能手，这也让他第十届“全国农村青年致富带头人”的称号和贵池区青年创业者协会会长的职务更加实至名归。

20多年，从山里走出到回到山里，杨益斌的人生轨迹似乎是画了一个圆。“我不是回到了原点，而是找到了圆满”，杨益斌很满意自己的选择，“与改革同行，与发展同步，下一个20年，我已经在路上”。

图书在版编目(CIP)数据

见证:庆祝改革开放40周年暨池州复建30周年人物访谈录/池州日报社编.
—合肥:合肥工业大学出版社,2018.12
ISBN 978-7-5650-4318-5

Ⅰ.①见… Ⅱ.①池… Ⅲ.①改革开放—成就—池州②人物—访问记—中国—现代 Ⅳ.①D619.543②K820.7

中国版本图书馆 CIP 数据核字(2018)第276744号

见 证

——庆祝改革开放40周年暨池州复建30周年人物访谈录

池州日报社 编　　　　责任编辑 朱移山

出 版	合肥工业大学出版社	版 次	2018年12月第1版
地 址	合肥市屯溪路193号	印 次	2018年12月第1次印刷
邮 编	230009	开 本	710毫米×1010毫米 1/16
电 话	人文编辑部:0551-62903205	印 张	17.75
	市场营销部:0551-62903198	字 数	288千字
网 址	www.hfutpress.com.cn	印 刷	安徽昶颉包装印务有限责任公司
E-mail	hfutpress@163.com	发 行	全国新华书店

ISBN 978-7-5650-4318-5　　　　定价:45.00元